COLLECTION
FOLIO / ESSAIS

Élie Faure

Histoire de l'art

L'ART RENAISSANT

> Mets-toi quelque part en prière, pendant que j'entreprendrai cet inégal et périlleux combat.
>
> CERVANTES.

Établissement du texte et dossier critique par Martine Chatelain-Courtois

Denoël

A ma Mère.

On m'a reproché, lors de la première édition de cet ouvrage, de l'avoir illustré avec des « détails » tirés des œuvres magistrales, plutôt qu'avec ces œuvres elles-mêmes. Ce reproche serait justifié — chaque œuvre constituant un ensemble dont rien, en principe, ne doit être retranché —, si, pour certains tableaux, la réduction aux dimensions d'une page n'enlevait au caractère même de ce tableau toute signification sensible. N'a-t-on pas publié des ouvrages où les « Noces de Cana » étaient réduites à la dimension d'une demi-carte de visite ? Et d'autre part, n'est-il pas déjà admis qu'on puisse détacher une statue du porche d'une cathédrale pour en illustrer un livre, et que la reproduction du chevet de cette cathédrale peut donner de son caractère une idée plus juste qu'une image trop réduite de la cathédrale elle-même ? Il ne s'agit pas, dans un livre tel que j'ai conçu celui-ci, de décrire les tableaux des maîtres dont il est question, mais d'exprimer l'esprit même de l'ensemble de leur œuvre. Je ne commente pas le tableau par le texte, je justifie le texte par le tableau ou par un fragment du tableau.

E. F.

Introduction

A LA PREMIÈRE ÉDITION
1914

Nous avons vécu deux ou trois siècles avec le sentiment que la Renaissance italienne retrouva, pour notre consolation, la voie perdue de l'art antique, et qu'il n'y avait avant elle et hors d'elle que barbarie et confusion. Quand notre besoin de les aimer nous a fait regarder passionnément l'œuvre laissée par les artistes qui précédèrent, aux derniers temps du moyen âge, l'essor italien, nous avons méconnu et calomnié l'Italie. Nous lui avons reproché l'action qu'elle exerça sur les peuples occidentaux, nous avons refusé de voir que les peuples occidentaux, après l'épuisement momentané de leurs ressources spirituelles, devaient subir la loi commune et demander à des éléments plus neufs de féconder leur esprit. Nous sommes ainsi faits qu'il nous est très difficile de nous placer hors de l'histoire pour la considérer de loin et que nous attribuons trop volontiers une valeur définitive aux sentiments que nos désirs actuels nous dictent. Ce besoin d'absolu qui est notre souffrance et notre force et notre gloire, nous refusons de l'accorder aux hommes qui prirent, pour l'assouvir, un autre chemin que nous.

Ceux qui ont invoqué l'esprit de leur propre race pour condamner l'action de l'Italie au nom des

◄ 1

---

1. Andrea del Castagno. Mise au tombeau, fresque, *détail* (Sant' Apollonia Florence). *Ph. Brogi-Giraudon.*

erreurs qu'elle a fait commettre à des imitateurs indignes de l'assimiler, accusent en réalité Michel-Ange ou Titien d'être des hommes de leur race et de n'être pas nés au XIIIe siècle dans l'Europe du Nord. Si nous avons écouté les héros italiens, c'est parce qu'ils sont venus à l'heure où notre instinct les réclamait. L'esprit du Nord et de l'Occident avait reflué sur l'Italie du moyen âge pour menacer son individualité et faire entrer du même coup en elle les éléments indispensables à sa résurrection. Il était nécessaire que l'énergie italienne prît une allure insurrectionnelle pour rejeter tout ce qu'elle ne reconnaissait pas d'humanité générale et constante dans ces apports exotiques et rendre au Nord, à l'heure où celui-ci l'appellerait à l'aide, l'impulsion qu'elle en avait reçue. Si l'empreinte qu'elle y laissa fut plus profonde, si elle dure encore, c'est que le grand effort fourni au moyen âge par les peuples d'au-delà les Alpes et le Rhin les avait presque épuisés. C'est aussi que l'Italie apportait au monde un instrument d'investigation oublié depuis douze siècles et à qui notre fragment d'humanité devait faire encore appel pour ne pas succomber. A bout de souffle, le rythme social réalisé par la Commune occidentale et exprimé avec tant de force anonyme et cohérente par la Cathédrale et les Niebelungen, demandait à l'individu de se lever du milieu des foules pour soumettre l'œuvre des foules à sa critique et découvrir en elles, en lui et dans l'univers extérieur, les matériaux d'un nouveau rythme où elles pourraient un jour se définir, se reconnaître et retrouver, pour un siècle ou une heure, le sens collectif de l'action.

L'invention de l'imprimerie n'a pas, comme le dit Victor Hugo, tué l'architecture ogivale. Tout au plus a-t-elle un peu hâté sa mort. Quand Gutenberg trouva la presse, Masaccio et les Van Eyck avaient, depuis dix ou quinze ans, montré ses voies à la peinture, et en France, où on ne bâtissait plus que des églises tourmentées dont tous les éléments couraient à la dissociation, Nicolas Froment, Jehan Foucquet, Enguerrand Charonton commençaient à peindre. L'invention de l'imprimerie reconnaissait les mêmes causes que la décadence de l'art qui bâtit des édifices auxquels la foule entière mit la main. La décomposition de l'unité architecturale correspondait au travail d'analyse qui commençait à diviser le corps social, et la libération des arts et des sciences, l'essor irrésistible et brusque de la sculpture, de la peinture, de la musique, de la littérature et de l'imprimerie annonçaient la substitution de l'enquête individuelle à la grande création spontanée où la magnifique énergie des peuples ressuscités résumait ses besoins depuis deux ou trois cents ans.

Ce qui attira si longtemps les regards sur l'Italie et fit méconnaître le travail d'individualisation qui se poursuivait en même temps en France, en Allemagne, en Flandre, en Angleterre, en Espagne, c'est que ce travail, dans le Nord et l'Occident, se fit sans à-coups, que la statue descendit de la niche et la peinture de la verrière sans que l'artiste cessât de regarder le temple abandonné, à mesure qu'il s'éloignait de lui. En Italie, au contraire, l'individualisation des énergies créatrices trouva, pour se fixer, d'admirables organes disponibles, des hommes façonnés depuis deux siècles par la guerre civile et la violence des passions, depuis toujours par la constitution du sol, à la recherche personnelle de leur loi. Tous les peuples européens subirent ou adoptèrent son enquête, parce qu'elle entreprit cette enquête avec un esprit plus libre et plus mûr que le leur. S'ils n'en comprirent pas toujours les conclusions, ce n'est pas l'Italie qu'il faut en rendre responsable. D'ailleurs, nous sommes jeunes et notre avenir continue. Ce qu'elle a déposé en nous de vie revivra quand nous revivrons.

Ce passage plus ou moins graduel ou plus ou moins brutal de l'expression collective à l'expression individuelle n'était pas nouveau. L'histoire est comme un cœur qui bat, comme un poing qui s'ouvre et se ferme. A certaines heures, l'énergie populaire parvenue à son sommet exige, pour se donner toute la liberté d'agir, la concentration momentanée dans un vaste ensemble symphonique de toutes les idées morales, religieuses, sociales jusque-là dispersées en quelques esprits d'avant-garde. C'est l'instant prodigieux où la certitude de vivre l'absolu et de l'arrêter dans nos âmes l'espace d'un éclair entre deux sombres étendues soulève un peuple entier, sans qu'il s'en rende compte, jusqu'au Dieu confus qui l'habite. C'est l'instant prodigieux où l'individu s'efface, où tous les êtres d'une foule réagissent en même temps vis-à-vis des forces extérieures, où de grands édifices sortent tout à coup de terre, voulus de tous, bâtis par tous et subordonnant à leur fonction sociale toutes les expressions isolées par qui les hommes cherchaient encore la veille à se définir séparément. L'Égypte, en son ensemble, avec des siècles de doute et d'hésitation dans l'intervalle et d'analyse obscure trop éloignée de nous pour que nous puissions tout à fait la saisir, retrouva cette heure plusieurs fois au cours de sa longue vie et put la prolonger plus qu'aucun autre peuple parce qu'elle ouvrait l'histoire et qu'elle cheminait avec lenteur dans un isolement presque absolu. La Chaldée la connut sans doute, l'Inde, plus près de nous, la vécut avec une effroyable ivresse, l'Islam la rêva dans une extase frénétique, la Chine tenta de la maintenir en elle trois mille ans. La Grèce en fut traversée très vite, imprimant sur l'histoire une trace de feu. Les premiers temples doriques accusaient la montée ardente vers ce sommet dominateur où l'anonyme d'Olympie atteignait en même temps qu'Eschyle et vers l'autre versant duquel Phidias commençait à pencher.

Mais l'anonyme d'Olympie, Phidias étaient déjà des individus puissamment caractérisés. Au sein même du cortège populaire marchant vers le Parthénon, la voix d'Eschyle, qui était parmi les plus pieuses, s'entendait au-dessus des autres et il emportait sous son front Prométhée qui allait tenter de ravir la flamme de l'autel. Jamais, depuis le commencement de l'histoire, jamais l'individu n'avait réclamé avec autant de force le droit de mettre sa pensée au service des hommes qui ne le comprenaient pas. Au long de ces successions implacables d'analyses et de synthèses (1) que l'évolution de l'esprit nous impose comme des traversées de l'enfer et des séjours au paradis, nous réalisons des synthèses partielles et des analyses partielles qui correspondent à des triomphes momentanés de classes ou de tendances dans l'organisme social. La synthèse grecque qui atteignit sans doute sa plus forte expression entre les poèmes d'Homère et les guerres médiques fut une courte étape au cours de la longue analyse qui sépara le déclin des vieilles civilisations orientales du commencement obscur des civilisations modernes. Mais ce fut l'étape décisive qui détermina l'avenir.

(1) Les saint-simoniens disaient de périodes *critiques* et *organiques*.

En tout cas, l'action philosophique et esthétique à laquelle elle aboutit, parut dissocier pour toujours les éléments de l'énergie humaine, et quand elle eut introduit dans le monde les terribles ferments de la raison et de la liberté, le monde sembla condamné à ne plus retrouver les accords profonds où tous les hommes se rencontrent et où le rythme social submerge tous les rythmes individuels. Il est vrai que la peinture, l'instrument plastique individuel par excellence, de par sa souplesse infinie, son obéissance à tous les détours, à tous les soubresauts, à tous les rayons, à toutes les ombres de l'esprit, sa faculté d'enchevêtrer les rapports les plus complexes, ne nous a presque rien révélé de ce que lui confia l'âme des anciens errant à la recherche d'elle-même. La sculpture, art social encore, qui doit faire dans l'espace un bloc arrêté de partout et répondre par conséquent à des idées philosophiques nettement architecturées, la sculpture, arrachée du temple, ne pouvait que nous dénoncer l'inquiétude, le doute, la dispersion, l'irrémédiable désordre du corps social lui-même et nous faire prévoir la venue d'un monde nouveau sans nous en indiquer la direction véritable. Quoi qu'il en soit, l'analyse hellénique infligea au vieux monde une telle dispersion qu'il parut sombrer pour toujours et qu'il dut faire appel aux Juifs d'abord, aux barbares ensuite, pour reconstituer sur un terrain nouveau l'ébauche d'un rythme social qui n'aboutit que dix-sept siècles après le Parthénon, avec la Commune occidentale, la cathédrale française, les poèmes populaires de l'Allemagne et la halle des Flamands.

La Renaissance doit son nom à ce qu'elle exprima une heure de notre histoire analogue à celle dont Euripide et Praxitèle vécurent les premiers et les plus décisifs instants. Seulement, nous pouvons en mieux saisir les manifestations plastiques. Il nous reste d'elle autre chose que la pensée dissolvante et sacrée des philosophes qui l'affirmèrent, Rabelais, Montaigne, Érasme en qui Socrate et ses disciples ne se fussent pas reconnus, mais qui jouaient en sens inverse vis-à-vis du monde médiéval le rôle qu'avaient joué Socrate et ses disciples vis-à-vis du monde ancien. Il nous reste d'elle autre chose que l'architecture anarchique qu'elle fit éclore en Italie. Il nous reste d'elle la peinture, œuvre individuelle il est vrai, mais tout de même objective et qui ne peut durer qu'à la condition d'exprimer un continu vivant dans le cerveau de l'artiste et non plus, comme les arts qui la précèdent, dans l'instinct anonyme d'une collectivité. C'est par elle surtout que nous savons pourquoi la Renaissance nous fut nécessaire et pourquoi nous l'aimons. Nous savons pourquoi nous ne cesserons pas d'être reconnaissants aux grands individus qui recueillirent dans leur âme l'âme des foules disparues pour en transmettre l'espoir aux foules à venir. Car ce sont eux qui passent le flambeau. Ils sont le trait d'union entre les besoins généraux que les hommes ne sentent plus et les besoins généraux qu'ils ressentiront un jour, entre l'organisme d'hier et l'organisme de demain. Ils sont une foule à eux seuls et la continuité de sentiment qui liait les hommes aux hommes s'est réfugiée dans leur cœur. Le Michel-Ange de la Sixtine, Rubens, Rembrandt, Velazquez sont, plus lisiblement que les littérateurs, les savants ou les philosophes, les symphonies individuelles qui recueillent, au cours des temps critiques, la symphonie populaire dispersée momentanément à tous les vents de la sensation et de l'esprit. On peut les aimer d'un amour égal à celui qu'on porte au temple abandonné. Il y a, entre un vitrail de cathédrale et un tableau de Titien, la distance qui sépare une admirable voix dans le plus beau chœur populaire d'une symphonie de Beethoven.

C'est ce qui donne à ceux qui se lèvent çà et là pour étayer les colonnes du temple d'un titanique effort, l'apparence de se trouver en opposition radicale avec leur milieu social. Ils y semblent inadaptés, parce qu'ils portent en eux le rythme grandiose, mais invisible pour les multitudes aveugles, des adaptations à venir. Ils ont brisé des rythmes morts pour créer des rythmes nouveaux. Ils sont d'autant plus solitaires qu'ils s'élèvent plus haut et que les symphonies qu'ils entendent dans le silence de leur cœur mettent en action des éléments de vie plus complexes, plus universels, plus permanents et plus profonds.

Mais puisqu'une synthèse sociale est le but secret de leur effort, puisque les hommes sont joyeux quand elle se réalise, puisque le pessimisme ne se formule que dans les hauts esprits qui souffrent d'être seuls et que l'optimisme est le fruit de la communion entre les hommes, comment se fait-il que les hommes, quand ils ont réalisé cette communion divine, comment se fait-il que les hommes ne puissent la sauvegarder ? C'est qu'aucune société ne résiste à la stagnation générale qu'entraînerait son maintien. C'est que la vie, c'est l'effort même. C'est que l'équilibre des éléments qui la composent n'est jamais une réalisation statique mais toujours une tendance, ou du moins qu'il ne s'effectue qu'un instant trop imperceptible pour que nous puissions l'arrêter autrement que dans les œuvres qui jaillissent à cet instant de notre cœur.

Cet équilibre dynamique toujours rompu, toujours devenant, qu'il est impossible de maintenir mais dont il est impossible aussi d'étouffer en nous l'espérance, ce repos que nous poursuivons avec le désir de l'atteindre et le pressentiment de le perdre aussitôt, ne pourrait se prolonger qu'à la condition que tous les organes sociaux s'adaptent d'une manière spontanée, étroite et mobile à la fois, au milieu économique et moral qui évolue sans arrêt. Mais très vite un moment arrive où l'apparition de nouveaux peuples et de méthodes nouvelles, de découvertes imprévues, de courants d'idées extérieures font pencher la balance, où l'un des organes tend à croître aux dépens d'un autre, où l'égoïsme étroit d'une classe, d'une caste, d'un groupe quelconque d'individus accapare à son profit l'action des autres et suscite parmi eux l'apparition de forces isolées qui germeront peu à peu en des intelligences faites pour rechercher la loi d'un équilibre nouveau. La fortune inégalement répartie, les besoins qu'elle développe, les groupements d'intérêts qu'elle crée fatalement, a sans doute été jusqu'à présent le facteur le plus visiblement actif des dissociations sociales que nous observons dans l'histoire, en même temps qu'elle préparait le terrain, par les aristocraties de culture qu'elle contribue à former, aux futures associations des éléments qu'elle sépara les uns des autres. On a toujours cru que le luxe exerçait une action favorable sur le développement de l'art. En réalité, les rapports certains qui les unissent ont fait bénéficier la richesse d'un rôle qu'elle n'eut jamais. Les forces intellectuelles d'un peuple naissent de l'effort même d'où jaillissent avec elles la richesse des individus, la puissance de rayonnement et d'expansion de la collectivité. A l'heure où ces forces prennent conscience d'elles-mêmes l'architecture est morte et la sculpture

se meurt. Si les aristocraties de fortune recueillent
la floraison de la littérature et surtout de la peinture,
ce sont elles aussi qui les flétrissent, comme la richesse
acquise détruit la puissance d'un peuple en élevant
autour de lui des organes d'isolement et de défense
qui finissent par l'écraser. Les hommes n'ont qu'une
richesse, l'action.

En fait, l'action italienne s'arrêta quand l'Italie
fut devenue la maison de plaisir de l'Europe, comme
l'action grecque avait cessé à la seconde où Athènes
enrichie n'était plus jugée bonne, par ceux qui venaient
de la vaincre, qu'à les instruire et à les amuser. C'était
assez. Elle avait indiqué à la France, brisée par la
guerre, et dont le formidable effort avait tordu et
disloqué les membres et les vertèbres de la grande
nef ogivale, une voie de régénérescence où la France
devait ramasser de puissants instruments d'émancipation. Elle avait fourni au cycle shakespearien un
inépuisable trésor de sensations, d'idées, d'images,
un miroir que troubla l'haleine du Nord pour que
l'âme de ses poètes ne pût jamais y rencontrer les
limites de son mystère. Elle avait préparé les chemins
au tout-puissant héros de la peinture qui devait
apparaître en Flandre au début du XVIIe siècle pour
ouvrir à grand fracas les portes du monde moderne
en coulant d'un seul bloc dans les rythmes méridionaux
l'énorme matière des pays gras où le brouillard et la
pluie prennent la couleur du soleil. Et bien que la
protestation des réformateurs contre la dissolution
morale de l'Italie ait donné à l'insurrection politique
de l'Allemagne un caractère d'antagonisme vis-à-vis
de la Renaissance du Midi, c'est son exemple qui leur
permit de susciter chez eux dans l'avenir les forces
individuelles que réclamait leur pays.

La recherche des équilibres sociaux s'exerce aussi bien sur l'étendue de la terre que dans la durée de l'histoire et ses conditions changent selon les circonstances économiques, morales et géographiques qui l'ont rendue indispensable. Les pays du Nord de l'Europe eurent à réaliser, vis-à-vis des pays du Sud, une réaction à peu près analogue à celle que le peuple juif avait tentée contre l'action du peuple grec. L'exaltation des qualités intellectuelles et sensuelles de l'être faisait place brusquement à l'exaltation des qualités mises en valeur par les prophètes juifs. C'est là du moins la signification schématique que prenaient, dans l'esprit des penseurs qui l'exprimèrent, ces mouvements trop complexes et trop profonds pour qu'on puisse en ramasser dans une formule unique le sens politique et social. Le caractère universel et la volonté de discipline intérieure du christianisme primitif imposa aux barbares du Nord et de l'Ouest de l'Europe un cadre nécessaire à l'endiguement et à l'utilisation de leurs énergies inemployées. La Réforme, à son tour, ou du moins le mouvement qui aboutit à la Réforme, leur permit de retrouver leur personnalité compromise à la longue par l'envahissement progressif de l'idéalisme latin, et de dégager leur action économique de la domination romaine. Si la forme extérieure que donnèrent à l'agitation réformatrice les pouvoirs religieux et politiques de l'Allemagne étouffa les puissances spirituelles délivrées par la Renaissance, elle devait ressusciter avec la grande musique dans le génie du Nord désormais libre et maître de verser sa formidable vie dans l'âme des hommes futurs.

Quels qu'aient été les attentats du catholicisme et des confessions protestantes contre l'innocence de l'homme, il faut les accepter comme des sécrétions sociales nécessaires où l'homme du Midi et l'homme du Nord ont puisé pendant des siècles ce qui leur manquait pour établir leur équilibre avec le milieu naturel et moral où s'écoulait leur vie. L'individualisme passionnel des peuples méridionaux leur imposait le besoin d'une armature sociale puissamment hiérarchisée où toutes les inquiétudes, tous les conflits intérieurs pussent trouver une solution précise et réclamer à la rigueur l'appui d'une force extérieure immuable. Le caractère naturellement social des peuples du Nord, où la vie plus pénible et l'effort plus continu rendent l'homme nécessaire à l'homme à chaque instant, réclamait un levier intérieur qui suscitât l'individu moral. Au siècle où s'épanouit dans un élan suprême d'énergie le génie germanique et le génie italien, on verra les peintres qui les représentent l'un et l'autre considérer la forme d'un point de vue presque opposé. Ici des fresques sur les murailles, faites pour être vues de tous. Là des œuvres isolées, appartenant à des confréries, commandées par des donateurs. Ici des artistes d'autant plus puissamment individualisés qu'autour d'eux-mêmes la multitude est anarchique et passionnée, réunissent l'esprit épars en dressant une image idéale, généralisatrice et hiérarchique de la nature. Là des artistes à peine dégagés de l'instinct collectif du moyen âge, divisent l'esprit commun en particularisant tous les aspects d'une nature confuse et détaillée et qu'ils voient sur le même plan. Rubens, homme du Nord et catholique, accordera une minute l'âme de Michel-Ange et l'âme de Dürer.

Mais il faudra l'attendre un siècle. Jusqu'à lui et malgré les emprunts incessants que les peuples du

Nord faisaient à l'Italie, tandis que l'Italie demandait aux coloristes de Flandre des conseils dont il est moins facile de découvrir la trace, il y eut entre l'esprit du Nord et l'esprit du Midi une sorte d'antagonisme nécessaire à l'effort du monde et qui sans doute ne disparaîtra que le jour où, l'unité de l'Europe effectuée, des groupements plus nombreux et plus éloignés les uns des autres confronteront leurs désirs. Les paysages maigres du Midi, leur transparence, les lignes sobres et précises qui les arrêtent dans l'intelligence et font naître en nous des idées claires et des rapports essentiels permirent aux grands Italiens de donner de la nature une interprétation intellectuelle qui, des sculpteurs d'Égypte à Michel-Ange et de Phidias à Titien, n'a changé que d'apparences, et tend à résumer la vie universelle dans la forme humaine aussi purifiée que l'esprit des accidents qui les entravent et des imperfections qui les entourent. La confusion noyée de brume et submergée de feuilles des paysages du Nord, qui fait entrer dans notre émoi de vagues sensations où s'enchevêtrent des images impuissantes à s'organiser en idées, ouvrit aux artistes des pays septentrionaux les portes d'un mystère où les formes flottent et se cherchent, interdisant au sentiment d'éliminer et de choisir. Les uns, en réduisant la nature à une harmonie volontaire, élevaient l'homme jusqu'au Dieu, les autres mêlaient l'homme à la vie générale en considérant la nature comme une symphonie aveugle où la conscience sombre dans le vertige des sons, des formes et des couleurs. De là l'exaltation spirituelle de ceux qui, pour mieux saisir la destinée supérieure de l'homme, oubliaient sa misère et leur propre souffrance et le voyaient montant toujours, de là l'humanité de ceux qui, chaque fois qu'ils se penchaient sur l'homme, l'apercevaient roulé dans le flot fraternel de la matière, des idées et des mouvements. L'anthropomorphisme des uns, le panthéisme des autres ont donné à notre esprit les deux pôles de sa puissance, entre lesquels il est peut-être condamné à marcher éternellement, mais où il puise, en même temps que le désir et le doute, la volonté de l'action.

Et qu'importe le doute, et qu'importe que le désir ne s'éteigne jamais! Qu'importe la souffrance de sentir à tout instant s'échapper cette vérité monstrueuse que nous croyons à tout instant tenir et qui nous déborde sans cesse parce qu'elle est vivante comme nous et que nous la créons chaque jour pour la condamner à mourir par le seul fait que nous l'arrachons de nous-mêmes! Qu'importe qu'il y ait d'âge en âge des voix déchirées qui disent que nous ne saurons jamais tout! C'est notre gloire. Chaque fois que nous nous mettons à l'ouvrage, nous savons tout, puisque, à la minute créatrice, toutes les forces vives du monde affluent en nous, qui les appelons et les résumons, pour illuminer notre esprit et diriger notre main. Si nous aimons la Renaissance avec tant d'ivresse, c'est qu'elle a consenti à souffrir pour tirer de la nuit ces vérités mouvantes dont nous commençons à peine à entrevoir aujourd'hui la puissance de création jamais épuisée, parce qu'elles sont solidaires de toutes les vérités qui furent et de toutes celles qui seront. Nous n'oublierons pas ces hommes invincibles qui, alors que tous les pouvoirs s'associaient pour leur barrer la route, alors qu'on brûlait leurs livres, qu'on broyait leurs creusets, qu'on levait la hache et le glaive et qu'on préparait les bûchers, ne reculèrent pas devant la tâche de découvrir des faits et des idées qui brisaient chaque jour leurs équilibres d'âmes si

péniblement conquis et maintenaient en eux la nécessité d'un effort toujours tendu vers d'autres conquêtes.
Nous n'oublierons pas qu'au cri d'angoisse de l'humanité épuisée par la crise d'amour qu'elle venait de
vivre, ils accoururent pour recueillir et consoler cet
amour. Nous n'oublierons pas qu'à la même heure,
comme si un doigt jusque-là posé sur des lèvres
invisibles se fût levé quelque part, Képler et Copernic
repoussaient d'un seul geste le ciel jusque par-delà
les limites mêmes du rêve et de l'intuition, Colomb
et Magellan ouvraient les grandes routes de la terre
pour la placer tout entière entre nos mains comme
une arme de combat, Vésale et Michel Servet saisis-
saient dans nos entrailles les mouvements initiaux de
la vie, Shakespeare libérait de ses habitudes théolo-
giques le poème sans borne que nous portons dans
le cœur, Rabelais, Érasme, Montaigne affirmaient
la force éternelle et la nécessité du doute, Cervantes
arrachait vivant notre idéalisme à tous les mauvais
chemins des déceptions et des mirages, et l'art italien
se mourait lentement de l'effort qu'il avait dû faire
pour introduire dans l'esprit l'ordre, et par lui la
liberté.

Préface

A LA NOUVELLE ÉDITION
1923

J'ai tenté de raconter dans ce volume l'épopée de l'individu, celle dont la Renaissance et la Réforme ont marqué l'éclosion dramatique, — car plus tard, la résistance des milieux politiques et religieux faiblit, ou du moins ne s'avoue pas, en tout cas ne heurte plus de front l'insurrection spirituelle, renonce presque à la potence et à la roue et laisse s'éteindre le bûcher. En ces temps, au contraire, l'individu jaillit pour ainsi dire, et défonce, pour jaillir, une carapace épaisse, dix siècles de dogme et de rites, d'interdictions, de compression, de formules, d'appareil social et théologique à tel point lourd et profond — et humain — qu'il semblait tenir dans les cœurs par mille racines vivantes impossibles à arracher. D'où nous sommes pour l'observer, cet individu nous apparaît pour ainsi dire gigantesque, monstrueux de force et de courage, étant seul devant le monde qu'il a à réinventer. L'énergie de ces temps donne à leur art l'accent qui ne le quitte guère, un accent déchirant parfois, mais d'une âpreté telle que, plus tard, celui des plus grands peintres, devenu maître de lui-même, paraît facile et heureux. L'individu, depuis, a pu se montrer plus complet, plus équilibré surtout, de souffle plus régulier, prenant son temps pour absorber les éléments épars du monde, les assimiler en profon-

◀ 2

---

2. Jacopo della Quercia. Monument de Ilaria del Carretto, *détail* (Cathédrale, Lucques). *Ph. Alinari-Giraudon.*

deur, les répandre sur les esprits avec la plus royale
abondance : il s'est appelé Rubens, il s'est appelé
Rembrandt, il s'est appelé Velazquez. Mais, durant
les deux grands siècles italiens, les siècles flamand,
ou français, ou allemand qui le voient paraître, il semble
plus fortement défini, plus écrit pourrait-on dire,
découpé dans l'énergie et la passion comme avec un
ciseau de fer, inquiétant certes, un peu hagard peut-
être, en tout cas décidé à dire ce qu'il a à dire, dût-il,
pour le dire, tuer ou mourir. L'intelligence, alors, n'est
même pas concevable si l'héroïsme quotidien ne la
protège pas.

Il ne faudrait cependant pas s'imaginer qu'il
existe un antagonisme radical entre l'individu si défini
et si décidé à se définir de la Renaissance et l'homme
social si passionnément appliqué à ne pas sortir du
cadre fixé, aux âges précédents, par la théologie et
la politique d'un côté, par la corporation de l'autre.
Quand cet antagonisme apparaît, il est bien plus dans
les idées et le consentement unanime à ces idées, que
dans le caractère spécifique ou même individuel. Il est
surtout dans la tendance grandissante à tout juger, à
tout comprendre, à tout dire par soi-même, à se faire
une philosophie personnelle du monde, à l'exprimer
dans un langage qui ne doive à autrui que des procédés
techniques, des traditions d'atelier, de chantier, mais, par
une évolution fatale, serve de vêtement de plus en plus
différencié à des façons de voir et de sentir de moins
en moins résignées à ressembler à celles du voisin.
Le paradoxe plastique s'affirme énergiquement, comme,
sur le terrain politique ou moral labouré par les passions
en lutte, l'égoïsme de chacun cherche, avec intransigeance, à imposer ses droits entiers par le fer ou le
poison. La torture des âmes décidées à secouer leurs

chaînes se traduit immédiatement par un art torturé lui-même, étrange, frénétique, qui nous semble aujourd'hui normal parce qu'il nous a déterminés tous en partie, mais qui dut paraître singulier et parfois révoltant à la masse, même dans ses réalisations les plus logiques et ses efforts les plus raisonnés. Les œuvres résultant, par exemple, des premières tentatives de perspective d'Uccello, semblèrent, je le crois, à peu près inintelligibles aux non initiés de l'époque, comme ont semblé à peu près inintelligibles aux yeux de nos grands-pères les premières peintures chinoises importées chez nous, comme aujourd'hui, dit-on, une peinture européenne semble inintelligible à un Chinois non prévenu.

Mais pour qui veut et sait séparer toute la part conventionnelle du langage et toutes les intentions philosophiques plus ou moins conscientes dans l'art des renaissants, de son caractère spontané et vivant, de son lyrisme qui disloque et disjoint ses doctrines pour montrer le fond de l'être — le diamant dans le charbon — il est facile de retrouver dans les œuvres les plus différenciées de l'individualisme allemand, ou flamand, ou français, ou même italien, les accents du précédent âge, où l'artiste acceptait sa subordination à une tâche collective d'un cœur joyeux. De même, dès l'époque romane italienne ou même française, dans les ensembles anonymes les plus soumis au rythme architectural, on voit poindre l'individu. Des décorateurs ingénus de la cathédrale française à La Fontaine ou Chardin, il ne serait pas difficile de suivre, à travers les enlumineurs et les conteurs de fabliaux, à travers Fouquet et les portraitistes attentifs et parfois goguenards du XVIe siècle, le même sentiment de tendresse narquoise, d'observation amusée qui dépasse l'anecdote, de grâce *légère et subtile, de bonhomie et de bon sens. Pas plus difficile de remarquer que la docilité de ces décorateurs, travaillant tous à subordonner leur personnalité puissante à un besoin commun d'équilibre et de mesure, se retrouve dans le consentement de Fouquet, de La Fontaine, de Chardin, à soumettre leur propre lyrisme aux rythmes réguliers d'une sagesse intelligente. Serait-il impossible de retrouver la dialectique tranchante, la rigueur de calcul, l'apriorisme architectural dépourvus d'incidentes et d'ornements des doctrinaires, philosophes et juristes du Midi languedocien ou cévenol, L'Hospital, Cujas, Auguste Comte, Renouvier, dans les bâtiments catégoriques du Rouergue et de l'Albigeois au moyen âge, — murailles hautes, murs épais, harmonie monumentale obtenue par l'autorité de la masse et la nudité des profils plus que par le jeu des proportions? Ne retrouve-t-on pas, dans l'arabesque linéaire de Raphaël, comme dans les constantes préoccupations symphoniques de Titien, ce besoin instinctif de continuité de structure et de forme que dénonce d'autre part la construction italienne du moyen âge, si liée à la construction voisine et au squelette même du sol, que les villes d'Italie y semblent coulées d'un bloc et faire corps avec lui? Par son goût des dimensions géantes, ce besoin de grandeur et de domination élevé jusqu'à la cime de l'esprit, Michel-Ange ne s'avoue-t-il pas solidaire de la mégalomanie qui caractérise à la fois l'histoire de Rome et de la papauté durant tout le moyen âge et qu'exprime avec tant de force l'architecture impersonnelle des ingénieurs romains? La minutie un peu myope de Dürer, accumulant le détail et l'anecdote, brouillant les plans, incapable de diriger et de dominer les lignes, mais toute murmurante et fourmillante de vie. n'évoque-t-elle pas ces villes de la vieille Allemagne*

*où cent métiers confus travaillaient le bois et le métal
dans la rumeur continue et pour ainsi dire musicale
des navettes, des marteaux, des poinçons et des limes
frappant, taraudant, usant et bourdonnant à la fois?*

*D'ailleurs, au temps où il se fit, qui s'aperçut
du passage? Nul en Flandre, à coup sûr, nul en Allemagne, nul en France jusqu'au jour où l'Italie y pénétra
de toutes parts, brisant la tradition de l'artisan gothique
et substituant partout à l'humaine expression de la
sympathie et de la croyance, la recherche de l'effet.
Encore n'en suis-je pas bien sûr, car la recherche de
l'effet est en germe partout dans la cathédrale flamboyante, et ne s'affirme guère en Italie même qu'à
la suite de Michel-Ange, le Florentin du XVe siècle
n'étant pas moins sincère que le Français son contemporain, — sincère dans son désir d'exprimer des idées
là où le moyen âge exprimait des sentiments. Il y a
même, dans l'art italien quattrocentiste, une étrange
naïveté. Il met une application et une tension continues
à traduire le mystère chrétien au moyen de la forme
païenne. Je ne crois pas qu'à cette époque, quelques
humanistes à part, le scepticisme ait été très répandu.
Angelico est un saint, Masaccio un chrétien fervent,
Gozzoli un amoureux émerveillé des mythes bibliques,
Botticelli un mystique malade, Ghirlandajo un ouvrier
simple et croyant. Ils nous mènent sinon sans heurts,
du moins par une pente naturelle, jusqu'à la pensée
inquiétante de Vinci, jusqu'au drame intérieur où se
reconnaît Michel-Ange. Nous ne pouvons pas, de si
loin, suivre dans ces âmes troublées toutes les nuances
psychologiques qui accompagnèrent la dissociation du
christianisme médiéval. Sommes-nous bien sûrs qu'en
écrivant sa candide (?) apologie du christianisme, le
plus intelligent entre tous les hommes, Montaigne, se soit*

rendu compte qu'il portait au christianisme le coup le plus terrible qu'il ait reçu? Pouvons-nous affirmer que Tintoret n'eût pas été surpris de notre propre surprise devant les femmes nues dont il peuplait les églises vénitiennes?

Cependant, le drame est là, surtout en Italie, car, dans le Nord, le passage, moins saccadé, est infiniment moins cruel, se déroulant bien moins dans l'intelligence de l'artiste que dans la lente infiltration des mœurs et des pratiques qui substituent peu à peu dans ses méthodes et ses habitudes de pensée les découvertes individuelles venues du Sud, aux traditions et coutumes collectives si enracinées dans le Nord. Quelques-uns, là, s'en aperçurent, Vinci sans doute, mais nous ne le saurons jamais, Michel-Ange certainement. Que pourrait donc être l'équivoque secret de celui-là, quelle pourrait être la cause de la souffrance formidable de celui-ci, sinon leur conscience très nette que l'Italie venait de rompre l'unité spirituelle du moyen âge où l'art et la science de l'homme constituaient ensemble l'image symbolique de sa conception de l'univers? L'un comme l'autre ne sentaient-ils pas qu'à mesure que la science s'objectivait, l'art ne pouvait plus se maintenir dans les régions subjectives de la connaissance? Leur effort toujours tendu de donner à l'art, par l'anatomie et la perspective, les mêmes assises concrètes qu'à la science, n'était-il pas un aveu implicite que cette unité échappant au sentiment de l'homme, il fallait essayer, par un tour de force impossible à d'autres qu'à eux-mêmes, de le maintenir dans son esprit? Leur énergie désespérée ne trouvant aucune issue à l'impasse bordée et fermée de parois de pierres où les avaient engagés Brunelleschi, Uccello, Piero della Francesca, Signorelli, ils ne pouvaient sauver le monde qu'en

arrachant à la mystique universelle tous les éléments
de la pensée pour les confier — avec quel amer scepticisme! — aux quelques âmes supérieures qui viendraient.
Les hommes, certes, allaient remplacer Dieu : mais
combien y aurait-il d'hommes?

La Renaissance a donc marqué le moment solennel
où la rupture de l'unité chrétienne est survenue. Mais
un drame, aussi terrible qu'on le veuille, ne change rien
à la nature vraie des êtres qui y participent. Tout au
plus altère-t-il les traits de leurs visages qui deviennent
plus tendus, plus creusés et douloureux. Qu'il est
dommage que l'Histoire soit si jeune, que nous ne puissions embrasser cent mille années ou plus de notre
étonnante aventure pour montrer que nous n'avons
guère changé, que les variations de nos gestes ne font
qu'exprimer les mouvements intérieurs qui, tous les
dix ou vingt siècles, bouleversent nos habitudes mais
laissent intacts nos instincts et donc nos sentiments
profonds, nos ressources, nos besoins. Qu'ici l'individu
surgisse pour recueillir l'ivresse de vivre sur le point de
s'éteindre dans le cœur des multitudes, que les multitudes, un autre jour, saisies d'une fièvre géante agissent,
pensent, créent comme un seul individu, malgré tout
une solidarité invincible unit les manifestations les plus
primitives de notre émotion en présence du monde, aux
plus conscientes, aux plus hautes, aux plus dégagées
de tout esprit grégaire d'entre elles, — à condition bien
entendu qu'existe cette émotion. Il y a beaucoup moins
loin des fresques de la Sixtine aux gravures des troglo-
dytes qui les précèdent de cent cinquante ou deux
cents siècles, que de ces mêmes fresques à bien des
œuvres d'école qu'elles ont directement et tout de suite
inspirées. L'unité de l'art, grâce à la sensibilité de
l'homme, survit à la rupture de l'unité de la conscience

que son intelligence a dû briser pour échapper à la mort.

Comme nous l'avons vu à propos du moyen âge (1), notre sensibilité devant la diversité prodigieuse des images peut connaître une heure émouvante, celle où elle perçoit la parenté de toutes ces images et remonte, par chacune d'elles, jusqu'au seul homme intérieur. Mais, bien évidemment, l'étude passionnée de chaque œuvre d'art, puis de chaque artiste, puis de chaque école, puis de chaque peuple, pendant toute son histoire, dans ses expressions figurées, est la seule voie qui conduise à retrouver cet homme-là. Il faut donc apprendre à reconnaître dans chaque individu l'esprit de l'espèce, puis l'esprit de l'époque, et aussi, dans les monuments les plus impersonnels édifiés par l'espèce à quelque époque que ce soit, l'esprit de l'individu. On remarquera de la sorte que l'homme a bien peu changé dans le temps, comme le moyen âge nous a naguère montré qu'il changeait peu dans l'espace, et qu'on peut, non seulement retrouver Dürer dans l'ouvrier allemand du siècle précédent ou Fouquet dans l'imagier gothique, mais aussi les Grecs de Périclès dans ceux de Vénizelos, les Germains de Tacite dans ceux de Bismarck, les Gaulois de César dans les Français de Charleroi. On pourra invoquer aussi l'immobilité immense de la Chine, la mobilité monotone de l'Inde. Malgré les migrations, les invasions, les croisements, les guerres, les révolutions, les interpénétrations mutuelles, il existe, chez chaque peuple, un fond à peu près immuable, venant sans doute de la rencontre du sol adopté avec l'élan immémorial imprimé à son origine et ramenant tous les essais de changement et d'émancipation au

(1) Voir la préface de *l'Art médiéval* (pp. 16 et suiv.).

*même type spirituel que le drame dévaste, que la créa-
tion apaise, qui s'adapte une heure aux événements
puis se laisse déborder par eux, monte au pinacle,
agonise, mais partout, et toujours, refuse de changer.
Qu'un même peuple, un jour, ait bâti le Parthénon et,
vingt-cinq siècles plus tard, soit sans culture propre,
ruiné moralement par sa longue servitude, tout à fait
dépourvu de facultés créatrices, n'est-ce donc pas le
même peuple, s'il a gardé sa turbulence, sa passion de
guerre et de chicane, ce nationalisme idéal qui ruine
toutes ses cités, cette imagination sans frein qui poursuit un fantôme toujours visible, mais toujours déchiré
par ses mains trop fiévreuses, cette frénésie de châtier
ceux qu'il pousse à l'aventure quand l'aventure tourne
mal, quitte à lui en contester le mérite quand l'aventure
tourne bien? Un arbre ne reste-t-il pas le même arbre
— le même olivier, le même laurier, le même chêne —
si, pendant plusieurs saisons, il ne porte pas de fruits?*

*Il ne faut donc pas s'étonner de voir, après plus
de mille ans, le génie italien repousser entre ses ruines,
vert et dru, non identique, certes, mais analogue à ce
qu'il fut, les architectes mesurer les voûtes tombées,
ausculter les pierres enfouies — non pas, comme on
l'a cru, pour y chercher des modèles, mais pour confronter avec ceux des ancêtres leurs calculs, leurs intuitions,
leurs désirs. Il ne faut pas trouver anormal qu'autour de
Sienne et de Florence, après deux mille années d'invasions incessantes, de renouvellements ethniques, la
terre étant brûlée par le fer des chevaux de guerre, les
sillons desséchés, les édifices disparus, on découvre en
fouillant le sol, dans des caveaux mortuaires, des
figures étranges, ombres étirées, maladives, visions de
supplice et de mort qui sont les sœurs, par leur caractère
funèbre, des formes énervées, hagardes, mystiques,*

tendues par l'âme à se briser, de Taddeo Gaddi et
d'Andrea del Castagno, de Donatello et de Masaccio,
de Botticelli et de Lippi, de Pollaiuolo et de Vinci,
des peintres effrayants de la Chapelle des Espagnols
et du Campo-Santo de Pise. Je me souviens d'avoir
éprouvé, certain jour, devant Notre-Dame, une de ces
impressions fulgurantes qui vous laisse pour toujours
la certitude absolue de s'être trouvé en présence, pendant une seconde, d'une invariable vérité : j'avais
cru voir apparaître un de ces châteaux du style d'Har-
douin-Mansard, avec son corps central et ses deux ailes,
le tout lié ensemble et assis puissamment par le jeu
catégorique des calmes horizontales et des robustes
verticales obéissant aux plus simples, aux plus claires
proportions. Je me souviens de cent surprises analogues,
parentés évidentes entre les bas-reliefs gallo-romains
et ceux des cathédrales, types physiques et spirituels
du paysan des mêmes contrées qu'on y retrouve de nos
jours, motifs immobiles et traités avec le même esprit
sur un vase persan du XVIᵉ siècle et telle brique ver-
nissée du temps de Cambyse ou de Darius, sur tel décor
d'assiette de campagne et tel tableau d'un maître tout-
puissant, en Italie, en France, en Hollande, partout,
et ces chansons et ces danses des paysans d'Attique,
de Béotie, du Péloponèse qu'on retrouve dans tel chœur
du Prométhée d'Eschyle ou sur les flancs tournants de
telle amphore, coupe ou canthare de Corinthe ou du
Céramique. Telle usine française actuelle rappelle,
sans que son constructeur s'en doute, ce château de
Gabriel, telle usine italienne ce palais de Cronaca,
telle usine allemande cette forteresse des Chevaliers
teutoniques. N'ai-je pas retrouvé, chose plus surprenante encore, dans telle usine américaine, l'impression
que m'ont donnée les restes à demi enfouis sous les

*broussailles et les lianes de quelque temple toltèque ou
palais péruvien?*

*   Précisément la Renaissance, en différenciant d'une
façon plus accentuée les peuples les uns des autres et
les individus les uns des autres, a montré les aptitudes
respectives des peuples et des individus. Succédant,
comme elle l'a fait, à ce grand murmure confus du
moyen âge où la sculpture et la peinture, le théâtre, la
musique et le chant des cloches se confondaient dans
le gouffre plein d'obscurité et de rayons du corps architectural, elle a souligné ce qu'il y avait d'indestructible
dans la race et dans le sol. A coup sûr chaque individu
dans le peuple, chaque peuple dans l'Histoire marchent
vers l'unité spirituelle de l'homme, mais peut-être cette
unité est-elle destinée à ne se formuler jamais nulle
part, à préférer toujours l'infinie variété des formes
d'expression individuelles ou spécifiques à quelque
uniformité splendide dont la monotonie ne tarderait
sans doute pas à rejeter l'esprit inquiet vers une nouvelle
dispersion. Jusqu'ici — et l'esprit le veut pour garder
son pouvoir souverain de changer à tout instant, suivant
le temps, suivant l'espèce, d'attitude et de vêtements,
— jusqu'ici tout homme, tout groupe d'hommes a sa
langue à lui, pour ainsi dire inaliénable, traversant
l'Histoire avec une rectitude victorieuse, qui les définit
du premier coup. Qui ne voit, pour ne parler que de
l'Europe dont il est, dans ce volume, exclusivement
question, qui ne voit par exemple que les Français,
avant tout, se sont montrés des architectes, les Italiens,
avant tout, des peintres, les Allemands, avant tout, des
musiciens, les Espagnols, avant tout, des dramaturges,
les Anglais, avant tout, des poètes lyriques? Et que
c'est par l'intermédiaire de l'architecture, de la peinture, de la musique, du drame et de la poésie que les*

uns et les autres ont élevé la sensibilité de l'homme jusqu'aux régions indéfinissables de l'esprit universel? A tel point même, et avec une si invincible rigueur, qu'à part quelques manifestations exceptionnelles, ce langage s'impose à eux jusqu'à passer dans toutes leurs expressions verbales, ou sonores ou figurées avec toutes ses caractéristiques et jusqu'à ses pires défauts? N'est-il pas manifeste, par exemple, que la vision architecturale des Français, à peu près sans interruption des vieux temples romans au style de Gabriel, a dominé toutes les formes de leur pensée, littérature, peinture, musique, philosophie même, jusqu'à définir leur esprit classique et leur imposer, de Poussin à Corot, de Le Nôtre à Chardin, de Descartes à Rameau, de Racine à Stendhal, de La Fontaine à Pascal et de Claude Lorrain à Malebranche, des rythmes symétriques et des proportions mesurées jusque dans les cris de souffrance et les écarts sentimentaux? Que le génie du décor et de la plastique est aussi visible chez Dante ou Monteverde que chez Palestrina ou d'Annunzio, où la sensation sculpturale est constante, donnant à la littérature même l'aspect d'une série de formes en mouvement se succédant dans la durée comme s'il s'agissait d'un mur à peindre ou d'une façade à orner? Que les Allemands transportent l'esprit musical dans leurs poèmes, dans leur philosophie aussi, et jusque dans leur science, matières confuses et sans contours reliées par mille passages obéissant à une sorte de hantise sentimentale d'édifier sur le néant un monument métaphysique dû à leur seule volonté? Que le drame espagnol se transporte dans l'architecture où l'or et l'obscurité bougent, et, par Greco, Zurbaran, Velazquez, Goya glisse dans la peinture, subtils ou violents contrastes, transpositions dans un réalisme farouche d'un mysticisme intransi-

*geant, apparitions silencieuses, jeux sinistres, osse-
ments, fantômes, éclaboussures sanglantes dans la
nuit ? Que le lyrisme anglais se retrouve dans le paysage
peint, fantastiques lueurs, échevèlement des nuées,
arbres tordus, brumes illuminées de Turner où saigne
un œil rouge, châteaux dans le ciel, joyaux dans la
mer, et jusque dans les jardins désordonnés, et jusque
dans la science exacte, ronde des sphères dans le grand
silence des cieux ?*

  *Aussi parentes que soient les unes des autres les
formes d'art universelles, il est impossible de passer de
la grande unité confuse du moyen âge occidental à
l'anarchie du monde moderne sans s'arrêter à ce point
dramatique où la Renaissance définit, par le moyen des
individus et des écoles, le rôle que chacun allait avoir
à jouer dans la tâche commune. Il était, à ce moment-
là, de particulariser les aspects infiniment variés du
monde pour refaire à l'humanité européenne les éléments d'une mystique où l'unité ancienne de la science
et de l'art pût se reconstruire un jour dans le cœur des
multitudes. Je crois cela, du moins. Je n'imagine pas
que l'homme puisse s'affranchir à la légère de rythmes
dont la vertu lui donna durant tant de siècles la sécurité,
si ce n'est en enfantant de jeunes rythmes dans le péché
et la douleur. L'humanité ne doit pas avoir d'autre
raison de vivre que de renouveler sa puissance d'amour
au contact des formes du chemin qui se renouvellent
sans l'attendre. Il ne semble pas possible d'aimer,
ou d'excuser, ou de maudire, ou mieux de comprendre
la Renaissance, en envisageant son effort sous un autre
jour que celui-là.*

Florence

Pise vaincue — Pise où s'étaient levés les premiers
architectes et les premiers sculpteurs de l'Italie —
Sienne réduite à un silence à demi volontaire et la
République florentine fortement définie en face des
cités rivales, le particularisme italien, encore peu
caractérisé dans le chaos du moyen âge et contenu
d'ailleurs par un ensemble de croyances communes
et l'ascendant spirituel de la papauté, le particularisme italien s'accentue. Sur cette terre ardente, pleine
de souvenirs illustres, l'esprit municipal s'oriente vers
un idéal politique fait pour fortifier encore l'individualisme passionnel qui devait transformer l'Europe.
La France s'épuise de l'effort qu'elle a fourni. La
cathédrale tremble et fléchit sur ses supports trop
frêles. Ce n'est pas sur son sol stérilisé par une guerre
interminable, au cœur d'un peuple malheureux que
renaîtront les éléments de son énergie rompue. Ce
rôle appartiendra à la Flandre et à l'Italie.

Seulement pas plus en Italie qu'en Flandre, ils
ne retrouveront leur cohésion. L'individualisme italien
ne sait pas se plier aux exigences d'un ensemble.
Quand les arts associés exprimaient une multitude,
ils semblaient venir d'un seul. Ils parurent divisés et
ennemis quand ils exprimèrent un homme. Tout

artiste italien s'intitulait volontiers architecte, sculpteur et peintre. Mais il parlait rarement avec une égale puissance les trois langues qu'il s'attribuait. Même après que l'esprit médiéval eut entraîné dans sa descente la force diffuse qui soulevait sur les villes le monument représentatif de la foi et de la cité, l'Italie ne cessa pas complètement de produire des architectes. La guerre agitait encore les cités républicaines et il fallait toujours au-dessus des dalles des rues ces durs palais rectangulaires, hauts et nus, que Brunelleschi dressa face aux églises ouvragées, pour affirmer, devant l'âme du Nord envahissante, la survivance du latin. Elle forma moins de sculpteurs. Elle vit naître tant de peintres qu'elle parut inventer la peinture et que le souvenir de ce qu'elle fit alors n'a pas encore cessé d'agir sur nous.

La peinture exprimait, dès le XIIIe siècle, l'individualisme italien. Les gothiques siennois, Giotto, Cimabuë faisaient déjà des tableaux d'autel ou décoraient directement les murs, alors que Français et Flamands ne connaissaient que la verrière ou l'enluminure du missel. Quand les peintres italiens, au début du XVe siècle, demandaient aux peintres flamands les secrets de leur technique, c'est qu'ils sentaient que ce langage était toujours fait pour eux. Comme leur génie naturel leur interdisait d'emprunter aux Flamands autre chose que des procédés extérieurs, comme on ne connaissait rien de la peinture antique, ils furent, en tant que peintres, tout de suite eux-mêmes et rien qu'eux-mêmes. S'ils éprouvèrent l'action des sculpteurs et des humanistes, c'est au travers de tant de commentaires et de tempéraments nouveaux qu'elle leur donna plus d'accent.

Les sculpteurs prétendaient, au contraire, s'in-

spirer des ouvrages anciens. Nicolas Pisano s'entourait de vieux sarcophages. Malgré la force que versaient à ses successeurs, Giovanni, Nanni di Banco,
Jacopo della Quercia, Donatello, Ghiberti, les plus
ardents foyers de vie sentimentale que le monde ait
jamais connus, aucun d'entre eux, quelles qu'aient
été la liberté de son inspiration et la verdeur de son
langage, aucun n'oublia que sur ce sol, mille ans
auparavant, s'élevaient des villes de marbre. Encore
enfant, maigre, pauvre, Donatello suivit Brunelleschi
à Rome. Ils y vécurent en brigands, les mains durcies
par la pioche et le pic, pleins de terre, s'accrochant
aux broussailles, aux figuiers sauvages pour escalader
les murs, mesurant l'ouverture et l'épaisseur des
voûtes, passant des journées dans les ténèbres souterraines des vieux temples engloutis, fous quand ils
déterraient une colonne, une statue, quatre ou cinq
pierres assemblées... Au retour, ils connaissaient
mieux les raisons de leur orgueil.

Ce n'est donc pas le poids des souvenirs antiques
qui gêna l'essor sculptural de l'Italie. Elle éprouvait
un besoin trop impérieux d'affirmer sa gloire intime
pour consentir à demander aux anciens statuaires
autre chose qu'une discipline d'esprit dont l'effet
principal fût d'accentuer sa puissance expressive en
prétendant la maîtriser. Si la sculpture n'a jamais été
le langage de choix de ses artistes, c'est que la sculpture s'isole mal de l'architecture dont elle est née,
c'est qu'elle est elle-même architecture, c'est qu'elle
répond toujours à la vie sociale et religieuse de tout
un peuple en action dont elle résume les aspirations
générales quand les temples sont menacés. Elle n'a
pas le pouvoir de dissimuler ni de choisir, elle doit
vivre dans l'espace une vie impersonnelle, établie

de tous les côtés, elle s'effondre quand elle tente de
dérober des formes à la vue pour lui imposer d'autres
formes et passer des unes aux autres par ces nuances
insensibles que la peinture excelle à ménager. Trop
ardent pour rester tout à fait maître de lui-même,
trop fin pour aller droit au but, l'Italien ne parla
jamais comme les Français ou les Grecs cette langue
implacable qui défend à l'imagination de dépasser
les limites des plans logiques et des volumes définis.

Comme son ancêtre romain qui ne maintint
l'esprit latin dans Rome où les statuaires apportaient
les formules grecques, qu'en creusant les cuves funéraires ou les parois des arcs de triomphe, l'artiste
italien ne sut travailler réellement la pierre que quand
il aborda le bas-relief décoratif où la lumière et l'ombre
s'emparent de la forme pour la plier aux volontés
sentimentales du sculpteur. La sculpture et la peinture
ont toujours suivi pas à pas les sursauts et les éclipses
de l'esprit individualiste. Le peuple le moins individué
du monde antique, les Égyptiens, ont traité en sculpteurs la peinture même qu'ils n'ont vue que suivant
des profils projetés à plat sur les murs. Le peuple
le plus individué du monde moderne, les Italiens, ont
traité la sculpture en peintres, Jacopo della Quercia
peut-être excepté. Le bas-relief alexandrin affirmait
l'individualisme antique, comme le bas-relief italien
allait indiquer aux artistes le moyen de se séparer du
sentiment général pour fonder un ordre intellectuel
nouveau. Toutes les fois que l'art impersonnel faiblit,
la sculpture passe à la peinture par l'intermédiaire
de l'image ciselée sur les parois.

La peinture est la langue des incertitudes, des
élans et des retraites du cœur. Elle n'est plus la matière
rebelle dont les blessures, une fois faites, ne se cica-

3. Jacopo della Quercia. La Charité (Palais communal, Sienne).
Ph. Alinari-Giraudon.

3

trisent pas, et qui n'obéit qu'à celui qui sait accepter
une grande idée collective et dont l'âme se meut avec
sécurité dans le cercle fermé d'un organisme social
paraissant inébranlable. La pierre domine l'esprit,
elle lui est antérieure. L'homme a plié la peinture aux
directions de l'esprit. Elle suit ses hésitations et ses
méandres, et ses étapes, elle bondit ou se contracte
ou se voile avec lui. C'est le langage de la passion
intellectuelle. Il définit l'individu.

　　C'est donc surtout par la peinture que l'Italie

4

nous a parlé. Mais là encore, elle ne pouvait avoir de
la surface peinte qu'une conception personnelle. La
fonction d'un esprit supérieur est d'arracher la foule
à ses idoles habituelles pour lui imposer des idoles
que l'ardeur de sa réflexion donne à cet esprit le droit
et le devoir de poursuivre jusqu'à la mort. Les murs
des églises et des palais municipaux sont seuls assez

4. Jacopo della Quercia. Adam et Éve chassés du Paradis.
(San Petronio, Bologne). *Ph. Anderson-Giraudon.* — 5. *Détail* de 4.

en vue et assez vastes pour apaiser la fièvre de l'artiste, l'avidité sentimentale du spectateur, l'orgueil du prêtre et de la ville. La fresque, d'ailleurs conseillée par la transparence de l'atmosphère florentine, la netteté des tons et des contours, la nudité des murs romains sans fenêtres ni verrières, devint le langage naturel de tous les peintres toscans. Les vieux maîtres du moyen âge, Cimabuë, Giotto, Duccio, Simone Martini, les Gaddi, les Lorenzetti, Orcagna, n'en ont pour ainsi dire pas connu d'autres. Cennino

Cennini a fait sur elle un livre ingénu et touchant.
Au réveil, Angelico s'en empare, Masaccio en tire
des accents que nul après lui n'y retrouve, Michel-
Ange en fait un instrument terrible, qui ébranle le
monument. Il semble qu'Andrea del Castagno,
Filippo Lippi, Uccello, Ghirlandajo, Luini ne soient
vraiment eux-mêmes que par elle, et grâce à elle.
Antonio Pollaiuolo, Botticelli surtout s'y découvrent
tout à fait, deviennent fiers et graves, se simplifient
dès qu'ils l'emploient et rappellent, par la profondeur
et la pureté de l'accent, le caractère de vie surprise

6. Lorenzo Ghiberti. Porte du Baptistère de Florence, *détail. Ph.
Anderson-Giraudon.*

comme une ombre sur le mur, les vieux décorateurs étrusques. La fresque était née d'une collaboration étroite entre l'artiste et le maçon. Que de recherches communes, d'échecs décourageants, d'enthousiasmes blessés avant que le peintre connût les qualités de sa matière, sût la préparer, l'attendre, saisir l'instant où elle exigerait qu'il lui livrât la dernière fleur de son âme longtemps cultivée dans les dessins et les cartons! Ils se levaient aux dernières heures de la nuit pour peindre avant que le soleil ne séchât les murailles, ils vivaient tout le jour dans l'attente ardente de ces moments admirables où ils communiaient avec la pierre pour l'éternité de l'esprit. Leur vie passionnelle n'était que la préparation supérieure et tyrannisante à la mission qu'ils se sentaient. Ils ont fait de la fresque un instrument profond dont ils surent tirer des accents si dramatiques que la flamme des cœurs semble encore embraser les murs. Ni hésitations, ni repentirs. Pour que le mortier humide pût saisir la couleur et la cristalliser dans son durcissement graduel, lui prendre un peu de son éclat, lui donner en l'incorporant à l'eau et à la pierre leur terreuse et sourde beauté, il fallut l'élan de l'âme italienne, ne revenant jamais sur ses pas, toujours furieuse et meurtrie de ne pouvoir se dépasser. La fresque est faite pour fixer l'instant passionnel dans une matière solide comme la méditation.

II

Or, l'instant passionnel se prolongeait en elle comme une vibration de corde qui survit au contact des doigts et renaît de ce contact alors qu'elle va

mourir. Florence avait à dégager de sa longue éducation chrétienne le désir qu'elle se sentait en regardant
les statues déterrées, en lisant les poètes et les philosophes anciens, en levant ses yeux hagards vers la
crête des montagnes. Il fallait trouver le passage entre
l'idéal social que chercha vainement l'Italie du moyen
âge et l'idéal intellectuel auquel tendait la Renaissance.
Et ce fut la gloire et la douleur de la peinture des
Toscans.

Ce grand siècle commença pour eux dans une
indécision qui dura jusqu'à la fin. De la joie saine et
forte de Giotto, berçant dans sa grande ligne ondulante les hautes certitudes sur qui toute la société
médiévale vécut, il ne restait plus grand-chose. Dans
le cloître, sans doute, hors du monde, la croyance en
elles persistait. Mais elle y prenait l'apparence d'une
illusion volontairement consenti. Le moine Angelico,
constructeur vigoureux, d'ailleurs, et qui transmet
intacte aux grands classiques — par-dessus les déviations et les faiblesses des derniers primitifs et les hésitations des précurseurs de Raphaël — la grandiose
logique structurale de Giotto, le moine Angelico
ne se douta jamais qu'il célébrait le christianisme un
peu à la façon dont on illustre, en marge d'un vieux
livre, une légende. Cette légende l'attendrissait sans
doute, et même elle l'amusait. Les histoires les plus
terribles se déroulaient comme un conte d'enfant et
ce sont les plus douces qu'il choisissait presque
toujours. Comme il croyait à l'enfer, et que l'enfer
grondait aux portes de son cloître, son imagination
inépuisable savait fort bien mêler et bousculer des
foules dramatiques, voiler le ciel de flèches et de
lances, broyer sur la grande croix autour de qui se
prosternaient des formes suppliantes, les pieds et

les mains du Sauveur. Mais les visions du paradis, lyres, violons, trompettes d'or, anges ailés de plumes multicolores dans les paysages purs striés de cyprès noirs, l'attiraient bien davantage. C'était un être charmant, heureux d'aimer, heureux de vivre, heureux qu'il y eût des fleurs dans les champs pour qu'il pût les répandre sous les pas des jeunes saintes. Le sang des martyrs même faisait pousser des marguerites blanches entre les herbes rougies. Il ne manquait jamais d'associer à son enchantement les printemps et les étés des campagnes florentines. Il avait trop de candeur pour s'apercevoir qu'il jouissait de la peinture pour elle-même et n'aimait la mère de Jésus d'un si délicieux amour que parce qu'elle avait un visage exquis de petite vierge timide, une belle robe toute blanche et une auréole en or. Il n'était pas le premier, certes, à raconter l'*Annonciation*. Les Siennois y revenaient à tout propos. Seulement, chez les derniers mystiques, enfermés dans les pratiques d'une religion qui baissait, la merveilleuse histoire semblait venir d'un monde mort, elle sentait la fleur mourante et la dernière haleine des encens. Chez Fra Angelico, au contraire, une humanité fraîche et chaste l'envahissait doucement. Il était plongé dans son siècle jusqu'aux épaules, mais il n'en voyait presque rien, car ses deux yeux détournés des visions violentes apercevaient surtout des prés fleuris, des cheveux blonds, des robes brodées, des cieux resplendissants d'étoiles, il n'en entendait presque rien, car ses oreilles savaient s'isoler du tumulte pour écouter les harpes et les jolies voix qui chantaient. C'était une fiancée toute frêle qu'il prenait par la main pour l'offrir au monde nouveau. En attendant qu'elle subît l'étreinte brûlante des héros qui s'approchaient, c'est en lui qu'elle

7

retrouvait sa nécessaire innocence. L'Italie luttait
depuis deux siècles pour la laver de la souillure originelle. Les purificateurs du monde l'avaient si longtemps
outragée qu'à l'heure où la vie afflua dans le cœur
des hommes, ceux d'entre eux qui étaient chargés
de la transmettre à l'avenir tournèrent vers la femme
leur adoration terrible. Depuis mille ans, on l'avait
oubliée ou salie! Ils lui demandèrent pardon avec
des sanglots frénétiques, à deux genoux, les mains
levées vers elle et sans oser la regarder. Dante, toute
sa vie, resta fidèle à une morte. Pétrarque, toute sa
vie, aima une vivante, qu'il ne voulut pas posséder.

7. Masolino da Panicale. Saint Pierre, fresque, *détail* (S. Maria del
Carmine Florence). *Ph. Anderson-Giraudon.* — 8. Masaccio. Adam
et Ève chassés du Paradis, fresque (Église del Carmine, Florence).
Ph. Alinari-Giraudon.

8

Giotto parla d'elles avec tant de tendresse que c'est
dans les bras et les mains, dans les genoux pliés des
mères et des épouses, qu'il surprit le départ de toutes
les courbes animées qui rattachent les formes au centre
du drame humain. Quand le moine entrouvrit, pour
regarder passer la femme, la porte de son cloître où
la voix de cristal des cloches florentines venait dans
le souffle des roses, lui et elle étaient purifiés. Vraiment, ils s'aimaient avec innocence. Ils s'étonnaient
de tout, d'eux-mêmes, des choses qu'on leur racontait,
des maisons roses et blanches, des collines qui s'éta-
geaient et qu'il pût y avoir des larmes et des tragédies,
alors que la nature était si délicieuse et que le miracle
annoncé était si simple et si touchant. Les poètes du
moyen âge avaient effacé de leur cœur le souvenir
des maux anciens, et comme tous deux ignoraient
l'amour, ils ne savaient pas qu'ils allaient encore
souffrir. Et pourtant, à quelques pas de Beato Angelico, l'expérience recommençait. Tandis qu'il peignait
dans la lumière et le silence dont ses pâles harmonies
étaient comme le parfum, ses gazons pleins de fleurs
et ses petites vierges qui gardaient toujours les mains
croisées sur la poitrine, Masaccio travaillait dans une
église obscure à couvrir une muraille presque invisible
du drame de conscience qui définit par avance l'action
des siècles critiques ouverts par les Florentins.

Masaccio n'était même pas, à vrai dire, le premier.
C'est à Sienne, terre mystique, foyer du désaccord le
plus accusé entre l'évolution du monde et les traditions de la foi que le sculpteur Jacopo della Quercia
avait jeté le cri d'alarme, que Masaccio lui-même
entendit certainement. L'œuvre paraît d'une maturité
singulière quand on la sait la première de toutes,
avant celle d'Angelico, avant celle de Masaccio,

9. Masaccio. Le Baptême, fresque (Église del Carmine, Florence)
Ph. Alinari-Giraudon.

[10] avant celle de Donatello, avant celle de ce Masolino
[11] da Panicale si troublant qui précéda de quelques
[9] années Masaccio dans sa chapelle, et contemporaine
[8] à peu près de l'effort extraordinaire que réalisa
[7] Ghiberti sur les portes de bronze du baptistère flo-
[6] rentin. Elle est plus large encore et, n'était sa rudesse
auguste, on la croirait venue cent ans après Angelico.
La sculpture, grâce à Giovanni Pisano, avait pris
beaucoup d'avance et pouvait exprimer le drame plus
fortement que les peintres encore embarrassés d'imagerie et de byzantinisme et incapables de passer,
comme l'avait fait Giotto, au travers des formules
d'école et des préjugés traditionnels. On eût dit une
ébauche puissante de la tragédie de la Sixtine et du
Tombeau des Médicis. Soit que Jacopo décorât la
fontaine de la place du Municipe, soit qu'il sculptât
sur la façade de San Petronio de Bologne Adam
bêchant la terre, Ève chassée, le drame innocent et
formidable de la première aventure d'amour, c'étaient
déjà des figures violentes avec des sourcils froncés,
des têtes portées par des cous comme une arme au
bout d'un bras, des mains contractées et musculeuses
serrant un indomptable enfant, un ardent mouvement
des torses et des flancs et des seins faits pour abriter
et nourrir toutes les joies et tous les maux du monde
— le cri d'un prophète irrité. Le plus haut symbolisme
humain réunissait l'âme à la forme. Le sujet éternel,
celui que les poètes juifs ont arraché à l'anecdote pour
l'installer jusqu'à la fin des temps dans notre mécanisme intellectuel même, l'histoire immuable de
l'homme qui ouvre ses yeux à la vie, qui veut interroger la vie, que la vie blesse et qu'elle condamne à
l'interroger plus profond pour panser cette blessure
et pour en ouvrir d'autres, le sujet éternel fleurissait

la pierre. L'esprit de l'artiste et l'esprit de la pierre même fusionnaient dans l'éclair de la grande intuition lyrique où les lois immobiles de l'harmonie universelle s'accordent avec le sentiment le plus ingénu et le plus égoïste de nos peines, de nos soucis, de nos travaux quotidiens. Jacopo della Quercia ne s'imaginait pas que la tragédie monotone dont l'interrogation approfondie et continue nous conduit à l'acceptation de sa nécessité cruelle, pût faire couler des larmes niaises et provoquer des protestations moralisantes contre l'implacable destin que nous portons dès la naissance dans le cœur. Il consentait au drame humain, et le drame humain consenti lui apportait sa récompense. Une force terrible habitait ses pierres sculptées, le sentiment profond des hommes primitifs s'exprimait par la forme pleine des temps épanouis du monde qui décuplait sa majesté. Il était déjà maître de sa grande âme. Ses surfaces expressives connaissaient les longs silences auprès de lui Donatello semble crispé d'angoisse, Michel-Ange convulsé de fureur et de dégoût. Quand il couche des morts sur la dalle funéraire, il sait forcer la paix définitive à habiter leur front, et cela prend une grandeur tragique parce qu'on sent sa passion arrêtée par les plans de marbre à chaque bond du cœur et de la main. Et pourtant, il avait déjà franchi la porte de l'enfer, abandonné toute espérance. Il devançait tout son siècle pour aboutir d'un seul élan aux conclusions de Michel-Ange et personne ne le comprit.

Masaccio, au contraire, plongé dans un milieu plus vivant et plus mobile, saisissant du premier coup l'outil le plus obéissant de l'intelligence italienne, la peinture, et mort à vingt-sept ans dans le mystère, devait, par ses hésitations mêmes, agir sur les esprits beaucoup plus directement. Ce qu'il défendait, ce qu'il vénérait, ce qu'il voulait croire, tout l'attachait au moyen âge. Mais par la sensation et l'inquiétude, par la foi neuve qui montait de lui malgré lui, il définissait déjà le siècle commençant dans ses plus douloureux conflits. Il avait peint sur le vieux mur de

Santa Maria del Carmine l'Homme et la femme chassés[8]
par l'ange de l'Éden, seulement il leur prenait les mains
pour les guider, à travers le malheur, vers les paradis
accessibles. Il enfanta la Renaissance et c'est parce
qu'il a vécu qu'elle chercha à renouveler, dans l'étude
ardente de la forme, les rythmes de la vie perdus.

11

Il a inventé la peinture. C'est dans la chapelle
sombre décorée par Masaccio que Raphaël, Vinci,
Signorelli, Michel-Ange vinrent chercher l'initiation.
Comme nous le sommes aujourd'hui, ils y furent
saisis par ces foules qui renaissent dans les ténèbres,
émergeant avec une irrésistible lenteur de leur atmosphère uniforme, ainsi que les larves puissantes de
l'esprit et du cœur renouvelés des hommes hors de
l'énergie confuse du plasma primitif. A vingt-cinq
ans, il savait ce que les plus grands ne découvrent
qu'à l'approche de la vieillesse, que la peinture c'est
le passage, le modelé poursuivi, l'ombre qui tourne

10. Fra Angelico. L'Annonciation, fresque (Musée de Saint-Marc,
Florence). *Ph. Anderson-Giraudon.* — 11. Martyrs des saints Côme
et Damien (Musée du Louvre). *Ph. Hachette.*

autour des formes, les enveloppe de silence, les unit
aux formes qui sont près d'elles et derrière elles, et
sculpte le tableau dans les plans qui s'enfoncent
comme un sculpteur fouille le marbre en allant vers la
profondeur. Il avait découvert que ce qui nous révèle
la nature, c'est la continuité de ses aspects. C'est à
peine si cinq ou six hommes après lui ont eu pleinement ce sens-là qui leur a donné le pouvoir d'imprimer
l'unité et le mouvement de la vie au monde sorti de
leur cœur. Florence le comprit bien, mais elle ne sut
pas le suivre et Vinci lui-même y échoua.

Cette conquête de l'unité par une intelligence mar-
quait la fin du moyen âge. En France, il avait fait son
unité d'instinct, socialement, chaque cerveau et
chaque main apportant une pierre à l'édifice sans
savoir comment et pourquoi l'édifice serait vivant.
En Italie, Giotto avait réalisé en lui l'unité morale de
sa race, mais le monde n'était pas mûr pour qu'il
pût s'emparer en même temps du langage plastique
à surfaces nuancées et fuyant en profondeur qui
définit l'individu dans sa complexité insaisissable.
Quand Masaccio, dans son *Baptême*, vit sortir peu
à peu ces grandes formes nues de la foule où des figures
dramatiques surgissent de l'ombre rousse, comme des
astres plus denses d'un brouillard enflammé, il dut
sentir tomber sur son esprit la tristesse des soirs à qui
le pressentiment du jour attendu mêle une espérance
angoissée. Ame sublime! Il n'était pas nécessaire
qu'il exprimât l'impérissable tragédie, l'homme jeté
hors du bonheur pour avoir voulu être l'homme,
l'homme souillé par Dieu et calmant dans l'eau
lustrale la brûlure de son remords, c'est en lui qu'elle
habitait, l'impérissable tragédie. En indiquant au
monde que la forme vivante qu'il lui donnait la

mission d'étudier lui offrirait un asile, il lui interdisait
de chercher de nouveaux symboles avant d'avoir
réappris la nature et le rejetait dans l'analyse, c'est-à-
dire dans la douleur.

III

La leçon de Masaccio était trop haute pour être
entendue de tous. Le spirituel Gozzoli, séduit par
le désir de couvrir de tons rutilants ses grandes surfaces à peindre, n'en retiendra presque rien. Filippino
Lippi, qui achèvera la chapelle, pas beaucoup plus.
Mais il est des hommages plus significatifs, celui de
Filippo son père, et plus surprenants, celui du savant
Uccello, l'aîné de Masaccio, celui du rude Andrea
del Castagno, plus âgé que lui de dix ans, surtout
celui du vieil enfant Angelico, si loin de cet art et
qui pourtant, à plus de cinquante ans, venait lui aussi
visiter la chapelle obscure pour tenter d'entrevoir
ce monde naissant dont il n'avait jamais soupçonné
l'existence. Chez Andrea del Castagno, chez Uccello
surtout, l'influence de Masaccio est évidente, bien
que le premier en masque peut-être involontairement
la trace sous son formidable dessin, ciseau d'acier
qui tranche ses grandes formes en plans abrupts. On
dirait qu'il sculpte le mur, et que par là, au lieu de
les environner d'espace, il les porte au-devant de lui,
qu'elles le concentrent en elles, ainsi que fait de la
lumière le diamant taillé, mais que pourtant les partis
pris de Masaccio le hantent : dans la *Déposition* par
exemple, c'est peut-être son souvenir qui lui permet de
dominer la force de sa main pour entourer le héros

mort d'une énergique tendresse où les volumes se pénètrent au lieu de se couper, où la demi-teinte apparaît, permettant aux surfaces expressives de surgir avec plus de douceur et d'intérioriser le drame. Quant à Uccello, il est bien évident qu'il avait déjà entrepris ses travaux sur la perspective avant d'étudier Masaccio. Mais il est sûr aussi que cette œuvre l'aida sinon à en trouver les lois, du moins à pénétrer d'humanité solide, plastique, stable de forme, animée d'une action réelle, circulairement définie, les espaces inattendus qu'elles ouvraient à la peinture dans la ville enfiévrée où pointait ce nouveau mystère, l'enfoncement de ces fantômes dans la profondeur des murs. Fantômes en effet, non seulement pour ses contemporains mais pour nous-mêmes, car la perspective balbutiait encore, elle établissait péniblement ses lignes de fuite, et les formes à peine équarries par le génie de Masaccio titubaient là-dedans, encombraient la composition qui d'autres fois paraissait vide, ou la traversaient comme des géants encore mal éveillés. C'est l'effet que produisent les fresques poignantes de Florence et d'Urbin et les tableaux de bataille, apparitions hallucinantes où la forme s'essaie à des rapports géométriques, décuplant sa force évocatrice par sa simplicité.

Cette volonté d'aboutir paraît sublime, dès qu'on a bien compris que le grand siècle florentin, qui ne croyait plus, souffrit de ne pas savoir si la foi délaissée lui était encore permise ou s'il devait chercher, dans la connaissance du vieux monde et de la nature vivante vers qui l'entraînait son instinct, les éléments d'une autre foi. Ayant faim et soif de connaître, il eut de grands éclairs de joie sur un fond de désespoir, il fut violent et pitoyable, criminel et ascétique, anarchique et créateur. Il chercha en vain, entre le sens nouveau qu'il prenait de la vie et la raison vacillante qu'avait libérée en lui la mort de l'esprit médiéval, un accord qui ne s'ébaucha que chez quelques hommes pour aboutir pleinement plus tard, hors de lui-même et des lieux qui l'avaient vu lutter et se débattre entre ses souvenirs et ses pressentiments.

Ce n'est pas tout. Quand la tragédie éclatait dans la profondeur des âmes, des échos lui répondaient par toutes les voix de la sensibilité et de l'action. Comment ne pas aller jusqu'au fond de la vie, quand la vie s'use si vite, quand le poison et le couteau la guettent à tous les tournants, quand la méditation risque d'être à toute minute tranchée par la hache et le glaive, quand tous peuvent se demander le matin si le soir ils seront là ? Toute l'histoire de la naissance et de la mort des Républiques italiennes explique les œuvres terribles où Florence les évoqua. L'homme est toujours en état de défense, l'individu est seul en face de l'individu. Ce temps doit son ardeur, sa curiosité, son impitoyable énergie à chacun des instants dramatiques dont chaque esprit fut la vivante succession. C'est dans ce feu, où se consuma l'Italie, qu'elle trempa l'âme moderne. Tout ce que nous savons en sort, droit comme un rayon qui réchauffe. Nous en avons vécu longtemps, la leçon est immortelle. Rien de grand qui n'ait à sa source la douleur et le combat.

Tout le drame est si réel dans l'œuvre de Donatello qu'on le croirait sans précurseur et sans successeur à Florence. Quand on a médité devant ses figures tendues, on oublie que le savant orfèvre Ghiberti a déjà ciselé ses portes en groupes élégants où le sentiment trop mûr de la forme et de la vie décorative

12
13
14

semble, au-dessus de ces dalles sanglantes, ouvrir
un beau livre d'images pour séduire les durs enfants
qui passent et les détourner de leur chemin. Mais,
au premier tournant, Donatello travaille. La guerre
des rues gronde sous sa fenêtre, les clameurs traversent sa chair, et sa volonté d'être calme érige le marbre
et le bronze en attitudes immobiles où se tendent à se
briser les ressorts de son esprit. La lame brûle le
fourreau. La fureur de la ville bout dans le cœur stoïque
de ce fils d'un agitateur expulsé de Florence après le
tumulte des Ciompi. Le métal lui obéit comme une
argile. Il le tord, le tend et le drape au gré des impulsions farouches que sa droite raison parvient pourtant
à maintenir entre les lignes inflexibles d'une harmonie
sûre et tranchante comme le fil de son ciseau. Plus
on le sent digne et simple, plus son ferme esprit
s'attache à oublier les haines et les tentations de la vie,
et plus l'orage de la vie sculpte de dedans en dehors
ses figures implacables. Elles n'ont pas un geste,
elles ne bougent pas, mais l'être intérieur que révèlent
les jambes raides, les mains énervées, les faces pétries
de passion, éclate d'une énergie démesurée. Les prophètes dévastés qui penchent leur front sur la ville,
les vieillards presque nus dont le crâne et le bras sont
arides et durs comme la terre du désert, ne portent
pas seuls le fardeau de la colère. Il convulse ces femmes
violentes qui tiennent un sabre à la main et dont les
pieds se crispent dans le sang. Il contracte ces faces
d'hommes, guerriers, penseurs, marchands, dont les
sauvages appétits ont tendu les muscles, dévié les
bouches, creusé les orbites, élargi les mâchoires, forcé
les plans osseux à subir la poussée de l'âme comme la
croûte de la terre obéit au feu central. Il étouffe ces
jeunes gens, guindés sous l'armure de fer, maigres, et

13. Donatello. Statue de Gattamelata, *détail* (Padoue). *Ph. Anderson-Giraudon.*

« d'une fierté terrible (1) », il accable ces enfants qui rient d'un rire fixe ou qui tournent en rond en secouant des guirlandes de fleurs. Du berceau ballotté sur les routes de l'exil au tombeau creusé par la lance, partout, dans ces grandes statues équestres en qui la force militaire même pèse et sonne sur le pavé, ces farouches visages qu'il a creusés jusqu'au cœur, tous ces corps de flamme et de nerfs, ces ossatures apparentes et ces masques convulsifs, le conflit des sentiments nouveaux et des certitudes anciennes atteint son plus tragique instant. Il sait trop, ou pas assez.

C'est par là, beaucoup plutôt que par les tours de métier ou les formules apprises que tous ses élèves ressemblent à Donatello. Une harpe de fer semble jouer quelque part dans l'espace, seule, et qu'ils écoutent tous les yeux fermés, les poings serrés, afin de faire entrer dans le bronze ou le marbre la saccade des rythmes dont elle fait battre leur sang. Le cycle donatellien est tout entier tordu d'angoisse. Cette énergie bandée, ce style dur ne viennent pas du maître, ils sont antérieurs à l'œuvre, ils l'entourent et lui survivent comme la cité dévorante où la vie frénétique brûle les générations. Cela est bien de Florence. Lucques n'en est pas loin, et pourtant son sculpteur, Matteo Civitali, qui a certainement connu l'œuvre de Donatello, puisqu'il est contemporain de ses plus jeunes élèves, rappelle, par sa plénitude, son calme, son accent robuste et assis, le romain inconnu qui sculpta la *Grande Vestale*. Jamais ailleurs on n'avait vu ces maternités dramatiques, ces mains crispées, la tendresse furieuse des mères, la sauvagerie, la brutalité, la violence des enfants. On voit bien

(1) Vasari.

qu'une idée se lève, à l'amour hagard du monde pour le fruit de son cerveau. Tous, les della Robbia, Desiderio da Settignano, Mino da Fiesole, Michelozzo, Antonio Rossellino, Benedetto da Majano sont consumés par le désir d'exprimer plus qu'ils ne peuvent et d'affirmer avec intransigeance des réalités morales qui ne sont pas encore tout à fait mûres en eux. Chez Desiderio, feu vivant, les enfants eux-mêmes souffrent, sont graves, interrogent la vie, se demandent pourquoi ils sont nés. Chez le doux Mino da Fiesole, leur rire même est forcé. Quand Luca della Robbia les fait danser, chanter, jouer de la musique, ils dansent, ils chantent, ils jouent avec une espèce de douleur. Les battements rythmiques de leurs pieds et de leurs mains ont l'air de secousses nerveuses. Andrea della Robbia les cloue sur une porte d'hôpital, avec leurs petits bras tendus raides et leurs petits poings fermés exigeant la protection de ceux qui passent. Et tous deux trouvent que le bronze et le marbre ne suffisent pas à traduire leur idéalisme effréné. Ce sont des verts crus, des bleus criards, des rouges, des terres cuites vernissées d'un goût atroce et séduisant... Un peuple de penseurs malades, de fous et de martyrs.

L'unité de la vie s'était retirée des croyances du moyen âge. Elle n'avait pas encore pénétré les espoirs des temps nouveaux. La voie que Masaccio avait tracée était ardue et dangereuse. L'Italie hésite à aimer la forme pour elle-même, ne sachant pas si elle y retrouvera l'esprit, bien que François d'Assise le lui ai dit avec tant d'éloquence plus d'un siècle auparavant. De quel côté se retourner pour apaiser sa fièvre? Les religions et les philosophies sont un prétexte à dépenser notre énergie. La vie ne demande qu'un cadre pour se déployer à l'aise. Où le trouver?

Il y eut là quelque chose d'analogue à ce qui s'était passé douze ou quinze cents ans plus tôt, au moment où le monde païen et le monde chrétien se heurtaient à Alexandrie. Seulement, l'évolution s'accomplissait en sens inverse. Donatello, parce qu'il sentait en lui-même le rongement de l'analyse et se tenait à mi-chemin entre l'équilibre perdu et l'équilibre pressenti, revécut l'humanité ardente, fanatique et désabusée de ce temps-là. Il décrivit en statues peintes les ascètes effrayants qui quittaient les villes, cachaient

14

14. Donatello. Saint Sébastien, plaquette bronze (Musée Jacquemart-André). *Ph. Hachette.*

sous des cheveux sordides leur corps déshonoré et dont l'œil enflammé de fièvre vivait seul. Pur symbole, et sans doute inconscient. Pourtant, dans ces images, il exprimait l'aspect profond de l'âme florentine plus nettement encore que Verrocchio dressant sur un haut piédestal son dur condottiere de fer ou modelant d'un pouce énervé son David maigre, enfant vainqueur par la force de l'âme — et triste d'avoir vaincu.

C'est dans la grande œuvre violente de Donatello que l'intellectualisme aigu de l'art florentin s'affirme pour la première fois. Il va tenter d'adapter l'homme par l'esprit au monde raisonneur qui monte. Il aura la destinée tragique de mourir avant d'avoir conclu, mais de préparer, par sa mort, une conclusion victorieuse. Comment n'a-t-il pas abouti plus tôt, au centre de la vie ardente qui s'offrait à sa vision? Il faut le demander aux convulsions civiles qui ne cessaient pas de briser et de fragmenter son élan, à l'influence débilitante d'une élite trop rapidement, trop artificiellement cultivée, au caractère minutieux des métiers d'où il était sorti, l'orfèvrerie, la ciselure, aux aspects singuliers des lieux qui le virent naître et grandir.

IV

Quand on a franchi l'Apennin pour descendre des plaines du Pô en Toscane, l'impression de la grandiloquence bolonaise et de la sensualité vénitienne s'efface tout à coup, comme un rêve interrompu. On entre en des cirques étroits de collines mamelonnées, striées par les maisons et les terrasses de lignes horizontales que dessine un stylet d'acier et que les troncs nets des cyprès et des pins dominant des rangs d'arcades blanches brisent de traits verticaux. Sur la pâleur des oliviers tranchent leurs accents presque noirs. Les chênes verts ont un feuillage métallique, les lauriers des feuilles de fer, les cyprès, sur le ciel, sont comme des profils de lances. C'est une grâce agressive et guindée que les aigres bises des montagnes rendent plus sèche encore dans les nerfs des habitants.

Du côté où la plaine est ouverte, le soleil colore la vapeur d'eau et la poussière pour noyer les plans éloignés. De l'autre côté, les coteaux montent aux portes de la ville, fermant l'horizon. Quand on gravit les plus hautes terrasses, les seconds plans sont quelquefois plus nets que la première crête au-dessous de laquelle la lumière est déjà tombée. Qu'on regarde les arêtes des palais de Cronaca et de Brunelleschi, les maisons mauves à volets verts, le fleuve bleu comme un couteau, le violet froid des hauteurs sur la nacre verte du ciel, rien n'est transparent comme le jour, rien n'est dur comme le soir. Des lignes nettes, des ombres et des lumières que découpe un trait fin et sec, pas de courbes amenant l'œil sans effort d'une forme à une autre forme. Les harmonies sont limpides et sombres et de denses diamants semblent s'interposer entre le paysage et l'œil. Les généralisations plastiques ne tombent pas sous le regard et l'esprit de l'artiste aussi aigu, aussi subtil qu'il soit, risque de laisser échapper, au profit du trait expressif ou psychologique, ce large ensemble coordonné qui assurera ailleurs à l'œuvre d'art le mouvement, la matérialité, la force interne de la vie.

Dessinateur passionné, vivant pour ainsi dire dans sa ligne expressive même qu'il plongeait comme une arme dans les interstices des muscles pour les découper sous la peau, orchestreur sec, sur la fresque sévère où les plans ne s'enfonçaient pas plus qu'autour de lui, des couleurs dures qui détachaient contre le ciel les coteaux enchevêtrés, le Florentin n'acquit jamais le sens du volume et du passage en profondeur qui fait les peuples de statuaires et conduit les peintres peu à peu à l'expression globale de la forme dans l'espace. De Masaccio qui avait passé son enfance dans une région de la Toscane où le soleil couchant sculpte à coups d'ombres les montagnes, il n'avait hérité que le sentiment dramatique d'un monde arrivé à la vie entre des idées qui se meurent et des idées qui ne sont pas encore adultes.

C'est cette passion de la ligne qui l'empêcha de se dégager tout à fait, même quand arriva Vinci, d'une sorte de primitivisme intellectuel d'où il faillit sortir un instant avec Gozzoli et surtout Ghirlandajo, mais où le rejeta l'influence des platoniciens et le génie morbide de Sandro Botticelli. Pour résister à son besoin de démontrer et d'abstraire, il eût dû s'abandonner à la pente de son instinct et partir du réalisme ardent qui était le fond de sa nature pour en dégager naturellement l'idéalisme plastique que pressentait Masaccio. Mais une telle passion de savoir, de découvrir, de comprendre le dévorait que l'esprit devança les sens, qu'il s'épuisa à chercher trop souvent le secret de la vie hors du sentiment frénétique qu'il en avait.

La vie réelle de Florence, dramatique et décorative, eût pu être pour les artistes, s'ils s'étaient penchés sur elle directement, une source inépuisable d'émotion. La dissociation s'ébauchait à peine dans le sentiment populaire dont les rixes et les spectacles alimentaient le besoin passionnel. Les idées des théoriciens ne touchaient pas tous les peintres si tous, les plus frustes

et les plus simples même, recevaient l'empreinte brûlante de la ville et de son tourment. La plupart, qui
commençaient par des besognes ingrates, dans la
boutique des orfèvres du Ponte Vecchio et l'atelier des
fabricants de tableaux d'autel où volait la poudre d'or,
portaient pour leur salut leur rudesse d'artisan dans
les milieux platoniciens. Ce n'était point un littérateur
que l'assassin Andrea del Castagno, esprit tranchant
comme une hache, qui peignait sur les murs le Christ
pendu comme à l'étal, les portraits des soldats et des
poètes de Florence, formes aussi tendues que son
cœur, aussi pures que son orgueil, aussi géantes que
son énergie, cuirasses, glaives, lauriers noirs, monde
de fer, hymne implacable d'ascétisme, de vengeance
et d'amour. Ce n'était point un pédant que Paolo
Uccello qui racontait, dans de grands tableaux rouges,
avec une vigueur candide, des tournois en caparaçons
hérissés de banderoles, retentissants de bruits d'armures et de chocs de cavalerie. Un tumulte discipliné,
la poussée lourde et régulière des escadrons, le parallé-
lisme des lances, la grande paix des bois obscurs
autour des abois, des galops, des hennissements, des
clameurs, que ce fût la guerre ou la chasse, l'image
était pourtant un théorème par son rythme massif
et son harmonie sombre et sourde. Ouvrier d'art
et très savant, il passait ses jours et ses nuits à résoudre
des problèmes de perspective, et même quand il se
penchait sur l'enfance, qui ne fut jamais aimée avec
plus de fièvre qu'à Florence et qu'il regarda gravement, un ordre géométrique caractérisait ses tableaux.
La tragédie sentimentale ne consentait pas à s'exprimer autrement que par le jeu catégorique des lignes
dominantes de la forme en mouvement. Tableaux
hallucinants, apparitions d'ombres vivantes sur des

fonds presque abstraits où la rigueur des lignes droites qui enfoncent ou déploient le drame mécaniquement intensifie sa force nerveuse et sa pathétique beauté. La dynamique puissante d'Uccello animera, par Piero della Francesca et Signorelli avant tous les autres et jusqu'à la fin de Michel-Ange, l'âge noble des Italiens. Le caractère universel de l'artiste de Florence, sans doute, l'empêcha de s'épanouir. S'il eût suivi son instinct jusqu'au bout, il eût rencontré probablement plus tôt l'émotion créatrice débarrassée du souci de la technique à employer, parce qu'ayant absorbé, digéré, assimilé cette technique devenue fonction même de l'intelligence et du cœur. Mais le siècle suivant gagna à son enquête impitoyable une force et une grandeur que l'Europe tout entière fut obligée de subir. La discipline rigoureuse que s'imposa l'esprit florentin et qui remit à plus tard une réalisation qu'il savait ne pas pouvoir espérer pour lui-même, excita sa curiosité, révéla des énergies sans nombre, éclaira sur leur valeur propre des intelligences qui ne savaient pas, dans le chaos des connaissances, où se trouvait l'instrument libérateur. Léon-Battista Alberti était à la fois architecte, peintre, géomètre, ingénieur, dramaturge, poète, latiniste, théologien. Brunelleschi, déterminant l'action toute-puissante de ses disciples directs, Donatello, Masaccio, Uccello, créait réellement la perspective linéaire, qui permit à ses successeurs d'introduire entre des plans géométriques l'illusion de la vie se déroulant en profondeur. Cennino Cennini, L.-B. Alberti, Ghiberti, Paolo Uccello, Piera della Francesca, Léonard de Vinci, Cellini, Vasari avaient écrit, écrivaient ou allaient écrire des traités didactiques sur l'architecture, la perspective, la sculpture, la peinture, l'orfèvrerie ou

15. Paolo Uccello. Bataille, *détail* (Offices, Florence). *Ph. Anderson. Giraudon.* ▸

même sur les sciences exactes ou naturelles, géométrie, hydraulique, anatomie, géologie. Les artistes ouvraient des cadavres pour connaître le mécanisme de la matière en mouvement. Avant de se permettre avec Raphaël, avec Titien, avec Michel-Ange de demander à la forme son dynamisme, de la promener en tous sens pour les besoins de l'expression en obéissant toujours à sa loi de continuité, l'intelligence italienne dut en fixer l'architecture, essayer d'inscrire ses images dans le triangle et le cercle, d'établir son accord avec la fuite de l'espace et la succession des plans. C'est du triple effort des géomètres Uccello, Piero della Francesca, Mantegna, Vinci, des peintres littérateurs Filippo Lippi, Pollaiuolo, Botticelli, et des prophètes della Quercia, Masaccio, Donatello, que l'art italien est sorti.

L'élément pittoresque qui ne lui servit que de prétexte venait de Venise et des peintres nomades qui suivaient les chemins à pied ou à cheval, assistaient aux batailles quotidiennes que les condottieres et leurs bandes se livraient à tous les défilés, s'arrêtaient dans les villes pour décorer un baptistère et repartaient chercher le pain. Ceux-là furent les meilleurs. Ils s'appelèrent Giotto, Taddeo Gaddi, Angelico, Benozzo Gozzoli, Paolo Uccello, Filippo Lippi, Gentile da Fabriano, Piero della Francesca, Luca Signorelli, Bernardino Pinturicchio. Ils allaient de Florence à Pise, de Pise à Sienne, de Sienne à San Gimignano, de San Gimignano à Urbin, d'Urbin à Arezzo, d'Arezzo à San Sepolcro, de San Sepolcro à Pérouse, à Assise, à Orvieto, à Spolète, de Spolète à Rome. C'étaient des ouvriers, ils travaillaient ensemble, ils se transmettaient leurs secrets, chacun peignait sa muraille, un autre achevait le travail de

17

18

19

celui que la mort prenait, les palais, les temples
les municipes, les couvents, les cimetières se cou-
vraient de peintures, on décorait jusqu'aux façades,
une merveilleuse espérance fleurissait toutes les cités.
En Lombardie, en Vénétie, surtout en Toscane, en
Ombrie, il y a partout des fresques, des villages infimes
ont une église, une chapelle peinte, les praticiens
partaient pour quelques mois hors de l'atelier d'origine, puis restaient jusqu'à la mort là où ils étaient

Paolo Uccello. 19 La profanation de l'Hostie (Palais ducal, Urbin).
Détails : 16, 17, 18. *Ph. Anderson-Giraudon.*

allés. D'autres fois, ils n'achevaient pas leur ouvrage, mieux payés pour se rendre ailleurs. Comme ils croyaient en eux, qu'ils avaient une force immense, ils ne craignaient pas de laisser un peu de leur vie à chaque pierre du chemin, le désir du travail futur était le but de leur travail. Presque tous se portaient ombrage, mais l'argent ne comptait pas. Chacun pensait avoir en lui la plus belle œuvre et d'effort en effort grandissait pour vaincre. Quelle ouverture sur la vie, en ces temps où la vie était toujours une menace, que ce compagnonnage de métier, ces rivalités d'intelligence et aussi ces aventures de route inconnues des habitants des villes et des peintres patentés! Il fallait tous les jours céder ou résister aux sollicitations des paysages qu'on traversait, des rixes auxquelles on assistait, des cortèges princiers rencontrés aux carrefours, des belles créatures dont un regard, un rire, un geste des deux bras, une torsion des hanches, enferment plus d'éternité que toutes les esthétiques en lutte dans l'esprit des intellectuels.

[20] [21] [22]   Benozzo Gozzoli ne put échapper à l'influence des écrivains et des mécènes que parce qu'il menait cette vie-là. Quand il travaillait à Pise ou à San Gimignano, il était presque aussi loin de Florence que son maître Angelico isolé entre les quatre murs d'un cloître et semant de fleurs les routes d'azur de son rêve où la divine épouse blanche allait passer. Il avait l'esprit fleuri comme un pré. Il faisait des ailes de paon à ses anges penchés sur les nuages rouges ou cueillant dans les jardins noirs des roses sanglantes, non pas pour exprimer leur nature céleste, mais pour les rendre plus beaux. Il admirait. Il déployait dans les campagnes florentines des cavalcades chatoyantes et y plaçait des histoires bibliques qui racontaient comment se fai-

saient les vendanges, la guerre, les réjouissances et les
travaux au temps de Cosme ou de Laurent de Médicis.
Ravi, il parcourait des plaines couvertes de vignes et
baignées de fleuves sinueux qui s'enfoncent au loin
entre des collines aiguës, des routes en lacets bordées
de maisons rouges sous des bouquets de pins parasols
et d'ifs, un pays sombre et luisant comme un miroir
de bronze vert où traîne la pourpre des cieux. Et
quand il inondait la fresque de couleurs rutilantes où
l'or, le vert, le noir ponctuaient des coulées de carmin,
c'est qu'il tenait dans sa main une grenade ouverte
et qu'il avait traversé le matin, pour monter vers un
bois de cyprès d'où l'on découvrait au loin la ligne
bleue des montagnes, un de ces champs toscans de
trèfle incarnat au milieu desquels les coquelicots
semblent pâles. Soit qu'il fût sous l'abri des treilles où
les raisins épais et denses débordent des paniers de
jonc, soit qu'il suivît, sur les terrasses des villas, l'ombre
maigre des citronniers qui bordent la rampe de marbre
où les paons ouvrent leur queue, soit qu'il posât le
pain et le vin et les fruits sur la nappe blanche, jamais
le monde ne lui semblait complètement répondre aux
symphonies qui remplissaient de leur fanfare ses yeux
enchantés. Riche esprit, certes, tendrement ironique,
émerveillé par la légende et le travail, mais d'abord
peintre. Non seulement c'est lui qui fut le coloriste de
Florence, mais peut-être aussi le premier, entre tous
les peintres modernes d'Europe, qui osât une transposition radicale de la nature colorée. Recréer un
univers logique dans une gamme imaginaire dont tous
les éléments s'associent en relations enchevêtrées où
l'œil retrouve les lois intuitives qui nous ont dicté
l'harmonie, c'est ce qui définit le lyrisme de la peinture.
    Si Gozzoli avait connu les enluminures persanes,

on pourrait croire qu'il les agrandit à la dimension des murailles et les enfonça dans l'espace après les avoir fait tremper dans la matière des cultures qui couvrent le sol de ces mêmes nuées verdâtres entraînées dans leur chute par les soleils couchants. Alors que Giotto, trouvant du premier coup la grande peinture décorative, enfermait des taches essentielles dans quelques rythmes linéaires qui rejoignaient l'architecture par leur simplicité, l'art toscan, depuis Angelico, revenait à la peinture de missel, plus en rapport avec les couleurs vernissées et les traits du paysage et le besoin d'analyse qui le caractérisait. Chez Angelico, chez Gozzoli, sans doute le rayonnement du cœur et l'illumination des yeux noyaient dans leur gloire tout ce qu'il y a dans ces pratiques ouvrières de minutieux et de petit. Mais chez ceux que tenait Florence et qui ne savaient pas la fuir ou la dompter, le double courant miniaturiste

20. Benozzo Gozzoli. Le Paradis, fresque (Palais Riccardi, Florence). *Ph. Alinari Giraudon.* — 21 et 22. Benozzo Gazzoli. L'ivresse de Noé, *détails* (Campo-Santo, Pise). *Ph. Brogi-Giraudon.*

21

22

et littéraire déviait la passion native. Des anges
auréolés à plumages d'oiseaux d'Orient, portant des
lis à tiges hautes sur des fonds semés de fleurs, allaient
d'un mouvement saccadé, nerveux et bizarre, vers
les paradis compliqués des esthètes florentins. Les
peintres à la mode abrégeaient leur enquête et recou-
raient à des formules primitives imparfaitement
dégagées pour obéir plus vite aux idées des écrivains.

V

Ce besoin atteignait jusqu'à ceux qui pratiquaient
avec le plus d'emportement la vie passionnelle de
Florence. Quand on connaît l'histoire de Filippo Lippi,
son œuvre étonne. On la croirait plus dépendante de
tout ce qu'il y a dans la vie d'immédiatement bon à
prendre. C'était un de ces surprenants et magnifiques impulsifs à qui leur temps pardonnait tout,
parce qu'à les regarder vivre il reconnaissait son
instinct. Point de loi, hors de leur désir. Benvenuto,

23

cent ans plus tard, ira dix fois jusqu'au meurtre. C'est
la gloire et l'écueil de l'âme italienne. Elle va au bout
d'elle-même, d'un élan. On dirait qu'elle ne connaît
aucun refuge entre le crime et l'héroïsme. L'anarchie
sentimentale qui pesait tant à Masaccio ou à Donatello
poussait à dévorer la vie dans tous les sens ce moine
qui restait moine après avoir séduit des religieuses
et qui allait à l'amour avec une espèce de fureur. Il
peignait dans l'exaltation, entre deux aventures fou-
gueuses, d'une peinture violemment modelée que
ses accents rouges faisaient jaillir de l'obscurité des
chapelles, l'histoire sainte transportée dans la société
florentine, toute tourmentée et tressautante du drame
qui la décomposait. Autour des festins et dans les
fêtes des palais aux salles basses carrelées de blanc et de
noir, glissaient d'étranges femmes blondes qui prolon-
geaient les temps mystiques jusqu'au cœur de l'orgie
splendide où les sens et la pensée se renouvelaient
à la fois. Filippo Lippi marque peut-être la minute
la plus anxieuse qu'aient vécue les Florentins. Bien
que les peintres demandent encore à l'Écriture presque
tous les prétextes à manifester leur passion, l'humanisme qui poursuit son œuvre les a pénétrés. Le
conflit se déplace. Il n'est plus entre leurs croyances
anciennes et la montée d'instinct qui les pousse à
scruter les formes pour en arracher l'esprit. Il est
entre ce vivant instinct même et l'action prématurée
de l'érudition philosophique et littéraire qui prétend
retrouver dans la pensée antique l'aliment des besoins
nouveaux que l'Italie se découvre. Chez Filippo Lippi,
le trait florentin s'énerve, exagère ses courbes, commence à torturer la démarche et le geste, l'inclinaison
de la tête et la torsion du cou sur les épaules, les plis
des robes et jusqu'à la forme des fleurs. Tous ses

24
25 élèves, et les sculpteurs eux-mêmes, Agostino di Duccio entre autres, vont le suivre sur ce terrain. L'esprit platonicien, dont l'élite se réclame, vient trop tôt. L'âme grecque, avec Platon, appuyait ses généralisations sur trois cents ans de vie vécue, sentie, aimée pour elle-même, qui s'était harmonieusement développée dans une direction unique sans un arrêt, sans un recul, pour aboutir dans son ascension naturelle à l'idéalisme vivant du siècle de Périclès. Florence mord un fruit trop vert qui lui fait grincer les dents.

Mieux valait cependant pour Florence et l'Italie explorer le terrain littéraire offert par les Platoniciens, quitte à revenir ensuite sur leurs pas, que de s'effacer devant les œuvres du passé qu'on leur proposait pour modèles. La vie sensuelle et passionnelle était, il est vrai, trop forte en elles, pour qu'elles pussent consentir à cet effacement. Rien au fond, dans la forme florentine, ne rappelle la forme antique et il n'y a pas plus de rapports entre l'art florentin et celui des sculpteurs d'Athènes ou de l'Italie impériale qu'il n'y en avait entre la religion et le rythme social de la Florence du xve siècle et le paganisme gréco-latin. La forme antique est aussi calme et pleine que la forme florentine est aigre et sèche et tourmentée. Même quand il s'efforce à ressembler à l'art des races mortes, peut-être surtout à ce moment-là, l'art toscan reste toscan. Quelle qu'ait été l'influence de Pétrarque et de l'humanisme — influence bienfaisante puisqu'elle suscita la curiosité, l'inquiétude des artistes, un besoin d'analyse nécessaire en ces temps-là — la peinture italienne ne dut à l'art antique que le désir de se trouver. Il ne faut pas oublier que l'Italie était encore l'Italie, que douze siècles, s'ils avaient fait à ses hommes une sensibilité plus fiévreuse, n'avaient changé ni ses

paysages, ni ses cultures, ni son climat et que c'est
au génie de leurs sens qu'obéissaient les Italiens, quand
ils demandaient au vieux monde le témoignage et
l'appui d'une forme d'intelligence qu'ils sentaient
parente de la leur. Avant Pétrarque, Dante connut
Virgile, puisqu'il lui demanda de l'accompagner aux
enfers et fut sur le point d'écrire en latin son poème.
La vie l'emporta.

   La vie l'emporta partout en Italie. Elle écrivit son
poème en un langage qui répondait à ses désirs. Si,

23

après cent ans de tortures, elle retrouva une forme qui
rappelait la forme antique à la surface, c'est que la
forme antique avait été, comme le fut la peinture des
xve et xvie siècles elle-même, une expression nécessaire des peuples gréco-latins.

   Un moment même, en plein humanisme, alors
que Laurent de Médicis organisait et chantait ses

23. Filippo Lippi. La danse de Salomé, fresque, *détail* (Cathédrale,
Prato). *Ph. Alinari-Giraudon.*

Triomphes, que les cortèges païens défilaient parmi les clameurs et les rixes devant la Loggia dei Lanzi et que Politien écrivait ses *Stances*, l'âme florentine parut sur le point d'arrêter dans la vie réelle, transfigurée par un grand peintre, l'évolution du génie italien vers l'idéalisme plastique que réalisèrent les artistes dans le siècle qui suivit. Tandis que Botticelli poussait jusqu'aux plus extrêmes développements littéraires ce qu'il y a d'artificiel dans l'œuvre de Filippo Lippi, Ghirlandajo y choisissait la part la plus

[27]

25

24

directe et la plus saine. Nous n'avons pas de la vie [28]
florentine d'image plus fidèle que celle qu'il nous en
laissa. Et malgré son dessin violent, ses orchestrations
un peu confuses, mais puissantes, malgré l'accent
de ses portraits, corps nerveux, jambes osseuses,
figures maigres à qui la passion concentrée donnait
un caractère grave, triste, un peu hagard, on ne peut
pas en dire autant de Filippino Lippi. Il hésita toute
sa vie et ne sut jamais choisir entre ce qu'il avait
appris par l'œuvre de son père et les influences oppo-
sées de Ghirlandajo et de Botticelli. Quant au rude
Verrocchio, le seul des grands contemporains de ces
trois peintres qui subit comme eux l'action domi-
natrice de Donatello et de Filippo Lippi, les problèmes
de perspective et les dissections d'anatomie prenaient
presque tout son temps. Lorsqu'il faisait de la sculpture, il attachait plus de prix à la façon dont il
travaillait la matière et jetait au moule le bronze de
ses statues qu'à ses statues elles-mêmes, leur orgueil,
leur emportement, leur brutalité conquérante. Lorsqu'il faisait de la peinture, il s'appliquait à se forger,
au contact des formes ondoyantes et des paysages
bruissants, un style dur comme un métal.

Ghirlandajo fut le seul à aimer la peinture pour
elle-même. Seul il eut cette joie de peindre qui fit la
gloire de Venise et des Flamands. Il regrettait de ne
pas avoir « le circuit des murs de Florence à couvrir de
peinture » (1). Seul avec Gozzoli — venu trente ans
plus tôt, s'il s'en alla un peu plus tard — seul parmi
tous les Florentins il sut voir les paysages s'enfoncer
entre les collines, seul il fit fuir les grandes salles
carrelées, les terrasses, les ciels où se détache le profil

(1) Vasari.

24. Agostino di Duccio. Pilastre de porte, *détail* (Eglise des Saints
André et Bernardin, Pérouse). *Ph. Alinari-Giraudon.* — 25. *Détail*
de 24.

net des campaniles et des tours. S'il ne parut pas comprendre, à l'exemple de Masaccio, le rôle essentiel des lumières et des ombres, il tenta seul de réunir les uns aux autres par l'atmosphère, l'équilibre des groupes et les valeurs exactes, les plans qui donnent aux plus audacieuses transpositions plastiques l'apparence du réel. Seul depuis Masaccio, et jusqu'à Vinci, et plus que Vinci peut-être, il tenta de sortir de ce primitivisme intellectuel qui fit l'originalité et la faiblesse de Florence. Il y gagna et y perdit. C'est l'Italien de son époque qui est, par son langage, le plus près des grandes époques. C'est peut-être celui qui en est le plus éloigné en lyrisme et en royauté.

Il n'éprouva pas de remords à transporter dans l'existence familière des grands bourgeois de son pays la mythologie chrétienne. Sobre, dans un temps où les peintres accumulaient sans ordre leurs figures, accordaient leurs tons confusément, surchargeaient leurs compositions de fleurs et d'étoffes voyantes, il sut pourtant faire défiler de beaux cortèges, orchestrer avec magnificence les orangés, les rouges sourds, les lilas, les verts, disperser sur les nappes blanches, les meubles, le rebord des croisées ouvertes, des corbeilles de fruits, des bouquets, des verres sonores, des paons étalant les pierreries de leurs queues en éventail. Il comprenait les jeunes femmes de Florence que Filippo Lippi avait trop furieusement aimées pour les regarder sainement. Elles marchaient dans leurs robes à broderies d'argent, leurs belles mains jointes sur la ceinture. Elles tournaient vers lui leur visage allongé et fin, un peu malade, sans beauté, mais d'un charme si imprévu, si grave avec sa bouche et ses yeux tristes, son cou trop frêle pour le poids des tresses blondes, son air de fleur trop lourde pour sa

26. Verrocchio. David, bronze (Musée national, Florence). *Ph. Anderson-Giraudon.*

26

tige et fanée avant l'éclosion. Elles causaient entre
elles, tendaient aux nouveau-nés la poitrine ou les
bras, portaient du linge ou des corbeilles, vaquaient
aux soins d'un ménage élégant. Parfois, elles sortaient
sur des terrasses d'où l'on voyait s'enfuir un paysage
discret, aéré, précis, un paysage toscan encombré de
collines, semé de pins et de cultures avec un ciel d'argent
où passaient de grands oiseaux.

Il n'y a peut-être pas un seul autre « intimiste »
en cette Italie passionnée dont la gloire est surtout
d'avoir traduit le drame humain avec le drame universel en généralisations transposées dans la peinture.
Comme tous les Italiens, sans doute, Ghirlandajo
est un décorateur. Son style est trop tendu pour
raconter la paix des soirs et des repas dans les demeures.
Il est inquiet, le drame rôde. L'homme le plus épris
du silence et du foyer n'échappe pas au génie de sa

27

27. Ghirlandajo. La Visitation, fresque (Santa-Maria Novella,
Florence). *Ph. Alinari-Giraudon.* — 28. *Détail* de 27.

race. A un peuple qui vit dans la rue ou se penche aux fenêtres au bruit des rixes, des chansons, des causeries, des fêtes, qui a pour spectacle fréquent des gestes de violence ou d'amour, à une foule expressive et vivante dont la mimique est un autre langage, qui comprend tout, et fait tout comprendre du premier coup, qu'amusent et passionnent simultanément ou tour à tour les discours des orateurs et des marchands populaires, il ne faut pas demander de rechercher dans le calme discret de l'existence familiale les sources de son émotion et les moyens de son action. La passion est révélatrice de vérité et d'héroïsme par des voies parfois plus douloureuses, mais aussi sûres que la méditation.

Quoi qu'il en soit, Ghirlandajo fit rentrer dans la vie florentine et parvint presque à l'incorporer aux masses peintes et à l'espace, le trait nerveux de Filippo Lippi. C'est un effort surprenant à cette heure où Botticelli, au contraire, tentait de dégager ce trait de la matière de la vie pour donner une animation factice aux abstractions littéraires de l'intellectualisme florentin. Nous savons que Ghirlandajo eut neuf enfants, dont plusieurs furent peintres et ses élèves, qu'il travailla sans arrêt, et Vasari nous dit qu'il possédait « un courage invincible ». Quand on compare cette vie à l'inquiétude perpétuelle, l'incohérence douloureuse, l'agitation de celle de Botticelli qui se poursuivait « au jour le jour » (1) on comprend mieux le contraste. Là, un grand ouvrier, quelque pesanteur bourgeoise, peu de lyrisme, beaucoup de force et de savoir, ici un « cerveau alambiqué » (1), un éperdu désir sans cesse brisé par la vie de dépasser et d'oublier

(1) Vasari.

la vie. Chez Botticelli, la ligne trépidante de Donatello
et de Lippi n'obéit plus qu'à la direction compliquée,
abstraite et au fond parfaitement obscure d'une
sensibilité qui se nourrit d'aliments décomposés.
Elle exaspère ses courbes, ses angles, elle exagère
encore la torsion des membres et des têtes, paraît
chercher sur les corps nus des jeunes hommes et des
jeunes femmes de Florence les marques de la dégéné-
rescence qui frappe l'énergie de la cité. Antonio
Pollaiuolo, à peu près à la même heure, avec la même
perversion intellectuelle et la même acuité nerveuse,
mais moins d'imagination, faisait d'étranges recherches de couleurs, mélangeait des tons précieux et
rares en moires d'eaux croupissantes. La passion
italienne se dévoyait. L'humanisme, en cueillant dans
l'œuvre de Platon la fleur presque fanée de l'âme
antique, en avait éteint le parfum. L'intellectuel florentin, pour avoir voulu commencer par où la Grèce
avait fini, se voyait obligé de se transporter dans une
sphère artificielle d'où l'élément tressaillant et vivant
que fournit l'inépuisable monde était proscrit. Le
symbolisme naturel des poètes du moyen âge revivait
en plante de serre, inconnue et chétive et qui devait
mourir de son premier contact avec l'air ardent du
dehors.

Il n'est pas d'artiste qui exprime — sans le
savoir — cette tragédie intellectuelle avec plus de
détresse que Sandro Botticelli, imagination volup-   30
tueuse mais souffrante et qui se tortura jusqu'à la fin   31
de ne pas trouver son accord avec l'univers vivant   32
qu'elle voulut et ne sut pas sentir. Il découvrit le
mystère des bois et des prairies, la fécondité de la
mer et la sauvagerie du vent. Il voulait avec tant de
fièvre la beauté nue qu'avant même de la regarder,

il la tordait et la brûlait aux flammes de son désir. Il aimait tellement les fleurs qu'il en faisait pleuvoir du ciel quand il n'en trouvait pas sur terre. Mais elles exhalaient l'odeur funèbre des fleurs mortes. Il avait beau les tresser en couronnes, en guirlandes, charger de roses et d'œillets, d'hyacinthes, de bleuets les arbres noirs, les gazons, les brises, les robes de gaze et les cheveux épars des androgynes maigres qui tentaient de ranimer dans ses toiles les printemps disparus, les Vénus flétries, toutes les déesses des forêts et des sources auxquelles il ne croyait plus, les fruits, les fleurs, les formes nues accumulées accentuaient son impuissance à restituer la vie dans sa force indifférente. Œuvre artificielle, indécise, pénible, avortée, la plus triste de la peinture.

Et pourtant l'une des plus nobles. L'inquiétude ardente qui s'y sent ne fait qu'en souligner l'aspiration vers une harmonie intellectuelle qu'une culture moins littéraire et plus plastique lui eût permis d'atteindre. Si l'esprit en est empoisonné, l'instinct en est constamment pur et grave, l'artiste y semble crucifié par l'effort toujours vaincu d'arracher sa foi toujours vive aux complications toujours renaissantes d'une intelligence mal équilibrée. La marche et la danse, les défilés processionnels, l'élan vers l'amour et l'enfance, tout ce qui porte dans le geste les plus belles impulsions du cœur, tout cela garde malgré tout chez lui une majesté spirituelle que les mouvements les plus étranges et la composition la plus bizarre ne parviennent pas à masquer. Botticelli est la victime des esthètes de son temps et aussi du nôtre. Ceux-là l'ont perverti. Ceux-ci l'ont méconnu. Sa destinée reste tragique. Sa gloire posthume le veut, comme son art lui-même et sa vie et sa mort.

29. Filippino Lippi. Portrait de l'artiste, *détail* (Église del Carmine. Florence). *Ph. Brogi-Giraudon.*

31

Ce grand imaginatif à qui n'a manqué, du grand
homme, que la directe humanité, finit en dévot malade
et corrompu. C'est l'ordinaire destin de la sensibilité
trop aiguë que l'intelligence trop débile n'a pas su
discipliner. Il souffrit certainement d'avoir mêlé, l'un
des premiers, parmi les peintres renaissants, les aphro-
dites et les vierges, les dieux païens qu'il n'adorait
que par dilettantisme littéraire aux dieux chrétiens
auxquels il revenait dans un élan de mysticisme découragé où il ne trouva pas le repos. Il illustra l'*Enfer*
de Dante de dessins convulsifs qui font penser à
une danse de fous dans la nef d'une cathédrale. Il
suivit en désespéré Jérôme Savonarole qui soulevait

Botticelli. 30. La danse, fresque, *détail* (Villa Galetti près Florence).
Ph. Brogi-Giraudon. — 31. Le Printemps, *détail* (Offices, Florence).
Ph. Anderson-Giraudon.

Florence contre l'esprit de désagrégation morale
et de corruption élégante amené par l'avènement de
la tyrannie et le règne de l'analyse et dont son œuvre
avait été la nette manifestation. Il dut sans doute, aux
côtés du terrible moine, brûler des livres, crever des
tableaux, lui apporter certaines de ses œuvres pour
qu'il les jetât au bûcher. Savonarole, qui demandait
aux peintres de revenir à l'esthétique de Fra Angelico,
ne pensait sûrement pas que l'œuvre du bon religieux
fût l'une des sources du mal nécessaire qu'il s'était
juré d'extirper. Il savait bien que la forme est vaincue
par l'esprit quand elle entre en lutte avec lui, mais
il ne se doutait pas que l'esprit est vaincu par la forme
quand il lui demande de l'exprimer, et que la vérité
divine n'est pas ailleurs que dans l'équilibre toujours
poursuivi, toujours approché, toujours rompu et toujours espéré quand il vient encore à se rompre, de la
forme et de l'esprit. Son amour pour Angelico, c'était
encore et toujours cette idolâtrie par laquelle, trois
siècles auparavant, François d'Assise avait délivré
l'Italie.

VI

Il était sans doute trop tard ou trop tôt, pour que
Florence aboutît. La République, écartelée par la
guerre civile, anémiée par la tyrannie, énervée d'intellectualisme, de meurtre et d'amour, passant par crises
brusques d'un athéisme ardent à un mysticisme
fébrile, la République n'offrait plus à l'âme italienne
qu'une source d'énergie presque épuisée. Au bout de
son histoire, Florence gardait encore sa langue
primitive, et cette langue primitive était déjà flétrie pour

32. Botticelli. Sacrifice du lépreux, *détail* (Sixtine). *Ph. Anderson-Giraudon.*

avoir exprimé une trop grande somme de sensations,
usée déjà pour avoir servi à trop d'intelligences. Le
dernier de ses grands peintres eut beau fuir l'âpre
ville pour tenter de briser la gangue de diamant dont
elle emprisonnait les cœurs. Bien qu'il ait devancé
les temps, qu'il soit, par l'étendue et la pénétration
de l'analyse, le premier des esprits modernes, il reste
un primitif, au fond, un vieux primitif très savant et
désenchanté, quelque chose comme un germe de vie
qui sentirait le cadavre.

Ce trait florentin, ce trait abstrait et presque arbi-
traire que Vinci parvint à faire entrer en plein volume
pour qu'il se confondît au niveau du contour avec
la décroissance de la lumière et le commencement
de l'ombre, on le sent présent tout de même, serrant
comme en un cercle de métal les crânes, les visages,
les épaules, les bras, les mains, forçant la forme à se
plier sous son étreinte pour la décrire en profondeur.
On sent qu'au lieu de regarder, comme le faisait
Masaccio, la vie en bloc, et de la sculpter sur la toile
à coup de lumières et d'ombres, il prenait un morceau
de vie, le suivait dans ses accidents, ses relations avec
la vie environnante, son cheminement dans l'espace,
et ne perdait jamais, dans les saillies, les creux, les
ondulations qui naissaient de sa poursuite, la ligne
qui les décrivait. On sent — et c'est pour cela qu'il
reste, malgré son incalculable puissance, un primitif
— on sent que c'est à force de savoir qu'il parvient
à entourer d'air ses masses sculptées et à éloigner
d'elles, plan après plan, les fonds bleus de roches
déchirées, de montagnes, de routes sinueuses, d'arbres
grêles, qui vivent d'une vie factice, comme un théorème attaché au flanc d'une émotion vivante. Gozzoli,
Ghirlandajo, intuitivement, par le sens des valeurs
exactes, faisaient enfoncer leurs paysages mieux que
Vinci tout empêtré de perspective et de calcul. C'est
dans son esprit que vivent les rapports du monde,
plus encore que dans ses sens, et beaucoup plus que
dans son cœur.

L'expérimentation, chez cet homme étonnant
qui fondait à la fois ou pressentait toutes les sciences
futures, chez qui les arts de sculpter et de peindre ne
semblaient être que des applications humaines des
notions abstraites qu'il avait puisées dans l'étude

de la géométrie, de la perspective, de la mécanique, de l'alchimie, de la géologie, de l'hydraulique, de l'anatomie, de la botanique, l'expérimentation égalait en importance l'intuition qu'il possédait au degré le plus haut, l'intuition créatrice de vie, l'intuition à tel point souveraine que chez tout grand artiste elle entraîne et fait disparaître l'infinité des recherches conscientes ou inconscientes qui ont préparé son explosion. C'est peut-être le seul homme chez qui la science et l'art se soient confondus par leurs moyens d'exprimer la pensée, comme ils tendent à se confondre par leur besoin commun d'établir la continuité des lois naturelles dans le royaume de l'esprit.

Il faut voir ses dessins de machines, ses dessins d'anatomie, ses dessins de muscles et de fleurs. Ils sont la représentation exacte et minutieuse de la machine, des muscles, des fleurs. Ils ont aussi ce frisson mystérieux, cette expression rayonnante et secrète qu'on voit à ses visages étranges, charmants ou durs, équivoques sous la pluie des cheveux bouclés, à ses épaules nues, à ses seins nus où le trait recueille à fleur de peau, ligne après ligne, le mouvement muet de la vie intérieure. Les artistes italiens du XVe siècle avaient bien fait de fouiller les cadavres, d'étudier les trajets des tendons, les saillies des os, le ruissellement infini des nerfs, des veines, des artères. Il était nécessaire que même au prix de quelques confusions, même au prix de quelques conflits entre l'enthousiasme qui crée et l'observation qui désenchante, l'humanité prît peu à peu dans l'analyse la conscience de l'unité, qu'elle apprît à découvrir que la flamme qui luit au fond des yeux humains dort au cœur de toutes les formes, qu'elle fait tressaillir les arbres jusqu'à l'extrémité de leurs feuilles, les ailes des oiseaux, les élytres des insectes, les muscles vivants, les os morts, qu'elle passe des frissons de l'atmosphère dans le frémissement des ruisseaux et jusque dans la vie des pierres. Le jour où Ceilini dit son admiration d'artiste pour les vertèbres et les os du bassin, il parlait au nom de deux siècles qui ont vécu pour nous démontrer que toutes les formes de la connaissance peuvent nous conduire à la possession et à l'accroissement de notre esprit. « Plus on connaît, disait Léonard, plus on aime. »

Il connut. La forme n'était à ses yeux que le symbole d'une réalité intellectuelle supérieure dont le sourire du visage et le geste de la main traduisaient la direction fuyante et le caractère infini. C'est une conception qui, pour demeurer plastique, a besoin de s'appuyer sur une connaissance formidable, étroite, implacablement objective de la matière de la vie. Il semble qu'il ait tout compris. Son *Bacchus* est le père de son *Saint Jean-Baptiste*. Les vieux dogmes et les sentiments nouveaux ne se combattaient plus en lui. Il acceptait le monde. Il devinait de grandes choses. Dans sa *Léda*, où l'aile du cygne suivait de son embrassement la ligne de lyre qui part du bras vivant, de la poitrine chaude et ronde pour descendre jusqu'aux pieds nus, il y a, au milieu des herbes, un œuf brisé d'où viennent de sortir des enfants qui cueillent des fleurs. Il apercevait la source commune et le cercle éternel des choses. Il descendait au plus profond de la nature, sans autre intermédiaire que ses sens entre l'univers extérieur qu'ils recueillaient sans hâte et l'univers intérieur qui gouvernait leur émoi. Et quand il relevait les yeux pour contrôler sur les visages et les attitudes des hommes les résultats de sa propre méditation, il constatait que leurs visages

33. Léonard de Vinci. La Joconde, dessin (Musée Condé, Chantilly). *Ph. Hachette.*

33

et leurs attitudes étaient faits du contact de leur esprit
vivant avec l'esprit vivant des choses qui les environnent.

C'est pour cela que sa grande Cène, où le drame
intérieur fait onduler la vie, tord et sculpte ses formes
comme des arbres sur qui passe un ouragan, est l'œuvre
de psychologie active la plus haute de la peinture. Il
avait la puissance de pénétrer sous chaque écorce,
au fond de chaque crâne humain, de vivre sa tragédie
intime, de la faire passer tout entière dans les gestes

qu'elle dictait, et d'unir tous les mouvements de
sérénité et de révolte, d'élans et de reculs, de réserve
et d'abandon, en un seul mouvement d'esprit. Avec
lui, c'est une arabesque psychologique que la forme
transcrivait.

Vinci pouvait saisir le même sourire sur les yeux
et les lèvres de tous les êtres qui sont sortis de sa
pensée, et surprendre leur doigt tendu vers le même
point invisible, comme pour désigner à l'avenir le
doute qu'il sentait en lui. Sa peinture sans mystère
est le mystère de la peinture, l'un des mystères humains.
Toute la science amassée par le siècle fleurit en lui en
poésie et sa science était faite de toute la poésie
répandue par ses précurseurs. Il eut, à une époque où
l'idéalisme platonicien, qu'il ne cessa pas de combattre,
égarait les intelligences, le sens de la vie réelle qui
conduit seul aux plus grandioses abstractions. Il eut
la douceur de la sagesse acquise alors que la vie
impulsive se déchaînait. Sceptique et désabusé
en des temps où les esprits dignes de l'inquiétude
revenaient avec emportement aux croyances des
anciens jours, il atteignit, par sa haute raison, au
seuil de ce sentiment confus où naissent les religions
nouvelles, quand l'humanité a rejeté tous les dogmes
où reposait sa certitude. Et lui, qui prétendait qu'il
n'est de science que celle qui peut se traduire en symboles mathématiques, il traduisit ce qu'il savait en
poèmes plastiques à peu près impénétrables où l'intuition, peut-être malgré lui, guidait sa main.

Il n'est rien au monde de plus vivifiant et de plus
découragé, de plus équivoque et de plus intelligent,
rien de plus arrêté et rien de plus infini que cela. C'est
Florence tout entière, de Masaccio à Botticelli, son
analyse ardente, sa synthèse hâtive, son trait qui

34. Léonard de Vinci. L'adoration des Mages (Musée des Offices,
Florence). *Ph. Anderson-Giraudon.*

entre jusqu'au cœur et dissèque le cerveau, c'est tout ce qu'elle a souffert, tout ce qu'elle a espéré pour nous qui se concentre sans s'épanouir tout à fait en cette âme immense et secrète. Vinci a vécu le tourment de Florence, il n'a pas consenti plus qu'elle à nous dire tout ce qu'il en avait appris.

C'est hors de Vinci, hors de Florence qu'il avait abandonnée lui-même, et à l'heure où elle succombait, que l'esprit de la Renaissance devait trouver son expression tout à fait claire. Le rôle historique des

35

républiques italiennes, si l'on en excepte Venise, était· fini. Exténuées par leurs luttes intérieures· et l'exercice sans frein de leur liberté passionnelle, elles étaient au bout de leur effort. Leur individualisme, en usant les individus, les livrait à la tyrannie. Elles avaient perdu le ressort et l'orgueil qui leur tenaient lieu de lien social, la notion de la dignité de l'existence, le sens du droit vivant. Déjà en proie aux condottieres, elles appelaient tour à tour l'Espagne et la France qui profitaient de leur unité conquise pour se jeter sur

37

l'Italie. Ce peuple ne croyait plus à l'héroïsme de son destin.

Pourtant, le sentiment confus qui avait guidé la Renaissance voulait aboutir. S'il avait perdu l'élan primitif, il gardait la vitesse acquise. Il ne cherchait qu'un terrain favorable à son éclosion. Le pontificat lui offrit à Rome un abri bien précaire, mais le seul

Léonard de Vinci. 35. Sainte Anne et la Vierge, dessin (Royal Academy, Londres). *Ph. Giraudon.* — 36. Saint Jean Baptiste (Musée du Louvre). *Ph. Roger-Viollet.* — 37. Bacchus, *détail* (Musée du Louvre). *Ph. Hachette.*

38

qui restât dans la tourmente, avec Venise où l'Italie se mêlait à l'Orient pour infuser une vie magnifique aux hommes grandis dans le sillage de son mouvement triomphal. Florence, où Léonard n'avait passé que sa jeunesse, obéit jusqu'à la fin à la destinée singulière qui fait d'elle un incomparable foyer d'initiation intellectuelle, mais où il semble interdit à l'esprit,

38. Léonard de Vinci. Léda (Collection particulière). *Ph. Anderson-Viollet.*

peut-être à cause des excitations et des problèmes trop nombreux qui le sollicitent, de réaliser son accord avec les éléments sentimentaux et sensuels d'une harmonie définitive. Raphaël vient seulement y recueillir l'étincelle, Michel-Ange y est élevé, n'y retourne que par crises, une fois pour la défendre, une fois pour y sculpter des tombes. Ceux qui demeurent florentins, Albertinelli, Piero di Cosimo, Lorenzo di Credi lui-même, si tendre, si discret, si rare, appartiennent encore à la lignée de ses primitifs trop vite intellectualisés. Et ceux d'entre ses derniers peintres qui parviennent, après Léonard et grâce à lui, à la conception de la forme épanouie et délivrée de ses entraves, pleine et environnée d'espace, le doux Fra Bartolommeo, le pur Andrea del Sarto, ont précisément perdu cette ardeur inquiète qui donnait son caractère à l'art toscan. Avec eux et après eux, l'intelligence reste encore l'arme de Florence, mais une intelligence dévoyée parce que le sentiment s'efface, une intelligence qui prend le moyen pour le but et s'épuise à chercher la forme hors du drame intérieur qui détermine sa fonction. Les formules laissées par les deux maîtres de Rome ont une séduction trop mâle pour que l'art toscan ne tente pas de les donner pour cadre à un sentiment qui s'affaiblit. La violence de Benvenuto trop répandue en actes extérieurs, l'élégance hautaine et sensuelle de Jean Bologne, la sévérité de Bronzino passent mal dans leur main trop rompue au maniement de l'outil. Florence asservie et déchue n'a plus qu'à promener sa passion mélancolique dans les jardins amers où l'ombre des roses fait trembler l'eau des fontaines, au pied de San Miniato.

Rome et l'École

I

Quand les papes, à la fin du XIVe siècle, rentrèrent d'Avignon, Rome était une ville morte. Quelques milliers de misérables campaient au milieu des cirques envahis par la ronce et l'ortie, des aqueducs rompus, des thermes éventrés. La vie, autour, agissait dans les cités libres. Mais ici, rien de vivant. Des papes humanistes essayant de créer un foyer d'attraction que quelques artistes errants, dont aucun ne fera souche, consentiront à traverser. C'est Florence et l'Ombrie qui fournissent à la cour romaine les architectes et les peintres qu'elle réclame pour bâtir et décorer ses églises, Gentile da Fabriano, Bernardino Rossellino, Piero della Francesca, Benozzo Gozzoli, Melozzo da Forli, Bramante. L'action romaine ne sera jamais assez intérieure pour fournir à ses besoins. Quand des artistes naîtront à Rome, ce seront des esprits abondants et vides, tels que les veulent les sociétés oisives pour distraire leur paresse et flatter leur vanité.

Mais elle est le seul abri que trouve l'âme italienne près de mûrir. Au moment où Florence succombe, où Charles VIII, déguisé en sauveur de l'ordre, descend en Italie, Vinci féconde Milan et va révéler à la France

---

39. Gentile da Fabriano. L'adoration des Mages, *détail* (Offices, Florence). *Ph. Anderson-Viollet.*

la profondeur déjà désabusée de la passion toscane. Giorgione, dans une forme à peu près épanouie, annonce Venise tout entière où Titien apparaît. La vieille Ombrie s'anime, regarde du côté de Rome. L'artiste italien cherche à s'affranchir des formules, à épancher sa liberté. Quand Jules II, le pape artiste et batailleur, s'adresse à l'architecte Bramante qui doit bientôt lui amener son jeune parent Raphaël, et appelle Michel-Ange de Florence moins de deux ans après, l'esprit de l'époque l'inspire. Au milieu de l'anarchie générale qui livre à l'étranger les communes italiennes, en face du protectionnisme vénitien, Rome est bien le seul lieu où l'Italie puisse résumer ses désirs.

Rome a tant de force, par la tristesse de son horizon, son isolement au centre d'un désert de roseaux et d'herbes, ses vastes ruines, la pesanteur de son histoire, qu'elle ne permit pas aux maîtres qui avaient passé leur jeunesse loin d'elle de lui apporter l'Italie sans accepter d'abord la discipline de volonté à qui elle devait de dominer encore le monde, après tant d'orages. Cette force, elle obligea Bramante à la reconnaître, elle l'infusa au fragile Raphaël, elle en fit l'aliment habituel de Michel-Ange. Comme Brunelleschi cent ans plus tôt, Bramante vécut dans ses ruines, le compas à la main. Il y retrouva la loi de l'architecture romaine et de toute architecture, la subordination de l'organe à la fonction, que l'esprit despotique et fantasque de Michel-Ange, quand celui-ci lui succéda à la direction des travaux de Saint-Pierre, ne lui permit pas d'appliquer à sa construction, mais que, dans un raidissement volontaire et tendu de sa puissance intellectuelle, il retrouva pour dessiner la façade et la cour du palais Farnèse, théorème de pierre où l'esprit tragique du monde apparaît en

Italie pour la dernière fois. Raphaël, Michel-Ange purent étudier les statues mutilées que des fouilles arrachaient tous les jours à la terre et que se disputaient le pape et les princes romains. Ce contact de toutes les heures avec la Rome antique ne pouvait pas ne pas agir sur des sensibilités résumant comme celles-là deux siècles d'attente et d'effort.

Il ne pouvait pas non plus les pervertir. Elles venaient du fond de la race avec trop d'élan et de nécessité pour sortir de la voie qu'elle leur traçait. Il y eut une soudure spontanée entre l'idéalisme intellectuel de Florence, le sentimentalisme des peintres ombriens, la sensualité de Venise que Sébastien del Piombo apportait à Rome et la volonté des maçons et des statuaires de l'Empire qui bâtirent les aqueducs, les thermes, les cirques et sculptèrent sur les arcs de triomphe les bas-reliefs rudes où le génie romain avait enfoncé son empreinte. Un moment, l'âme italienne tout entière s'y réalisa. Jamais une telle passion où se heurtaient et se mariaient tour à tour la violence et la douceur, la volupté et l'ascétisme, la science et l'enthousiasme, n'avait accepté d'un tel cadre, sans être écrasée par lui, une discipline aussi forte. La Renaissance retrouvait la forme pleine, sculpturale, athlétique — point du tout grecque d'ailleurs, plutôt romaine par la prédominance de la saillie musculaire sur le plan expressif — mais une forme soulevée d'une telle ardeur qu'elle demeurait avant tout italienne en ouvrant les temps nouveaux. Jamais tant de matière et d'âme n'avaient été tordues ensemble pour recréer la vie dans sa plus haute unité.

Quand on remonte les courants qui conduisent à Raphaël, on ne peut attribuer qu'à l'éducation de Rome l'ascension en lui de cette force qui se fût ignorée probablement s'il n'avait pas quitté Urbin ou s'il avait continué de vivre à Pérouse ou même à Florence. Car en cette nature tendre et presque féminine que ses apologistes ont exaltée jusqu'à écœurer ceux qui l'aiment le mieux, il y eut une puissance mâle que contribua sans doute à éveiller Michel-Ange, mais qui se déploya avec l'aisance, l'autorité, l'ampleur des maturations naturelles. Jamais homme ne réunit autant d'éléments dispersés et presque antagonistes pour les assimiler à sa substance intime et les restituer dans son œuvre vivante qui s'épanouit si librement et si haut au-dessus de ses sources en gardant toute leur fraîcheur.

Dès la fin du xivᵉ siècle, l'Ombrie, d'où il venait en somme, puisque sa seizième année n'était peut-être pas encore achevée quand il entra à l'atelier de Pérugin, avait greffé sur la vieille école siennoise un

40. Piero della Francesca. Découverte de la Sainte Croix, fresque, *détail* (Église Saint-François d'Arezzo). *Ph. Alinari-Viollet.*

rameau très vivace bien que difficile à apercevoir dans le rayonnement du grand foyer florentin. L'Ombrie, adossée aux montagnes, mais dont toutes les villes s'inclinent vers la plaine douce, l'Ombrie avait l'âme d'autant plus pieuse que le voisinage de Rome l'exposa plus souvent à souffrir des invasions. C'est au cœur de l'Ombrie, en vue de Pérouse, que François d'Assise était né, c'est l'Ombrie qui le suivit d'abord. Atténuée, la lumière de cet esprit flottait encore sur ses vallées.

Florence, et même Sienne, se suffisaient. Pérouse était trop éloignée des grands centres d'élaboration et d'action de l'énergie italienne pour retenir les artistes qui l'exprimaient. C'est vers Rome qu'ils refluèrent presque tous, lui apportant avec Sienne, qui les avait d'abord instruits, quelque chose de Florence où ils allaient en général chercher l'initiation, et, par Urbin, par Bologne et Ferrare, un peu de Padoue et de Venise. Le Véronais Pisanello, après avoir reçu, à Florence, les leçons d'Andrea del Castagno, collabora à Rome avec l'Ombrien Gentile da Fabriano, formé par les Siennois. Gentile gardait leur souvenir des mosaïques byzantines, leurs figures blondes aux yeux obliques, mais il avait vu, à Rome et surtout à Venise, des costumes éclatants défiler dans les cortèges. D'abondante imagination, il était plus curieux que les maîtres de Sienne et possédait avec un sens du mouvement et un amour du pittoresque qui eût choqué leur gravité, l'expansive piété de l'Ombrie, si différente de leur mysticisme jaloux. Benozzo Gozzoli, quand il travailla à Rome, comme il travailla un peu partout en Italie, connut certainement son œuvre et y puisa peut-être en partie son goût d'exotisme et son parfum d'Orient.

Il y vit sans doute aussi celle de Piero della Francesca. Ce grand peintre, artiste nomade, comme tous ceux qui venaient à Rome en ce temps-là, était à peine son aîné. Ses paysages schématiques demeuraient sûrement dans le souvenir de Gozzoli quand il couvrait les murs du Campo-Santo de Pise de peintures rouges où s'enfoncent les fines campagnes traversées par les Florentins. Mais la nature de Gozzoli est aussi fantaisiste que celle de Piero est sévère et tout d'une pièce. D'ailleurs, bien qu'il vînt d'une région voisine de l'Ombrie, plus montagneuse il est vrai, plus farouche, il présentait aussi avec les maîtres de cette province un de ces contrastes étonnants qui caractérisent l'Italie de Dante et Giotto à Michel-Ange et Raphaël et dressent Machiavel en face de François d'Assise. Piero a peint des profils arrêtés qui paraissent creusés dans le cuivre, des robes brodées de fleurs aiguës comme des épines, de grandes figures austères isolées par un trait pur. Des nuages horizontaux s'accumulaient dans un ciel où la colombe divine étendait des ailes rigides. Une majesté terrible dressait plus haut que tous les fronts les enfants de sa pensée. Les anges qui jouaient paraissaient des cariatides faites pour soutenir la voûte sonore qui s'étendait invisible au-dessus du morne chemin. La profondeur des violons passait dans ses harmonies. Quand il peignait la guerre, il était dur comme la guerre, quand il peignait la nuit, on n'y voyait qu'une cuirasse, la pointe d'une lance et les visages du sommeil. C'était un esprit façonné par l'étude méthodique et tenace de toutes les sciences exactes qu'on connaissait alors. Il écrivait des traités de perspective. Il essayait de subordonner la nature aux principes géométriques qui avaient formé son esprit. La fusion de l'élément

40
41
42

41. Piero della Francesca. La reine de Saba, fresque, *détail* (Église Saint-François d'Arezzo). *Ph. Alinari-Giraudon.*

vivant que notre sensibilité nous révèle et de l'élément mathématique où notre intelligence nous conduit, s'opérait ainsi dans son œuvre qui constitue l'expression la plus forte de l'acharnement apporté par les Italiens à trouver l'accord absolu de la science et de l'art, d'une manière plus étroite que chez Paolo Uccello, moins factice que chez Vinci.

Quand on compare celui-ci à Piero della Francesca, il semble qu'on assiste à un recul dans l'ascension de la peinture. La perspective et ses problèmes le tourmentent. L'effort pour l'incorporer à la toile y est visible partout, ce qui produit l'impression quelque peu pénible de deux mondes juxtaposés. Chez Piero, au contraire, la forme devient à la fois la cristallisation et le noyau du poème spatial qui se développe dans la fresque avec une indicible grandeur. La perspective se fait lyrique, de mécanique qu'elle était. C'est lui, on peut le dire, qui a conquis définitivement l'espace à la peinture. Je dis « l'espace », et non pas l'atmosphère, ce qui sera la tâche et la gloire des Vénitiens. L'espace géométrique, non l'espace matériel. Les trois dimensions, désormais, sont annexées à la composition qui garde, comme chez les plus purs d'entre les primitifs, son caractère dramatique, accru peut-être de baigner ainsi de partout dans un monde spacieux qui y participe avec la rigueur formidable de ses lignes, de ses angles et de ses cercles parfaits. L'étendue est devenue, au même titre que l'expression morale née des gestes, des visages et de leurs combinaisons linéaires et chromatiques de surface, l'un des acteurs de la tragédie silencieuse à qui tant de chapelles obscures ont donné, depuis deux siècles, l'asile de leurs parois.

L'œuvre la plus décisive de la fresque toscane,

entre l'*Arena* de Padoue et la *Sixtine* de Rome, se développe ainsi dans l'humble église d'Arezzo. Qui n'a pas vu ces grandes formes marcher dans la muraille même, s'enfoncer avec elle dans sa propre profondeur, cette bataille immobile qui gronde, ces vastes femmes à genoux, ces architectures grandioses de cités, de collines, d'arbres, même s'il a assisté là à la Descente de Croix, et ici à la Création du Monde, n'aura pas connu l'instant solennel où tous les éléments de la grande décoration murale ont paru rassembler en volumes géométriques le drame humain dispersé. La statique italienne est plus fortement assise dans cette œuvre que nulle étape de ce genre ne le fut jamais ailleurs, comme figée en blocs de pierre palpitante, articulés et ceinturés de fer. Le dynamisme de Michel-Ange les tordra sans les briser.

Ces figures, sur la fresque, s'étagent comme des maisons, d'une si forte architecture que les torses et les épaules, les bras, les têtes dominant les cous, semblent déterminés par le plus rigoureux calcul. Torses cylindriques, épaules larges, bras ronds, cous semblables à des colonnes, têtes sphériques à regard droit. On dirait des statues qui marchent, ou s'agenouillent, et l'énergie qui les dresse coule dans leur forme pleine une pesanteur d'airain. C'est pur et fort comme l'antique. Pas un seul d'entre les plus nobles des Italiens, ni Giotto. ni della Quercia, ni Masaccio, ni Michel-Ange, n'exprime ce qu'il y a de plus fier dans notre unique aventure de vivre avec un héroïsme supérieur à celui-là. Il est peut-être le plus grand parmi ces hommes invincibles qui, à travers tous les orages, oppressés de passion, usant s'il le fallait du meurtre, acceptant la vie comme un drame de tous les jours, allaient les yeux fixés devant eux vers quelque chose de plus haut et de plus tragique qu'ils sentaient dans leur cœur résolu et désespéré. Il traverse le monde en compagnie des héros de ses fresques, impitoyable, pur comme la force, inaccessible à la résignation. Le tronc des arbres est nu, les feuilles sont immobiles, mais quelque chose monte et se répand partout, la brûlante sève centrale qui les tient élevés et durs. La sombre terre elle-même semble formée de courbes que le feu souterrain emboîte les unes dans les autres, comme pour obéir à quelque

puissance rationnelle qui coordonne ses efforts.
Il n'y a pas d'œuvre plus sublime en Italie. Et c'est
un moment décisif. Rome et la Toscane se rencontrent
en Piero della Francesca, et ses deux principaux élèves,
Luca Signorelli, Melozzo da Forli annoncent, l'un   43
l'approche de Michel-Ange, l'autre celle de Raphaël.   44

Le courant ombrien, qui touchera Raphaël,   45
s'accélère avec Melozzo originaire comme lui de cette   46
autre Ombrie transapennine d'où venait aussi Gentile
et que le Bolonais Francia allait relier à Venise. L'intellectualisme florentin est d'un abord trop difficile aux
âmes simples et la réaction mystique qu'il a fait naître
est trop sévère pour qu'elles puissent y chercher la
piété facile qui leur convient et dont la cour de Rome,
qui n'aime pas les mystiques, ne pourra pas s'effrayer.
Avec Melozzo da Forli, on entend passer des souffles
aériens, les doigts des grands anges ailés à chevelure
blonde font errer sur les harpes célestes une musique
imprécise et lointaine qu'on ne peut confondre avec
l'orage des trompettes du Jugement. Avec Pérugin,
la pieuse Ombrie ne sera plus que la bigote Ombrie.
La forte capitale est mal comprise par ses peintres, et
les palais carrés, les rues qui montent, l'entassement
des cubes et des tours inspirent au seul Bonfigli des
paysages de pierre qui reposent des vierges équivoques
et des anges trop élégants. Celui qui traduit ses besoins
est un homme qui ne croit à rien, boit et sacre et
travaille dans la religion pour s'enrichir (1). L'art,
quand les dévots s'en emparent, a de ces revanches-là.

Pérugin fabriqua les premiers tableaux de piété.
Ce n'est pas qu'il fût sans grâce, une grâce maniérée
qui rend un peu irritantes ses jolies figures ombriennes,

(1) Vasari.

42. Piero della Francesca. Éve, fresque, *détail* (Église Saint-François
d'Arezzo). *Ph. Anderson-Giraudon.*

43

44

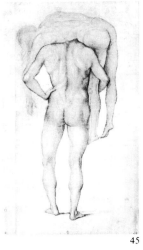

45

blondes, pleines, roses, fraîches, dont le sourire de
Léonard, affadi et un peu niais, retrousse les lèvres
en fleur. Il introduisit dans la peinture la symétrie,
qui est le contraire de l'équilibre et immobilisa l'espace
dans la dureté confite des bleus, des vers, des rouges
crus orchestrés presque au hasard. Sa vigueur ronde,
son élégance louche, mais robuste, sa précision aiguë
à dessiner les fonds, arbres grêles, lignes ondulantes
des vallées et des collines, l'énergie de ses figures
droites dont un rythme monotone tord les hanches,
applique un pied sur le sol, donne à toutes les attitudes
une étrange allure dansante, expliquent quand même
suffisamment l'action qu'il exerça sur Raphaël qui,
dès son départ d'Urbin, passa auprès du Pérugin ses
années les plus impressionnables. Il subit la vigueur
des rythmes précis, très personnels, très entiers, cons-
truits comme un ballet presque immobile, que Pérugin   47

46

43. Melozzo da Forli. Fresque (Église des Saints-Apôtres, Rome).
Ph. Anderson-Giraudon. — 44. Signorelli. La promulgation de la
Loi, fresque, *détail* (Sixtine). *Ph. Anderson-Giraudon.* — 45. Signo-
relli Dessin Musée du Louvre). *Ph. Hachette.* — 46. Signorelli
(École de). La mort de Moïse, fresque, *détail* (Sixtine). *Ph. Anderson-
Giraudon.*

infligeait à ses formes en mouvement. Il eut un mal extrême à se libérer de son maître et mourut trop tôt pour l'oublier tout à fait. Il gardait encore du peintre de Pérouse, à la fin de son court et miraculeux voyage, le visage de la vierge ombrienne, qu'on ne retrouve guère, à vrai dire, que sur ses tableaux de sainteté — si peu de lui ! — qui disparaît à peu près de ses dernières fresques et dont il reste à peine un souvenir dans ses portraits de femmes purs, solides, opaques, denses comme un marbre blond.

En quittant l'Ombrie, il passa par Sienne où Bernardino Pinturicchio, qui sortait comme lui de l'atelier de Pérouse et revenait de peindre à Rome les appartements des Borgia, le fit travailler quelque temps. Il y rencontra Sodoma, son aîné de peu d'années, étouffant dans sa ville sainte, hanté par Vinci, pressentant Venise, et formé d'ailleurs à l'école de

47. Le Pérugin. Combat de l'Amour et de la Chasteté (Musée du Louvre). *Ph. Roger-Viollet.*

Luca Signorelli dont il avait achevé les fresques robustes de Monte Oliveto. C'était un être singulier, un mystificateur triste, qui passait pour pratiquer les vices les moins avouables et dont l'art cependant révèle l'ingénuité d'un jeune dieu tombé des cimes fraîches de l'Olympe dans un siècle tout fermentant de savoir et de plaisir. Un Masaccio à rebours, n'ayant pas conservé dans sa terrible soif de connaissance sa pureté originelle comme le héros florentin, et tout au contraire de lui cherchant avec chagrin sa pureté originelle dans l'assouvissement même de cette soif, mais comme lui destiné à ouvrir des chemins nouveaux où il s'engagerait à peine. Bien souvent, il contient ensemble Michel-Ange et Raphaël. Alors il possède à la fois la force et la grâce héroïques, et la pointe de corruption et d'énervement qu'il y mêle ne fait que rendre plus émouvantes sa passion nostalgique et la magnificence de son lyrisme angoissé. C'est ainsi qu'aurait pu peindre le plus profond des platoniciens de Florence à l'heure la plus sensuelle de l'épanouissement vénitien. Les *Noces d'Alexandre et de Roxane* sont, en ce sens, une œuvre unique au monde par le sublime accent de poésie mâle et désenchantée que prend sous la transparence des voiles et dans la pénombre amoureuse, l'irrésistible et mortelle volupté. Les figures nues — masculines et féminines — y ont je ne sais quelle allure à la fois édénique et grecque que le christianisme aurait animée d'un délire amoureux plein de fièvre et de souci. Étrange esprit, rempli de force juvénile où le parfum mystique des vieux maîtres de chez lui montait dans les faces inquiètes, les formes hésitant à affirmer sa science et dont la puissance d'athlète s'ennoblissait d'une ardeur mélancolique incapable de se révéler tout à fait.

48

Ivresse à caresser les seins durs, les ventres étroits, les genoux émouvants des femmes, besoins virils, âme gâtée, il hésitait. Il hésita toute sa vie. Plus tard, à Rome, Raphaël refusa d'effacer ses travaux de décoration. Il avait bien vu sa grâce altière, son allure de conquérant prisonnier d'une adolescence incurable... Il s'en souvint toujours, peut-être y prit-il les plus fermes éléments de cette écriture magnifique au moyen de laquelle il allait exprimer toute sa fierté d'être jeune et la reconnaissance qu'il vouait à la nature de l'avoir fait ce qu'il était.

L'aigre et charmant Pinturicchio lui-même ne put pas ralentir son élan vers la forme antique, l'hymne au corps nu qui montait de partout, brisait la gangue florentine, éclatait à cette même heure à Venise dans l'œuvre épanouie de Giovanni Bellini, s'enflait dans l'œuvre naissante de Giorgione et de Titien et allait prendre, avec la voix de Michel-Ange, la puissance tragique d'une nouvelle création. Il était bien loin, sans doute, de ce technicien méticuleux qui prodiguait sur ses fresques, en relief, avec un mauvais goût pervers et candide, des ornements de métal et des pierres transparentes. Et pourtant il aperçut, dans son excursion rapide à travers l'exotisme bizarre de cet artiste singulier, ses paysages froids et fins gravés comme sur une vitre par une pointe de diamant et les silhouettes graciles qui fendaient ses foules bigarrées avec des gestes de danseurs. Pinturicchio propageait dans l'Italie centrale cet esprit de mirage et de lointaine aventure, cette imagination féerique que Gentile da Fabriano promenait dans la péninsule, dont Gozzoli avait amusé la sévérité florentine et que Carpaccio portait à ce moment-là chez les Vénitiens à son point le plus merveilleux de fantaisie et de

48. Sodoma. Noces d'Alexandre et de Roxane, *détail* (Farnésine). *Ph. Anderson-Giraudon.*

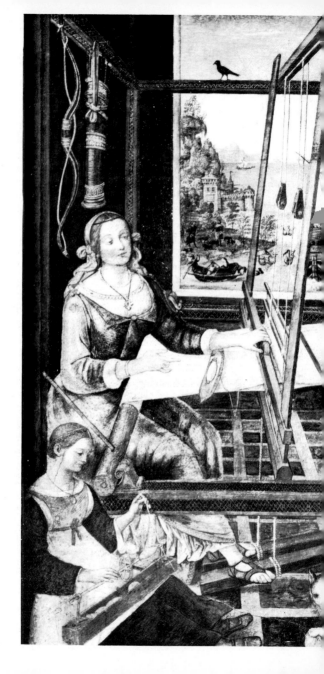

lyrisme. Les océans s'ouvraient au loin, les étoiles pleuvaient sur la terre, la poésie des mondes devinés ravissait ces enfants précoces qui savaient trop et profitaient des sensations nouvelles affluant de toute part pour y renouveler leur invention un peu lasse. C'est de Pinturicchio, peut-être, que Raphaël apprit, avec l'esprit de l'Italie moyenne que lui apportait Pérugin, et même Francia, dont la peinture vigoureuse, mais criarde et desséchée dut le fatiguer bien vite, l'enchantement de dépasser la vision immédiate et le sujet imposé. Il n'eut plus qu'à aller chercher à Florence, auprès de Vinci et de Fra Bartolommeo, dans l'œuvre de Masaccio surtout, le sens du modelé et le besoin d'architecturer une toile, et à regarder peindre plus tard, à Rome, son ami Sébastien del Piombo qui lui révéla le désir naissant de Venise, pour entraîner dans une symphonie plus complexe à mesure qu'il avançait en âge, toutes les voix confuses en qui montaient depuis un siècle l'enthousiasme, la douleur, la fièvre, la volonté de l'Italie.

II

Il résuma, comme Giotto, un instant impérissable. C'est lui qui fut cet équilibre que l'Italie cherchait avec tant d'angoisse et que le heurt passionné des sensibilités et des intelligences ne pouvait permettre à la foule elle-même de réaliser. On ne peut s'empêcher de rapprocher ces deux esprits. Raphaël est sans doute avec Giotto, dans l'histoire de la peinture, le seul qui nous envahisse avec cette douceur profonde par toutes nos facultés de raisonner et de sentir. A dire vrai, sa science domine, il n'a pas la

◀ 49. Pinturicchio. Le retour d'Ulysse (National Gallery, Londres). *Ph. Anderson-Giraudon.*

force directe qui donne au décorateur de Padoue et d'Assise un ton plus viril, une candeur plus joyeuse, une foi plus paisible dans ce qu'il conte sur les murs. Mais on ne sait pas, quand on regarde les sibylles ou les fresques du Vatican, si l'on a sous les yeux des héros ou des saints, des martyrs ou des philosophes, des vierges ou des Vénus, des dieux juifs ou des dieux païens, on sent que ce sont là des formes qui s'accordent et se pénètrent, des couleurs qui s'appellent, se répondent, une ondulation d'harmonies qui paraît n'avoir pas commencé et ne devoir pas finir, vous traverse sans rencontrer de résistance et ne vous laisse que la force d'écouter se prolonger en vous l'écho de leur souvenir.

Que veut-il dire, et où a-t-il vu se réunir ainsi tout ce qui est matière et tout ce qui est pensée, tout ce qui est tendresse féminine et tout ce qui est force mâle, tout ce qui est certitude des races qui ont beaucoup senti et hésitante foi des siècles qui veulent savoir? Il a étudié, distraitement peut-être, ce qu'on avait fait avant lui, ce qu'on faisait autour de lui, il a paru ne regarder qu'à peine le monde infiniment profond et multiple des mouvements, des couleurs et des formes, il n'a prêté l'oreille aux bruits environnants et respiré les fleurs et les femmes qu'avec la ferveur nonchalante d'un être qui fait lever l'harmonie sous ses pas et vers qui vient l'amour sans qu'il l'appelle, il a rassemblé tout cela en lui comme en un centre sonore, sans trop se demander d'où tout cela venait, et tout cela, après s'être fondu sans résistance à son foyer sentimental, tout cela est sorti de lui en flots amples, calmes, aussi difficiles à briser que le rythme mystérieux qui règle les battements des cœurs, fait naître, mourir et renaître les saisons, surgir et sombrer le soleil chaque matin et chaque soir. Raphaël était mort depuis longtemps, mais peut-être Michel-Ange, qui ne l'avait pourtant pas aimé, songeait-il à Raphaël plus qu'à lui-même quand il disait : « La belle peinture est pieuse en elle-même, car l'âme s'élève par l'effort qu'il lui faut donner pour atteindre la perfection et se confondre en Dieu : la belle peinture est un effet de cette perfection divine, une ombre du pinceau de Dieu, c'est une musique, une mélodie. Seules, les très hautes intelligences parviennent à la pénétrer. »

Raphaël est l'un des calomniés de l'histoire, et par ceux-là qui l'ont le plus loué. On a mis au compte de son jeune âge cette inépuisable jeunesse qui rayonne de lui, s'accentue d'œuvre en œuvre, et qui, s'il avait vécu très vieux, n'eût pas cessé de se renouveler, parce qu'elle était antérieure à son être et lui devait survivre, ainsi que les printemps et les automnes qui continueront à produire malgré les hivers accumulés sur eux. Cette aisance qu'il a de saisir les mille objets, les mille faits épars de la vie, de la nature, de l'histoire, de l'art qu'il n'a pas lui-même produit, pour les organiser en images harmonieuses où rien de l'objet et du fait primitifs ne subsiste que la haute émotion qu'ils ont provoquée, on en a fait une faculté presque choquante d'assimiler et d'imiter. Et parce qu'il faut suivre pas à pas son œuvre et faire effort soi-même si l'on veut y saisir l'effort qu'il a dû déployer pour s'élever des tableaux de piété pérugins aux généralisations du Vatican et de la Farnésine, on s'est émerveillé lourdement de son adresse. On a versé beaucoup de larmes sur les cent vierges souvent douceâtres et pour la plupart inauthentiques qui sont sorties de son atelier, on a presque oublié les vingt portraits qui font de lui, avec Titien, le plus grand peintre de caractère de l'Italie et laissent deviner la montée des sens à l'esprit de ce jeune homme tout-puissant, d'une force de construction en profondeur qui eût fait de lui un Rembrandt italien s'il avait vécu trente ans de plus.

Il y avait en ce peintre-là, coulé dans sa chair même qui ne cessait pas d'adorer, cependant, un peu du bronze des armures que les gens de guerre de son temps quittaient pour l'habit de cour. Il sculptait les longues mains osseuses avec les cercles d'or de leurs anneaux et les plans purs et denses des visages avec le squelette poli que leurs muscles recouvraient. *Jules II, Bindo Altoviti, Inghirami, Léon X, Maddalena Doni* sont de ces formes absolues qui habitent pleinement la mémoire, comme si, par toute leur surface, elles rejoignaient les parois internes du crâne. Leur esprit est fait du même métal qu'elles, il ne s'échappe ni par les yeux ni par les gestes, il est enfermé dans leur bloc, calme au fond de la sourde magnificence que le mouvement des rouges donne aux fonds nus, aux fauteuils, aux tapis, aux robes, à l'air lui-même, aux reflets sur les faces glabres. Les noirs sont si purs qu'ils paraissent éclairer l'ombre rouge. Il a des tons opaques, noirs et rouges, à peu près seuls, abandonnés à eux-mêmes, ainsi qu'un minéral tout à coup solidifié au fond d'un creuset de pierre. Pourtant ces tons se pénètrent, ont des accords profonds, pleins et compacts comme les formes qu'ils accusent. Il n'est pas de puissance, en art, qui dépasse la puissance de ces portraits, cardinaux rouges sur des mules blanches harnachées de rouge, grands corps vêtus de verts, de noirs, qui s'agenouillent gravement, figures de l'autorité, de la violence, figures de la jeunesse aussi, de la fierté, de l'enthousiasme isolés dans

50

leur force ou éclatant çà et là dans les vastes compositions comme des fleurs larges ouvertes à la surface
d'une eau qui se balance.

Ce balancement sans fin qu'avait compris Giotto,
et qui va des frontons des temples de Grèce et de
Sicile aux peintures de Raphaël en passant par les
combinaisons de lignes des décorateurs arabes, c'est
tout l'idéal méditerranéen. L'Italie le cherchait depuis
Masaccio, parce que c'est lui qui écrit à la surface de
ses fresques l'intelligence du monde, ce sens du
continu que la succession des plans impose à notre
instinct mais ne suffit pas à révéler à notre esprit avide
de raisons clairement lisibles et de démonstrations
rigoureuses. C'est l'arabesque, expression rationnelle
de la forme vivante que ne saurait traduire la ligne
droite, qui est la mort, que l'absolu trop métaphysique de la ligne circulaire condamnerait à ne jamais
se renouveler et se mouvoir et dont les lignes courbes
ondulantes et continues peuvent seules dire les flux,
les reflux, les élans et les chutes, les repos et les efforts,
en même temps qu'elle laisse sa personnalité et sa

Raphaël. 50. Mariage de la Vierge, *détail* (Brera de Milan). *Ph. Anderson-Viollet*. — 51. Le Parnasse, fresque, *détail* (Vatican). *Ph. Anderson-Viollet*.

fonction à chacun des éléments qu'elle unit dans une vie commune. C'est par elle que Raphaël définit et réalisa l'idéal intellectuel et sensuel que voulut la Renaissance, quand l'idéal social qu'avait vécu le moyen âge eut épuisé ses moyens. Le passage, chez lui, est aussi subtil entre les formes qu'est subtil chez les Vénitiens ou même chez Velazquez le passage entre les couleurs. Il faut voir, dans l'*Héliodore*, l'amas des mères terrifiées, leurs enfants entre leurs bras. Il faut voir, dans le *Parnasse*, l'enchaînement du rythme musical, les groupes enlacés des femmes, leurs grâces qui s'épousent, les inclinaisons l'une vers l'autre des têtes douces, regardant par-dessus les épaules rondes d'où le bras nu coule d'un jet. Il faut voir surtout la fresque des *Sibylles* ou celle de la *Jurisprudence*, où les formes s'adaptent si bien aux surfaces à décorer qu'elles semblent les faire naître de leurs volumes et de leurs directions. Il faut voir le geste expliquer le geste, l'amener à lui répondre, les tresses, les têtes, les bras, les épaules affirmer, en combinant sans effort les courbes de leurs attitudes, qu'il n'y a pas dans la nature une seule forme inerte ou vivante dont toutes les autres ne soient solidaires, et conduire l'esprit sans un arrêt d'un bout à l'autre de la vie. Avec Raphaël, le trait florentin, qui a tant souffert pour naître et ne pas mourir, se libère, définit en surface et réalise en profondeur la succession des plans et l'ininterruption des modelés, et, dans une harmonie où les gris et les rouges, les verts, les noirs, le lilas et les blancs d'argent s'abandonnent à la substance humide des murailles qui les fixe à jamais, l'unité d'expression de la ligne, de la masse et de la couleur s'affirme pour la première fois.

C'est là qu'il faut chercher la cause du pouvoir

que Raphaël a exercé sur tous les peintres de l'Europe moderne, même quand ils ne l'avaient vu qu'à travers les copies ou les gravures, même quand ils ne l'aimaient pas. Il imprime dans l'esprit des hommes pour qui le monde des formes est le révélateur du monde des idées, une trace sinueuse et précise dont il est nécessaire de connaître la signification si on veut la suivre sans danger. S'il n'avait apporté dans la peinture qu'une tentative de retour à l'idéal antique, comme dans ses figures païennes de la *Farnésine* où ses belles divinités nues encadrées d'épaisses guirlandes de feuillages, de fruits, de plantes potagères, rappellent la force abondante des décorateurs de Pompéi et qui sont riches d'ailleurs de tant d'autres enseignements, il ne serait pas Raphaël. Il serait seulement avec Michel-Ange, avant Sodoma, le plus brillant initiateur de cette rhétorique plastique qui dévoya l'Italie et que toute l'Europe dut subir. Mais sa gloire fut d'affirmer que l'individualisme ne pouvait pas habiter le désert, qu'il devait trouver pour l'harmonie supérieure de l'esprit une démonstration du besoin qu'ont les hommes de définir la parenté des formes universelles quand leurs conditions d'existence ne leur ont pas permis de trouver cette parenté dans le lien social même. L'arabesque est la traduction plastique du plus haut individualisme.

Les foules du Nord n'en ont pas besoin, les gothiques l'avaient à peine soupçonnée. Pour le comprendre, il faut avoir goûté le spectacle qu'offre l'assistance, pendant un office, dans la cathédrale du Nord et dans la basilique italienne. La foule du Nord est unie dans un sentiment pareil, sincère ou factice, il n'importe. Elle se lève, elle s'assied, elle s'agenouille aux mêmes moments, d'un même geste, les hommes

53

d'un côté, les femmes de l'autre. Toutes les têtes sont
à même hauteur, tous les visages regardent vers le
même point. Le lien est invisible, mais présent. Il est
dans le sentiment qui fait répondre tous ces êtres à la
fois à l'appel sentimental qui vient du prêtre, ou des
chants, ou de l'orgue. En Italie, hommes et femmes
sont mêlés. Les uns restent debout, les autres sont
assis, les uns regardent l'autel, d'autres lui tournent
le dos, les groupes se font et se défont, des promeneurs
circulent, les causeries se nouent ou s'interrompent.
Chacun est là pour soi, chacun n'écoute que la passion
qui l'a conduit ici, l'exaltation mystique, la douleur,
la haine, l'amour, la curiosité, l'admiration, et c'est
elle seule qui lui dicte son geste, le fait s'asseoir ou se
lever, marcher, rester immobile, qui le précipite à
genoux, un enfant debout entre les bras, ou le jette
tout à fait sur la dalle qu'il frappe du front. Il n'y a
pas en Europe de peuple moins chrétien que celui-là
et c'est pour cela que l'Église a dû s'organiser chez
lui, afin d'y maintenir, en face de l'individu, une
apparence de solidarité. Le catholicisme italien est
une arabesque sociale.

Raphaël. 52. L'incendie du Borgo, fresque, *détail* (Vatican). *Ph.
Anderson-Viollet*. 53. Portrait de Baldo, *détail* (Galerie Doria, Rome).
Ph. Alinari-Giraudon.

C'est aussi pour cela que l'arabesque plastique est née de la méditation des peintres de ce pays. Il fallait bien, puisque notre nature a un besoin d'harmonie tellement fort que nous consentons, pour le satisfaire, à traverser la douleur, il fallait bien, puisqu'elle ne trouvait pas dans le sentiment des multitudes cette harmonie tant désirée, qu'elle réunît les êtres épars, dressés, agenouillés, couchés par le vent des passions ennemies, sous la même ligne sinueuse, ferme, ininterrompue, qui ne permît pas à un seul d'entre eux d'échapper à l'unité vivante que devinaient les sens des artistes et que créait leur volonté.

D'ailleurs, dès qu'on parcourt l'Italie, qu'on sort des collines toscanes, du cirque romain, des plaines lombardes et qu'on va de hauteur en hauteur, on la voit onduler comme la mer. Vue de haut et de loin, quand on oublie les convulsions de la terre et les tempêtes passionnelles des âmes, tout en elle se cherche et se rejoint, les arêtes de ses montagnes, les rampes de ses hautes collines qui conduisent les villes bâties sur elles jusqu'à la plaine, par des routes en lacets, ces villes elles-mêmes dont les rues en pente se divisent comme une eau, passent sous le berceau des vieilles voûtes, semblent caresser les murailles du reflux de leurs dalles nues, sa langue, or liquide qui roule des galets de fer, son histoire qui jette une clarté égale bien qu'elle soit passée presque sans transition depuis trente siècles des sommets les plus fiers aux abîmes les plus arides.... Il y a de tout cela dans le génie de Raphaël Sanzio d'Urbin.

Et pourtant quelque chose y manque. Les compositions décoratives ne répondent pas toujours au principe central de l'art, qui est de rendre témoignage de la vie sans se préoccuper du prétexte de ce témoignage et du sort qui lui est réservé. Raphaël ne paraît pas souffrir de se voir imposer tous ses actes et de dépendre du caprice d'un vieillard qui peut mourir le lendemain. Et quelle que soit la liberté qu'on lui laisse de s'exprimer comme il l'entend, on voit un peu trop qu'il n'est pas son maître et ne s'en tourmente pas. C'est l'art d'un homme trop heureux. Il manque quelque chose à notre émotion quand nous sommes devant ses fresques. L'œuvre de ceux qui ont souffert est un vin plus fort pour nous. Son arabesque est souvent hors de lui-même, et, malgré la plénitude de la forme, sa direction n'est pas toujours déterminée par le sentiment qui l'anime, et le masque décoratif couvre le visage humain. Il est juste de dire qu'il est mort à l'âge où la plupart des hommes supérieurs commencent à pressentir que la beauté du geste répond toujours à la nécessité du mouvement intime qu'il traduit. Il y a, dans quelques-unes des peintures de la fin, la *Madone de Saint-Sixte*, *Héliodore* surtout, des enveloppements profonds de bras et de poitrines, un drame de vies enlacées qui montrent un élargissement immense et continu de son cœur. Dans la *Pêche miraculeuse*, dans l'*Incendie du Borgo*, la force et la splendeur des gestes, qui font des êtres humains comme des statues qui s'animent, témoignent qu'il découvre la noblesse de son esprit, — noblesse que la *Farnésine* atteste, grâce à la fidélité de ses élèves, avec une auguste, virile et majestueuse splendeur. Pour sa réalisation décisive, il eût fallu dix ou quinze ans et la volonté grandissante de ne pas prodiguer sa puissance d'amour. Michel-Ange, sans doute, n'eût pas cessé de le haïr, puisqu'il trouvait même dans les dernières œuvres, où Raphaël rendait à sa puissance l'hommage de la subir, un prétexte à le mépriser.

Mais l'estime irrésistible que l'ascension morale d'un homme impose à ceux qui sont forts eût probablement fourni à sa jalousie l'occasion d'arracher de lui, pour le soumettre, encore plus d'orgueil et d'unité. A mesure que la statique de Raphaël empruntait à l'univers des éléments toujours plus nombreux et les organisait en compositions toujours plus complexes, Michel-Ange introduisait plus avant son dynamisme dans les formes en mouvement que le poids formidable de la pensée italienne précipitait du fond de quatre siècles en son esprit.

III

Si sa vie ne fut qu'un long drame, c'est qu'il se séparait trop des hommes pour communier avec eux et qu'il eut une trop haute opinion de sa qualité d'homme pour accepter leur infériorité et consentir à leur bassesse. Mais on fait oublier leur mal aux autres quand on force le sien au silence pour ouvrir les portes du monde aux seules harmonies intellectuelles qui dépassent la douleur. « La peinture d'Italie, disait-il, ne fera jamais verser une larme. » Il conduisit au seuil du bonheur héroïque ceux qui savent souffrir.

Il venait de Florence. Né au milieu de ses derniers orages, il avait en lui la brûlure de la passion qu'elle avait vécue. Il y parut vingt ans après Vinci, au moment où elle parvenait au point le plus fiévreux de son histoire. Il avait lu Platon. Dante ne le quittait pas. Élève de Ghirlandajo, le plus direct des peintres de l'époque, il recherchait l'intimité des œuvres de Giotto, de Masaccio, de della Quercia, de Donatello, de Piero della Francesca. Il connut Savonarole, et le suivit. A vingt-six ans, il avait arraché au marbre le gigantesque David qui résume la jeunesse douloureuse et l'énergie tendue de la cité.

Il fut, ou voulut être, tout ce qu'elle avait été, constructeur, peintre, sculpteur, poète. Pour connaître le corps humain, il s'enfermait avec des cadavres jusqu'à ce que l'odeur le chassât. Si tout le rêve et toute la science de la ville ardente s'accordaient en Vinci, ils ne cessaient de se combattre en lui. Sa grande âme était comme le sommet d'une vague qui montait et descendait avec les élans d'énergie et les crises de lâcheté de sa malheureuse patrie. De désespoir, il la quitta. Quand il y revint, ce fut pour essayer de la sauver. Son cœur porta peut-être seul, dans l'Italie déchue, le poids de la servitude : « Il m'est doux de dormir, il m'est plus doux d'être de pierre, tant que le malheur et la honte durent. Ne rien voir, ne rien sentir, c'est là mon plus grand bonheur. Ne me réveille pas, de grâce! Parle bas!... »

En allant de Florence à Rome, il vit à Orvieto les fresques fraîches de Luca Signorelli qui avait déjà couvert de décorations puissantes où la discipline de Piero della Francesca redressait l'âme énervée des vieux maîtres de Florence, les murailles du couvent de Monte Oliveto. Ici des formes herculéennes se tordaient sous les vêtements, cherchant à crever leur gangue, craquant de force et de fureur. Et là le corps humain, tendu comme un faisceau de cordes, était devenu une mécanique expressive, où les nerfs presque dénudés lançaient la passion dans les membres en jets de flamme courts et répétés. Ces fresques imprimèrent dans le souvenir du jeune homme comme des entailles d'épée. C'étaient les premiers nus anatomiques. La science italienne du corps humain s'y dévoilait avec une précision intransigeante. Sauf quelques archanges vêtus de fer qui gardaient les portes du ciel, rien que des nus. Des cadavres écorchés, peints directement, ranimés, rejetés dans le cours de la vie avec une incroyable violence. Des raccourcis furieux, des os craquants, des mâchoires contractées, des tendons durs comme des cables de métal, des hommes, des femmes hurlant. Un grouillement féroce de corps martyrisés par des démons dont les ailes membraneuses tendent des voiles funèbres dans un ciel vide d'espoir. Une grande œuvre. Passion, savoir, tout va au but ensemble. Quand son fils meurt, il rentre sa douleur, le déshabille, le peint sans une larme. Son grand dessin viril frappe et refrappe comme un glaive. Savonarole vient de jeter l'anathème sur le temps et d'être brûlé vif sur la place de la Seigneurie. Un souffle de peur courbe l'Italie repentante, et bien

54

que Signorelli soit plus sain que Botticelli, et peu porté au mysticisme, il obéit, comme lui, à la voix du prophète en précipitant dans l'enfer chrétien ce qu'on se figure à ce moment-là être la forme païenne, comme si une forme vivait autrement que par ses rapports avec l'ensemble d'une société, de son milieu, de son histoire, comme si elle repassait jamais sur la terre semblable à ce qu'elle fut.

Seul avec ces grands souvenirs, Michel-Ange vécut à Rome. Il y vit mourir six papes, ne cédant à leurs menaces et n'obéissant à leurs ordres que pour se venger de son esclavage par la liberté de son art. Il lui fallait ce cadre-là pour exalter son rêve et lui donner le témoignage que sa puissance pouvait prétendre aux efforts les plus démesurés. C'était un milieu assez matérialiste et démoralisé pour le décider à s'enfermer dans le silence et développer en lui cette formidable

55

Michel-Ange. 54. La Nuit. — 55. L'Aurore (Tombeau des Médicis, Florence). *Ph. Anderson-Giraudon* et *Alinari-Viollet.*

pudeur qui lui faisait déshabiller les dieux pour écraser les conclaves sous l'héroïsme primitif.

Toute sa vie est un conflit entre la passion qui l'entraînait vers les apparences admirables de la nature matérielle et la volonté de purification que lui imposait son orgueil. Avec un amour pareil pour ce qui est, pour ce qui bouge, pour ce qui se définit par un volume dans l'espace, il est nécessaire qu'on souffre de ne pouvoir tout embrasser. Et celui qui, dans un tel état de toute-puissance sensuelle, sent que la rencontre d'une âme et d'une chair calmerait cette souffrance, celui-là est un maudit mais peut devenir un héros s'il se refuse à user son désir et réserve ses propres facultés d'ivresse pour l'ivresse des hommes qui viendront et la gloire de son esprit. La résistance à l'amour n'est pas un idéal commun à proposer, ce serait la ruine du monde, mais à ceux que l'amour

56. *Détail* de 55.

hante et poursuit sans trêve, la résistance à l'amour peut donner, en faisant refluer en eux les forces comprimées de la tendresse et du désir, l'empire intérieur de leur être et la domination souveraine sur les formes de l'univers.

Quel incomparable pouvoir est promis à celui qui recueillant d'une part la science absolue que semblent avoir préparée pour qu'il en fasse usage ceux qui vinrent avant lui, et construit d'autre part pour résister à l'assaut quotidien des séductions accumulées par deux siècles de civilisation matérielle et morale intense, apparaît au point culminant de la pensée d'un peuple et met dans sa propre ascension toute la pesanteur de la chute qui l'environne! L'Italie, à force de fouiller son cœur, de creuser le sol et le corps, de demander aux humanités mortes le secret de la vie, le secret de la mort à l'humanité vivante, avait forgé dans le sang et la fièvre le langage de sa passion. Que dire avec lui maintenant? N'y avait-il donc aucune direction à donner à notre vie sentimentale? Fallait-il, comme Raphaël, réunir tous ses courants dans une harmonie indifférente où nous ne pourrions trouver le repos qu'au moment même où nous nous livrerions à elle? Au-delà du rythme naturel qu'un grand esprit sans inquiétude pouvait trouver dans un monde pour qui sonnait l'heure de satisfaire le désir qui avait dicté son effort, n'était-il pas d'autres rythmes capables de bercer le désespoir des hommes quand ils sentiraient que l'équilibre un moment conquis leur échappe? Après Mozart, Beethoven. La grandeur de Michel-Ange, c'est d'avoir compris et d'avoir dit que le bonheur définitif ne nous est pas accessible, que l'humanité cherche le repos pour ne plus souffrir, et, pour ne pas mourir, se replonge dans la souffrance dès qu'elle a trouvé le repos. Le martyre de Florence, déchirée sans s'en rendre compte entre son besoin de définir la forme et son spiritualisme éperdu, naît de sa propre incertitude. Michel-Ange, où se prolonge ce martyre, saisit la certitude, mais il exprime la douleur même qu'on traverse pour la saisir. La composition centrale du plafond de la Sixtine est le centre de sa pensée. Le serpent dont les anneaux s'enroulent autour de l'arbre solitaire est à la fois la tentation qui se penche sur l'homme et la femme, et l'ange qui les chasse du paradis. Le choix n'est pas possible. Si nous ne voulons pas connaître, nous ne jouirons pas. Dès que nous connaîtrons, nous commencerons à souffrir. Michel-Ange révèle aux hommes qu'ils ne peuvent rien espérer au-delà de cet équilibre qui ne les satisfait pas, et, plein d'amertume à l'idée de son impuissance, il le leur livre avec dédain.

Parfois, et la plupart de ses sculptures en sont l'aveu, il succombe. Alors, la colère le prend. Il a beau passer ses jours, même ses nuits, la lampe au front, enfermé avec le marbre, l'attaquer de tous les côtés, lui, petit, frêle, en arracher un frisson avec chaque éclat qui vole, la matière le domine. Donatello, della Quercia surtout étaient plus sculpteurs que lui. Il y a des morceaux héroïques, la sombre *Nuit*, l'*Aurore* avec son ventre profond, ses bras, ses cuisses aussi pleines que les rameaux d'un arbre, son visage où le désespoir monte avec le réveil, son *Torse*, avec ses membres noueux, ses genoux craquants, sa torsion, ses plis terribles. Pas un ensemble ne survit. Que l'esclave torde ses chaînes, que les genoux de la vierge supportent le poids d'un Dieu, que l'enfant se retourne pour mordre le sein maternel, que le crépuscule et le sommeil noient les fronts, écrasent les yeux, ce n'est pas là qu'est le drame. Notre émotion est comme une révolte, une gêne dont il nous en voudrait de nous savoir atteints. Elle vient de sa lutte épuisante contre une matière rebelle aux caprices violents qu'il ne peut lui imposer.

L'erreur des dernières écoles grecques ne lui avait pourtant pas échappé. Il répugnait au jeu des clartés et des ombres sur la pierre travaillée. Il savait que l'expression du volume dans l'espace est le dernier terme de l'effort plastique, la ligne n'étant en somme qu'un signe conventionnel et la couleur n'ayant qu'une existence incertaine et variable déterminée par l'heure, la saison, l'éclairage, les nuances les plus fugitives de notre sensibilité. Il repoussait la polychromie elle-même, voulait le marbre aussi nu que l'idée. Il a dit tout cela en termes si clairs qu'on se prend à n'y plus voir que le péril qui s'y cache, celui où tomberont les doctrinaires du siècle suivant, et où s'enlisera David. « La peinture est d'autant plus belle qu'elle se rapproche plus de la sculpture, la sculpture d'autant plus mauvaise qu'elle est plus près de la peinture. »

Comment ne s'est-il pas aperçu qu'il était lui-même beaucoup plus près de la sculpture quand il couvrait les murailles de fresques que quand il s'attaquait à la matière des murailles ? Chaque fois qu'il prend le ciseau, il est victime de sa science à peu près absolue de l'anatomie musculaire. La tempête qui gronde au-dedans de ses formes se disperse à la barrière de leurs muscles. Elle ne rayonne jamais en ondes infinies comme l'esprit qui sort des statues égyptiennes, en ondes balancées comme l'esprit qui sort des marbres d'Olympie, en ondes pénétrantes comme l'esprit qui sort des vieilles sculptures françaises. Il décomposait le mouvement en ses éléments

58

matériels. Il savait trop comment les muscles étaient faits. Il avait beau les pétrir et les tordre en tous sens, presque jamais il n'osait se permettre de les ramasser tous en masses synthétiques qui rendent la pensée avec d'autant plus de vigueur qu'elles participent davantage à définir l'architecture des corps dont elles font partie. S'il méconnut en général les grandes surfaces expressives, c'est qu'il connaissait trop bien le mécanisme de l'expression.

Mais la peinture le libère. D'abord, il ne veut pas peindre la *Sixtine*. Puis, par faiblesse, il cède, apprend tout seul un métier qu'il ignore, reste enfermé là quatre ans, seul en face de Dieu. La brosse et le pinceau obéissent au vertige de l'esprit sur qui la matière du marbre, trop dure à travailler, était toujours en retard. Quand il avait fait la moitié d'un colosse, le colosse était dépassé, d'autres tourments, d'autres victoires, d'autres défaites réclamaient leur tour. Il n'achevait presque jamais ses statues, jamais ses ensembles monumentaux. Il achèvera la *Sixtine*, [57] le plus vaste ensemble décoratif du monde. Il est [58]

Michel-Ange. 57. Figure décorative, fresque (Sixtine). *Ph. Anderson-Viollet.* — 58. Création de l'homme, fresque, *détail* (Sixtine). *Ph. Alinari-Viollet.*

⁵⁹
⁶⁰ grand peintre malgré lui, et malgré lui c'est là qu'il
est lui-même.

Là, sa science le sert. Il peut faire sortir du mur
les volumes qu'il veut, y enfoncer les autres, éblouir
par l'audace et la force des raccourcis, retenir, lâcher
à sa guise l'obscurité et la lumière. Il peut plier l'orage
de son rêve au joug d'une effrayante volonté. Quand
ses échafaudages tombent, il y a sur l'immense voûte
cent colosses vivants, groupés ou solitaires, cent corps
herculéens qui font trembler le temple et semblent
créer la tempête qui roule dans le vaisseau, emportant
leurs clameurs dans le vol des nuages et le tourbillon
des soleils.

Quand on n'est pas venu là, quand on n'a pas
vu cette œuvre, on ne peut l'imaginer. Il faut l'entendre. Je dis l'entendre. C'est le drame de la Genèse,
plus haut. Le symbolisme du formidable esprit biblique
y multiplie sa force du contact de la raison. On ne
voit plus que l'homme, confronté avec son destin.
On ne connaît plus rien de la vie environnante. On
est au bord du gouffre primitif. Les bleus éteints, les
gris argentés, les rouges sombres y font comme une
poussière d'or pâle pareille à celle qui traîne dans le
sillage des comètes et dont la voie lactée remplit les
espaces sidéraux. Dieu erre dans sa solitude. Les
astres naissent. L'éclair passe du doigt de Dieu au
doigt de l'homme. L'aïeule jeune et nue sort du
sommeil, montrant ses mamelles, ses flancs qu'on
n'épuisera pas. La première douleur sort du premier
espoir. Le déluge écrase la vie, resserre les enlacements
pour mieux briser les membres noués comme des
vignes aux membres. De puissantes maternités se
devinent dans l'ombre, les prophètes tonnent, les
Sibylles ouvrent et ferment le livre du destin. Au fond,

59. Michel-Ange. Le déluge, fresque, *détail* (Sixtine). *Ph. Anderson-Viollet.*

aux derniers jours, la bestialité primitive entasse des grappes de corps au hasard des étreintes, le temple croule, la croix elle-même est déracinée par l'orage. Le vent qui s'est levé aux origines souffle jusqu'à la fin. Les figures de la beauté, de la fécondité, de la jeunesse y tournoient comme des feuilles.

Sans doute, il est le seul qui ait osé s'emparer de la peinture pour exprimer la tragédie morale et qui n'ait pas été vaincu. Quand on possède à ce degré la forme, quand elle s'épanche de vous avec les soubresauts des muscles, les tortures de la chair, l'horreur de la méditation sur l'oubli et la mort, on a le droit de s'en servir comme d'une arme et de lui commander d'obéir à l'esprit. C'est comme un être emporté par un fleuve et qui aurait la puissance de se retourner tout d'un coup, de l'arrêter des deux mains et de la poitrine et de lui faire remonter son cours. A la veille de s'endormir, l'Italie retrouvait les paroles de fer de Dante. La Grèce avait découvert son âme dans la forme, Israël avait tenté d'imposer son âme à la forme, sans se douter de la grandeur vivante que le

60

verbe, qui est forme aussi, lui donnait. Un homme vint qui avait à la fois les sens d'un artiste et le cœur d'un prophète et qui fit jaillir son poème du choc de la passion et du savoir. Toutes les forces que les philosophes opposent, il les avait en lui, au plus haut degré d'exaltation, chacune réclamant son droit avec intransigeance, mais sa volonté les dominait toutes et leur imposait l'accord. Malade et chétif il vécut quatre-vingt-huit ans et vit déchoir sa race, lui qui était sa race atteignant sa maturité. Une âme de géant habitait son corps débile, et c'est à des athlètes au crâne étroit qu'il confia la mission d'exprimer une pensée qui s'élève, dans l'harmonie, aussi haut que celle d'Eschyle. Sa fureur prophétique n'empêchait pas une grâce invincible de s'imposer à chaque instant. Il doutait de tout et de lui-même, il avait peur de tout et de lui-même, et quand il prenait l'outil, il affirmait avec un courage éclatant. Il n'aima qu'une femme, elle ne voulut pas de lui. Il vécut seul, parce qu'il se savait de telles sources de tendresse qu'une pudeur terrible lui défendait de les ouvrir. Chaste et méprisant la chair, il embrassait toutes les chairs dans la sensualité de son intelligence. Vierge, il a fécondé le ventre mort de l'Italie.

Il n'y a pas eu d'homme moins mystique ni plus religieux que celui-là. Il savait trop pour s'abandonner à l'ivresse trouble des mystiques, il savait qu'il ignorait trop pour n'être pas religieux. Son œuvre, c'est l'épopée de la Passion intellectuelle. Quelles que puissent être les tortures qui l'attendent, l'intelligence rejoindra le sentiment qui la devance et l'obligera, malgré ses révoltes, à se livrer. La raison atteint son sommet, mais elle est accouplée à un lyrisme trop fort pour se dévorer elle-même. Dès lors, dégagé de

60. Michel-Ange. Judith et Holopherne, fresque, *détail* (Chapelle Sixtine). *Ph. Anderson-Viollet.*

tous les anciens dogmes, par-dessus le christianisme à peu près mort, par-dessus le paganisme qu'on ne peut ressusciter, par-dessus le judaïsme qui n'a voulu connaître que l'esprit, Michel-Ange est face à face avec l'idée divine, aux prises avec le symbolisme éternel. Quand il touche au symbole suprême, quand il se sent au bord de l'abstraction dernière, au bord de Dieu, pris d'épouvante à l'idée de sa solitude, il tente un effort désespéré, et réalisant d'un seul coup le plus haut équilibre, il fait entrer violemment dans la forme le néant qu'il vient d'entrevoir.

IV

Les œuvres de cette taille sont faites pour l'avenir lointain. Leur ombre est mortelle, elle étouffe tout ce qui croît aux alentours. L'Italie n'avait plus la force et la foi qui eussent été nécessaires pour résister aux vérités qu'apportait le dernier des Italiens. Eût-elle compris le sens du symbole de la *Sixtine* et consenti

61

61. Michel-Ange. Étude (Musée Condé, Chantilly). *Ph. Hachette.* — 62. *Détail* de 61.

à souffrir encore pour connaître qu'elle eût quand même succombé. Elle avait déployé trop de passion dans la lutte, elle en restait anéantie. Jamais aucun monde, en mûrissant, n'avait connu le désespoir qu'il y a dans la force de Michel-Ange, ni l'espèce de lassitude abandonnée qu'on sent poindre souvent dans celle de Raphaël. L'un comme l'autre allaient, pendant quatre siècles, créer des victimes innombrables, tous ceux qui ne puiseraient pas dans la sève d'un peuple en ascension un sentiment assez viril pour résister à leur enseignement formel. Quand nous savons trop de choses, nous ne pouvons plus rien trouver. L'École commence à s'organiser du vivant même de Michel-Ange, avec ses élèves et ceux de Raphaël, Jules Romain, Jean d'Udine, Daniel de Volterre. L'Académie de Saint-Luc se fonde moins de quinze ans après sa mort. L'Italie allait enseigner à ceux qui ne surent pas la comprendre qu'il était nécessaire, pour créer des chefs-d'œuvre, d'enfermer dans une toile « composée » des familles de lutteurs.

C'est l'Italie, sans doute, qui a révélé au monde « la composition » et qui, par Giotto d'abord, puis par les maîtres de Rome et de Venise, s'en est servie avec le plus d'aisance, de puissance et d'autorité. Sans elle, nous n'aurions eu ni Rubens, ni Rembrandt, ni Poussin, qui sont de grands compositeurs. La « composition », c'est l'introduction de l'ordre intellectuel dans le chaos des sensations. La composition est nécessaire. Mais la composition est personnelle. Elle n'appartient qu'à l'artiste capable, par ses seuls moyens, de découvrir dans la nature quelques directions essentielles qui lui révèlent la loi de son mouvement général. Si la composition n'exprime une unité vivante de formes, de couleurs et de sentiments, elle est un vêtement désuet qui ne recouvre rien. Un fruit, un verre, n'importe quel morceau vivant, ou rien, deux tons harmonieusement rapprochés, prennent une valeur éternelle à côté du grand tableau « bien composé » qui n'exprime aucune intimité entre celui qui l'a conçu et le monde cependant inépuisable des sensations et des idées.

L'École ne tue pas la vie, puisqu'elle n'apparaît qu'au cours de l'agonie des races. Mais elle sert de frein à l'effort de ceux qui vont à la vie, étouffe leurs derniers sursauts ou compromet leurs premières révoltes à l'aube des sociétés neuves. Elle sème des ruines autour d'elle en conseillant aux hommes d'oublier les heures héroïques où ils vivaient ingénument. En dehors de ses attentats incessants à la sensibilité — je dirais négligeable s'il existait une seule sensibilité qui pût s'éteindre isolément sans que sa perte retentît sur toutes les autres — de ceux qu'elle a dévoyés, le plus grand crime de l'École est d'avoir, pendant trois siècles, détourné notre amour de l'action des primitifs et permis au vandalisme des esthètes d'Académie d'écraser tant de fleurs. Les primitifs ne connaissaient pas l'anatomie et ne savaient pas composer. Leur forme était vide de muscles, mais elle était pleine de vie. Un sentiment irrésistible imprimait son rythme à leurs ensembles, un sentiment profond qui laisse notre émotion libre de créer spontanément, par une opération sensuelle automatique, le lien qui manque. Plus tard, par réaction, on n'aima plus que les primitifs, on condamna au nom des primitifs non pas l'École, mais ceux dont l'École est sortie. Ce n'est pas son moindre forfait. Quand la puissance du sentiment primitif, obscure presque toujours et dispersée en plusieurs hommes, se concentre en un seul et s'illumine au contact d'une suprême intelligence, le grand mystère s'accomplit. On atteint l'un des sommets de ces ondes d'harmonie que dessine, dans la mémoire des générations, l'énergie des races vivantes.

Venise, bien qu'elle eût subi, par Tintoret, l'influence de Michel-Ange, avait tant de force personnelle qu'elle résista encore plus d'un demi-siècle au courant. Mais, hors d'elle, toute l'Italie, qui avait abouti à Rome, dut subir Rome. Baccio Bandinelli, Benvenuto, Vasari, Jean Bologne l'introduisaient à Florence qui reconnut trop d'elle-même en Michel-Ange pour ne pas s'abandonner à lui. Sa violence naturelle s'accommoda moins de Raphaël dont l'École romaine locale se réclamait et Bologne bientôt après elle. Quant à Vinci, qui n'y avait laissé que quelques rares œuvres, elle ne se souvenait pas de lui. L'influence de cet homme étrange s'était étendue surtout sur l'Italie du Nord, où elle s'associa un moment à celle des maîtres romains pour s'éteindre beaucoup plus vite. L'École milanaise, qu'il renouvela, était morte presque sur place avec les fines fresques de Bernardino Luini qui transporta la forme de son maître traitée avec plus d'abandon, dans l'atmosphère blonde et douce de Borgognone et des peintres lombards. Si Ghirlandajo avait su construire en profondeur ses formes, c'est avec cet accent qu'il eût parlé de la vie familière et intime des Italiens. Et si Vinci avait été attiré par cette vie, il ne l'eût pas contée plus fortement que cela. Luini résume et exprime avec toute la force et la noblesse possibles un aspect de l'âme italienne, et le plus inattendu. C'est une Italie sans apprêt, dont l'angoisse paraît absente, solide et toute à sa tâche comme un pays du Nord.

Mais peuplée de jeunes dieux qui feraient le travail de l'homme. Personne n'a aimé plus fièrement l'adolescence italienne, les gestes aisés et charmants, les foules abondantes où le même sourire erre sur tous les visages, comme si l'esprit de Vinci éclairait encore des bouches plus sensuelles et des regards plus attendris. Dans les paysages cendrés, au bord des ruisseaux et des sources, vont s'asseoir des filles dodues, de gorge hésitante, de bras et de jambes massifs, élégantes pourtant, rondes, tièdes et comme faites d'une matière neigeuse condensée. C'est étrangement réel, les femmes quittent leurs bas, emplissent leurs paniers, les hommes travaillent le sol, les unes et les autres restent des paysans lombards, mais un esprit d'idylle noble, un héroïsme singulier, une finesse vive et fière viennent ennoblir tout cela. Rien n'est plus doux et mystérieux. Une grâce ondoyante, un charme subtil, quelque chose d'imprécisé, presque d'immatériel y flotte, cela est écrit fortement et cependant ne se livre qu'à peine, l'âme exquise semble rôder, une voix discrète insinue, la moue hésite entre l'ironie et la tendresse et ne se décide jamais. Rome ne pouvait atteindre cet homme qui ne quitta guère sa province, et, né la même année que Michel-Ange, mourut un tiers de siècle avant. D'ailleurs, les recherches d'architecture formelle séduisaient plus ces solides Italiens du Nord, soldats et cultivateurs, que le dynamisme dramatique où s'acharnaient les Romains.

Vinci, sa volonté de construction les attirait davantage. La statique de Luini est d'une puissance admirable et les plafonds hardis que peignit Corrège à la bibliothèque et au Dôme de Parme valent peut-être plus par la science structurale qu'on retrouve dans tous ses autres tableaux que par leur mouvement [64] interne. L'esprit de Vinci l'avait d'autant plus impressionné qu'il y trouva un encouragement à accentuer le caractère équivoque d'une œuvre où allait se définir le programme artistique des Jésuites pressenti depuis cinquante ans par les derniers peintres d'Ombrie qui achevèrent si vite de pervertir le génie italien. Peintre voluptueux, rôdant autour des belles formes moites sous les bocages noyés de vapeurs bleues où s'allongent indolemment les héros mythologiques, il ne subit Michel-Ange que pour envelopper sa forme

63

dans la caresse insinuante de l'atmosphère vénitienne
épaissie et plus onctueuse que ne l'avait vue Titien.
Écume blanche accumulée, plumes de cygne, chairs
spongieuses et cependant fermes, on dirait qu'il veut
les voiler, que son désir lui fait honte, qu'il se repent,
après les avoir bien aimées, et l'équivoque s'accentue
et quelque chose de malsain flotte autour d'elles.
C'est un pervers mélancolique qui voudrait être un
chaste et ne peut pas, un grand artiste dévoyé qui
se ment à lui-même. Son modelé moelleux se fond dans

64

une ombre chaude, transparente d'ailleurs, mais si
peu franche que le passage s'y subtilise jusqu'à s'y
évanouir. Chez Caravage, qui veut réagir et réagit   65
quelquefois avec vigueur contre la mièvrerie et la
fadeur envahissantes, l'ombre, au contraire, sera
tout à fait opaque et les objets en surgiront avec des
reliefs violents qui obtiennent l'effet voulu mais sous

63. Bernardino Luini. La récolte de la manne, fresque (Brera de Milan). *Ph. Anderson-Giraudon.* — 64. Corrège. La Vierge et l'enfant
(Naples). *Ph. Brogi-Giraudon.*

lequel il n'y a plus guère que le vide. Suavité factice ou force maquillée, imposture partout. Avec la mielleuse peinture du Baroche, l'âme de Michel-Ange Buonarroti descend à des besognes de confessionnal.

Bologne, la ville paradoxale des tours penchées, la ville mégalomane et monumentale qui, placée à mi-chemin de Florence et de Venise, semblait être condamnée à déguiser, sous sa grandiloquence prétentieuse, le génie de l'une et de l'autre, Bologne essaya

d'arrêter la chute. Elle ne fit que la précipiter en réduisant la peinture à des procédés de laboratoire où les formules de Titien, de Michel-Ange, de Raphaël et de Corrège se combinaient savamment. La docte ville, depuis longtemps, ambitionnait ce rôle : Francia tentait déjà d'adoucir le style décharné des peintres de Ferrare — que Cosimo Tura, Ercole Roberti, Francesco Cossa avaient forgé sous la double influence des maîtres ombriens et padouans et que Lorenzo Costa avait apporté à Bologne, — en se tournant tantôt du côté de Venise, tantôt du côté de l'Ombrie.

Il n'y eut dès lors, au contraire de ce qui s'était vu pendant la décadence grecque, au cours de laquelle des sources de vie avaient pu s'ouvrir çà et là en des pays neufs, parce que l'organisme premier, plus lentement et plus universellement réalisé, s'était désagrégé moins vite, il n'y eut aucun arrêt dans la descente. L'École, degré par degré, tombe à la basse cuisine. Annibal Carrache, son principal fondateur à Bologne, est encore, sinon un grand peintre, du moins une volonté noble, un grave esprit, une conscience. Adaptateur intelligent des inventions des autres, il orne les grands palais mélancoliques des princes italiens soumis de décorations creuses mais sévèrement agencées, où les divinités païennes se plient à sa rhétorique abondante. Avec le Dominiquin le drame s'extériorise, le geste brise et disperse la composition trop tendue, la mimique grimace, mais quelquefois dans un bras nu, un coin de ciel, frémit l'âme aérienne de Venise. La grâce réelle de l'Albane est si doucereuse et frelatée qu'il est toujours difficile de ne pas la méconnaître. La boursouflure de Guido Reni est à peu près intolérable. Le désaccord entre un sentiment factice, une couleur glaciale et cireuse, une ordonnance

66

65. Caravage. Saint Jérôme, *détail*. (Galerie Borghèse, Rome). *Ph. Anderson-Giraudon.*

apprise et un dessin conventionnel s'accentue de plus en plus pour imprimer à la fabrication artistique de l'Italie déchue un caractère gesticulant qui aboutira, au xviie siècle, à la grandiloquence désarticulée et infatigable du Bernin. (1)

Du moins doit-on reconnaître un mérite aux Bolonais. Ils ont servi d'organe de transmission entre la peinture italienne de la Renaissance et l'art classique de France et d'ailleurs, rôle que Caravage, par l'intermédiaire de Ribera, devait remplir de son côté vis-à-vis des Espagnols. Rubens arriva un peu trop tôt en Italie pour être sérieusement touché, et d'ailleurs il était de si haute taille, qu'il devait écarter bien vite ces décombres et ces broussailles pour trouver sous eux les sources profondes que Rome et Venise offraient encore à fleur de sol. Mais quand Poussin et Claude Lorrain s'installèrent à Rome, l'école de Bologne était à son apogée, et leur rôle fut de filtrer et de doser son influence en recherchant le contact direct des grandes œuvres du siècle précédent dont ses peintres se réclamaient. A coup sûr, ils ne parurent pas l'aimer outre mesure et restèrent en marge d'elle, bien que le Dominiquin n'ait pas été sans impressionner, de son aveu même, Poussin. Mais l'insinuation se faisait quand même par les autres peintres français qui descendaient en Italie, le Valentin, Courtois, Bourdon, Le Brun, les Coypel, hommes de second ou de troisième plan, certes, mais non sans autorité, et doués tous d'assez de goût et de culture pour éliminer et choisir. Et il n'est pas impossible qu'au

(1) La fin de ce chapitre, telle qu'elle se présente dans la précédente édition (1921), a été rejetée, avec des augmentations et des remaniements importants, dans le 4ᵉ volume de cet ouvrage, L'ART MODERNE. (Note de 1923.)

66. Annibal Carrache. Étude (Musée du Louvre). *Ph. Hachette.*

L. Carrache.

début du romantisme, alors que Naples et surtout Bologne étaient à la mode et que Stendhal les plaçait aussi haut — plus peut-être — que les Romains, les qualités de praticiens et de dramaturges qu'on peut reconnaître à ses peintres aient impressionné les Français. Le *Radeau de la Méduse* ne doit-il rien à Caravage ? Et Delacroix, dans son *Journal*, ne vante-t-il pas « la naïve imitation » de Guerchin ?

Je sais bien que, plus tard, le même Delacroix parle de l'« exactitude outrée » de Carrache, qui est en effet le vice capital de tous les Italiens qui se réclament, au XVIIᵉ siècle, de l'éclectisme bolonais. Mais cet excès d'habileté pratique n'a pas été perdu. La vulgarité même d'un homme tel que Guerchin, portée au pinacle, apparaît comme nécessaire parmi l'orgie d'adresse des décorateurs profus qui ornaient, au XVIIᵉ siècle, de mythologies boursouflées, les palais des princes romains. Un bon ouvrier reste quelque chose, même quand il contribue à détourner la peinture de son véritable sens. Il n'est pas indifférent de peindre une robuste nature morte, même quand elle est dépourvue de cette poésie intime qui devait donner à celles de Chardin tant de prise sur le cœur, ni de représenter des paysans ou des artisans à leur tâche, même quand ils n'y apportent pas cette majesté poignante qui allait prêter une telle force dramatique à ceux des frères Le Nain. Il est bon que, parfois, Antée touche la terre, même quand c'est par l'intermédiaire d'une très petite partie de son grand corps, et que des praticiens qui ne sont pas de grands peintres montrent à ceux qu'on regarde comme tels que la peinture a d'humbles sources dont l'oubli mène très vite à la plus complète aridité.

Au total, ces successeurs immédiats du grand

XVIe siècle d'Italie, s'ils jouirent d'une destinée terrestre et recueillirent une destinée posthume extravagantes, eussent été assez dignes du rôle de second plan que des élèves intelligents eussent pu leur demander de jouer et que quelques-uns jouèrent en effet. Mais la Flandre et la Hollande, l'Espagne et la France se distribuaient, à l'heure où ils parurent, la tâche magnifiquement accomplie par l'Italie seule au cours de l'âge précédent. Elle avait, en criant de douleur, mis au monde l'esprit moderne, ou du moins ce qu'on a appelé l'esprit moderne jusqu'aux intuitions nouvelles qui nous pressent aujourd'hui. En effet, pour Vinci, l'inconnu ne fait que reculer à mesure devant nos pas, et nous ne saurons rien de la réalité des choses. Pour Michel-Ange, nous ne cesserons pas de souffrir avant d'avoir saisi une seconde d'harmonie et, cette seconde écoulée, la douleur recommencera. Raphaël nous offre l'exemple d'une de ces conquêtes fugitives et immortelles. L'Italie, par ces trois esprits, a dégagé l'humanité du dogme, autorisé toutes les audaces d'investigation et de pensée, réconcilié tous les courants d'idéalisme dans une unité possible et libéré la forme qui l'exprime des liens qui l'attachaient.

Venise

I

La guerre étrangère à peu près permanente,
mais lointaine, pas de guerres civiles, un développement continu à l'abri des invasions du côté de la terre
et du côté de la mer, dix siècles d'indépendance
achetés par la lutte heureuse et l'effort facile et vivant,
c'est là ce qui donne à Venise, avant même l'eau et le
ciel, sa figure originale au milieu d'une Italie ne s'appartenant que par crises, déchirée par les révolutions,
mutilée par les conquêtes. Elle semble ignorer la
fièvre et l'angoisse de la recherche, tâtonne à peine
pour trouver sa route, la parcourt à pas sûrs dans
l'air et le vent, ralentit sa marche pour cueillir les
fruits magnifiques qui s'offrent, savoure leur chair,
s'enivre d'elle et s'endort au bruit des musiques, parmi
les guirlandes flétries, les fleurs mourantes, les lumières
que le jour pâlit au fond des vieux palais en ruine.
C'est la Grèce qui renaît, toute nue, alourdie, chargée
de grappes d'or sur des fonds de forêts endormies et
de crépuscules orageux. On dirait que Venise n'a
prolongé l'effort antique que pour affirmer, au
travers des reculs, des réactions nécessaires, des contradictions apparentes du monde qui l'entourait, la
continuité de l'effort humain, et transmettre à l'esprit
moderne, avec les fruits qu'elle lui tend, si mûrs

67. Palais Foscari (xive siècle). La façade, *détail. Ph. Anderson-
Giraudon.*

qu'ils s'ouvrent seuls, le germe des moissons toujours recommençantes.

Elle-même avait trouvé ce germe au milieu des pulpes pourries qui fermentaient au pied de l'arbre byzantin. Cinq siècles, ses marins drainèrent l'Asie hellénisée pour assimiler à la vie montante de la jeune Italie son vieil esprit de volupté, de magnificence et de mort. Les racines de Venise plongent dans l'ombre rouge de Saint-Marc, sous les coupoles d'or éteint où l'encens a comme une odeur de semence et de sang décomposés.

Cette ville de marchands, qui mêlait dans son action vivante la passion italienne à la corruption du bas-empire, le christianisme faisandé d'Orient au christianisme barbare d'Occident, l'Islam spiritualiste au paganisme grec pour en faire, dans l'élan soutenu de son énergie infatigable, quelque chose de personnel comme sa vie suspendue entre l'air et l'eau, et de victorieux comme le combat qu'elle livrait sur toutes les mers pour affirmer et maintenir son règne, parvint à la profonde, à l'impérieuse, à l'indiscutable harmonie, en accumulant sans choix, sans goût, au hasard des conquêtes et des caprices, tous les éléments épars dont la cohésion et l'accord sont d'habitude nécessaires pour la réaliser. Avant qu'elle ait mûri dans l'âme de Titien, l'harmonie de Venise, qui s'impose comme une force naturelle, s'est faite spontanément, dans le même courant de vigueur conquérante qui disposait sans le savoir, pour atténuer les contrastes et entraîner les couleurs disparates dans un seul mouvement, de la poussière d'eau et de lumière qui mêle la mer et le ciel.

Seuls des parvenus à qui tout réussit, qui ont l'entraînement de l'audace et l'habitude de la victoire, pouvaient entasser ainsi les siècles et les styles les uns sur les autres, décorer de femmes nues les portes d'une église, dresser un quadrige romain au-devant des coupoles d'or qu'ils rapportaient de Byzance, jucher sur des colonnes trop hautes des lions trop petits, bâtir des palais dont la base est en haut. Le mauvais goût étalé avec cette insolence finit par créer une sorte de beauté élémentaire et fatale, comme une forêt où se mêlent les formes les plus rudes et les plus délicates, comme une foule où la brutalité des instincts primitifs se confond avec les raffinements de l'esprit et les purs élans du cœur. Venise a trempé sa force et sa grâce dans une sorte de marée matérielle enivrante et trouble, ainsi qu'un monde où monteraient, du sein d'une nature tropicale, des alcazars et des mosquées, des temples indous, des parthénons, des cathédrales.

Dans cette atmosphère de conte oriental, au milieu du bruit des fêtes, du claquement des drapeaux, des cortèges marins aux voiles de pourpre, de l'énorme rumeur des quais où trois mille navires versaient à la foule bariolée tout l'Orient, un ordre spontané naquit, en pleine énergie vénitienne, au moment où le foyer merveilleux, absorbant la chaleur des terres lointaines, la renvoyait jusqu'à ses sources à travers la mer et la répandait sur l'Occident. Au XIVe, au XVe siècle, l'Europe se débattait entre l'anarchie féodale, la lutte des Communes pour se maintenir, le premier effort d'unité monarchique. Venise seule, au sommet d'elle-même, en pleine paix intérieure, avec un peuple heureux sous le gouvernement de fer de sa noblesse marchande qui lui laissait, hors des questions politiques, toutes les libertés, gorgée des richesses que son terrible protectionnisme accumulait en elle au risque de l'étouffer, Venise vit s'accomplir la fusion des courants d'idées que ses négociants et ses marins lui apportaient en tumulte dans le sillage des bateaux. Le monde musulman et le monde chrétien, les deux forces ennemies qui se disputaient la Méditerranée depuis trois siècles, parvinrent à réaliser, sur le seul terrain où ils se rencontraient sans se combattre, une sorte d'accord étrange, féerique et spontané où la forme mauresque et la forme gothique s'harmonisèrent sans effort. Comme partout, l'essor architectural précéda l'essor plastique et littéraire. Il coïncida comme partout avec le grand moment de l'énergie collective du peuple construisant d'abord les demeures que meublera l'énergie des individus libérés.

Mais, pas plus qu'ailleurs en Italie, le temple ne répond au désir de la cité. Ici, ce sont les palais des marchands qui le traduisent. La richesse n'écrasait pas l'expression de l'enthousiasme populaire, parce qu'elle ne pouvait se maintenir et s'accroître qu'à la condition de dresser en face de la brutalité des peuples une énergie physique et morale infatigable, parce que tous les organismes inférieurs de la cité isolée et unique qui était son moyen d'action vivaient de l'effort incessant qui la réalisait, parce qu'elle coïncida avec le réveil et l'élan de la passion italienne. Depuis la mort du monde antique et après la cathédrale, la plus puissante symphonie de pierre est là. Elle déroule, le long du grand canal ou au bord des rios solitaires où les lanternes, le soir, versent dans l'eau nocturne d'étroites flaques de sang, les façades rouge et or et vert-de-gris dont les fresques sont rongées par le sel et qui étagent au-dessus des perrons moisis leurs rangs de colonnettes jaillies des balcons ajourés, pour rejoindre, au sommet des fenêtres ogivales, les trèfles et les broderies de leurs floraisons supérieures. En ces moments de vitalité formidable où l'unité habite l'homme, dicte ses gestes, fait mûrir ses pensées, entre cette eau et ce ciel confondus, au milieu de ce monde enfiévré où les langues, les religions, les mœurs, les habits, les sangs se mêlent, tout est permis. Au lieu de suspendre dans l'espace la dentelle des colonnades, le vieux Giovanni Buon la fera sortir du pavé et saura, sans l'écraser, poser sur elle un énorme cube de pierre rose à peine ouvert et hérissé d'épines. Le paradoxe architectural est emporté dans le mouvement triomphal de la vie et de la conquête. Les palais fantastiques sortent de l'eau ténébreuse comme d'une nuit orientale où les conteurs, sur les terrasses, montrent sous la clarté lunaire l'entassement confus des bulbes laiteux et des fuseaux d'émail. Les longs campaniles qui s'élancent font penser à des minarets. On pourra ici, sans imprudence, charger d'or les plafonds des palais gothiques. Les dômes, qui vont venir de Rome, regardent sans étonnement les coupoles du Bosphore. Et les trois rangs superposés de colonnes antiques, encadrant les fenêtres cintrées sur qui se couchent les statues nues, alternent sans blesser le regard de façade en façade avec les rangées grêles des colonnettes arabes ou françaises. Comme elle le fera pour les peintres, Venise entraîne dans le vertige de sa gloire et de sa sensualité tous les architectes qui lui viennent du continent, de Vérone, de Vicence, de Ferrare, de Florence même, si différente d'elle que leurs deux actions, vues en bloc et de loin, paraissent antagonistes : Fra Giocondo, les Lombardi, Sanmicheli, Sansovino, Andrea Palladio s'y transforment ou même s'y découvrent et la renaissance architecturale italienne trouve là un terrain favorable au développement de la vigueur sévère qui sauve quelquefois son illogisme et ses fantaisies décoratives. Les palais défilent et tournent avec l'eau, les canaux étroits s'ouvrent et se perdent entre les maisons inclinées qui baignent dans leurs masses glauques, des ponts chinois profilent leur dos d'âne au fond des perspectives moirées et clapotantes qui s'entrevoient et disparaissent, — l'harmonie se soutient toujours, sortie d'un même idéal effréné d'abondance, d'un même effort vers la domination des terres orientales et des mers, d'une même victorieuse histoire, d'une même traînée resplendissante de miroitements et de reflets qui court des vagues aux nuages après avoir tant pénétré les pierres qu'elles ont sa couleur d'algue marine trempée dans l'azur et le feu.

II

C'est grâce à l'unité de la symphonie vénitienne où la pierre, l'atmosphère et l'eau, la vie populaire et princière, le commerce et l'histoire associaient la multiplicité de leurs rapports sur un espace si étroit, dans un milieu si dense et si spontanément, que la grande peinture apparut à Venise presque mûre du premier coup, sans offrir le spectacle de la lutte fiévreuse entre ses souvenirs et ses pressentiments où Florence avait consumé son génie. En cinquante ans, elle forgea l'une des armes les plus sûres que réclamait le monde en quête de rythmes nouveaux. Elle rendit à la nature matérielle, à la volupté nécessaire leur dignité d'éléments immortels. Son idéalisme sensuel éclata avec tant de puissance qu'il se réalisa très vite

68. Pisanello. Dessin de l'album Valardi (Musée du Louvre).
Ph. Hachette.

70 71

et mourut aussi vite de ses propres excès. La peinture
de Venise n'eut presque pas de primitifs.

Ou plutôt c'est hors de Venise que ses peintres
allèrent chercher l'initiation. Si l'on en excepte l'apport
mal déterminé, mais certain, de Jacopo d'Avanzo
et d'Altichieri, les vieux décorateurs de Vérone contemporains des derniers gothiques de Florence, c'est
Sienne surtout, l'école mystique, qui par Gentile da
Fabriano alluma le foyer vénitien destiné pourtant
à dévorer le dernier vestige du mysticisme en Italie.
Gentile, au commencement du xve siècle, avait travaillé à Venise, comme à Rome, avec le Véronais
Pisanello. Celui-ci tenait à Florence, où Andrea del   68
Castagno lui avait appris la peinture. Il gardait des   69
Toscans leur affirmation tranchante, l'esprit de déci-   70
sion, l'accent qu'il faut pour entamer le métal des   71
médailles d'un trait sûr. Depuis les Syracusains, on
n'avait plus revu cette fermeté dans la frappe, ce
modelé savoureux et nuancé, cette pénétrante et
vigoureuse élégance d'expression. Les innombrables
croquis dont il couvrait ses albums quand les bateaux
déchargeaient sur la Piazzetta des animaux exotiques,
des oiseaux multicolores, des papillons et des insectes
inconnus, avaient assoupli son burin. Presque Japo-

Pisanello. 69. Portrait de Lionel d'Este (Académie Carrare, Bergame). *Ph. Anderson-Giraudon.* — 70 et 71. Médailles (Bibliothèque
nationale). *Ph. Giraudon.*

182

nais pour saisir la particularité des bêtes, presque
Allemand pour sa minutie appuyée et sa matière un
peu ligneuse — comme Mantegna, comme Vinci,
comme tant d'autres peintres de l'Italie du Nord
où l'Allemagne, par ses négociants et ses reîtres, ne
cessait pas depuis dix siècles de descendre — il vit
Venise avec Gentile, avant même les Vénitiens. Tous
deux venaient des villes du versant occidental avec
un esprit presque mûr. Tous deux adoraient les cortèges,
les robes qui traînent, les chaînes d'or, les bonnets,

72

les turbans, les pelisses, la confusion magnifique des
peuples, le tourbillon fatal des foules en action. En
retour, c'est par eux que l'Italie, avec Pinturicchio,
avec Gozzoli accepta l'invasion pittoresque des navi-
gations et de l'Orient et fit entrer les premiers éléments
du romantisme dans le cycle shakespearien.

Jacopo Bellini, l'initiateur réel de la peinture

72. École de Ferrare. Fresque du palais Schifanoja, *détail* (Ferrare).
Ph. Anderson-Giraudon. — 73. Mantegna. Le Calvaire, *détail* (Musée
du Louvre). *Ph. Giraudon.*

vénitienne, avait connu d'ailleurs par d'autres que
Pisanello la vigueur des vieux Toscans. Après Giotto,
avant Paolo Uccello et Filippo Lippi, Donatello
séjourna longtemps à Padoue, aux portes de Venise
où il impressionna tous les artistes locaux. Padoue,
célèbre dès le début du XIIIe siècle, était une autre
Florence, presque aussi riche qu'elle d'activité et de
rayonnement, mais d'un caractère moins littéraire,
plus réaliste, scientifique eût-on dit plus tard. Presque
tous les jeunes peintres de l'Italie du Nord — notam-

75

ment ces Ferrarais étranges, Cosimo Tura, Ercole   72
Roberti, Francesco Cossa surtout, Mantegna plus
âpre et plus sauvage, pauvre et déchiré comme un
loup — y traversèrent, au milieu du XVe siècle, l'atelier
de Squarcione, un grand collectionneur de sculptures
anciennes qui avait voyagé en Italie et, chose plus
rare à cette époque, en Grèce. Padoue, beaucoup plus
que Florence, subissait l'influence de l'antiquité
véritable vers qui le voisinage de Venise, en rapports
constants avec le monde grec et chrétienne seulement
de nom, l'entraînait plus directement.

Si le génie de Mantegna sut résister à l'action   73
dangereuse d'une culture trop forte pour que son   74
temps pût l'accueillir, c'est que ce temps brûlait d'une   75
flamme incomparable. C'est aussi qu'il retrouvait
dans les besoins de sa race l'esprit généralisateur des
anciens âges évoqués. Il fut peut-être le seul en Italie
à s'inspirer de façon directe et permanente des marbres
rapportés de Grèce ou retrouvés dans le sol. Il étudia
avec passion les collections de Squarcione, en assembla
lui-même et voulut aller voir à Rome ce qui restait

Mantegna. 74-75. Le martyre de saint Sébastien, détails (Musée du Louvre). Ph. Hachette.

des murs croulants et des temples enfouis. Et c'est par lui que l'âme antique participa le plus solidement à constituer le squelette d'un monde qui cherchait avec obstination les sources du vieil idéal. Mais par bonheur sa vigueur expressive forçait son érudition. L'œil ne s'attache pas aux plis des toges, aux chars, aux acanthes des colonnades, aux enseignes, aux palmes, aux torchères, aux lauriers, aux couronnes des pompes consulaires, aux attributs extérieurs savamment reconstitués des cortèges triomphaux que regrettaient les Italiens. Qu'il soit hanté par le souci de la vérité historique et du pittoresque local, poursuivi par le souvenir des bas-reliefs romains creusés sur les sarcophages, la force tendue de son lyrisme dompte et entraîne tout. Une implacable volonté coule les groupes sculpturaux dans un moule métallique d'où le son dur du nouvel univers s'échappe comme malgré lui. Il a beau pétrir, malaxer, discipliner la vie qui monte, elle fait craquer les armures, elle gonfle les seins, les bras, les jambes des femmes, elle éclate dans la lumière et le profond ciel bleu tout semé de nuages blancs. Elle vibre dans les flèches que les archers impitoyables lancent sur saint Sébastien. Étrange artiste, qui tenta de boire à toutes les sources taries, n'y trouva que des pierres mortes et sut pourtant les animer de cette sorte d'ivresse intellectuelle où le monde avide d'apprendre se consolait de moins sentir. Cette sève latine, ce noble idéalisme grec qu'il crut devoir toute sa vie aux œuvres si longtemps et si étroitement étudiées, tourmentaient déjà sa race dans les statues militaires et les enfants méditatifs de Donatello. Rien ne lui avait appris à aimer les nudités jeunes, les femmes qui dansent en rond avec des grâces animales, les épaisses guirlandes de verdure étouffant des fruits, les grands paysages précieux qui paraissent gravés avec l'arête d'un diamant et les hautes architectures et les vieilles villes italiennes ciselées sur les collines où montent les arbres secs, les routes, les cultures méticuleuses dans le matin transparent. Cet abord réservé, cette ferme élégance, ce grand dessin viril de l'homme habitué à attaquer le cuivre, cet ordre géométrique dans les groupes dispersés, ces gestes que leur sûreté fait solennels et hiératiques, presque funèbres, comme un adieu aux âges morts, tout cela lui appartenait. Piero della Francesca seul y eût relevé la trace indélébile de sa pensée et l'élan de l'Italie vers la possession tragique de la forme définitive au-delà de laquelle Michel-Ange allait rencontrer l'abîme ouvert du néant. Andrea Mantegna est si sûr d'approcher, par de durs chemins, des réalités absolues, que pour scander sa marche, il joue d'une harpe de fer.

Un esprit de cette vigueur devait produire sur les premiers hommes que l'âme de Venise commença de tourmenter, une influence d'autant plus vive qu'il leur ressemblait moins. Mantegna fut l'ossature que la cité fastueuse revêtit de chair et de peau et sur laquelle elle jeta la puissance de son décor et la gloire de son ciel. La peinture de Crivelli, formé lui aussi par Squarcione, peinture triste, décharnée comme du bois mort, n'a rien encore, à vrai dire, qui puisse faire soupçonner l'approche de ce frémissement de matière vivante où Giorgione, trente ans plus tard, verra naître un monde nouveau. Mais Jacopo Bellini, qui aima Mantegna jusqu'à lui donner sa fille, a déjà vu trembler la pourpre vénitienne dans la basilique obscure où la fumée des cierges monte comme une vapeur de sang. La double influence de son maître Gentile da

76

Fabriano et de son gendre Mantegna va s'affirmer dans ses deux fils pour atteindre, avec la génération suivante, l'accord dans la maturité.

77
79
    Giovanni Bellini partit de Mantegna pour aller jusqu'à Giorgione. Il vécut quatre-vingt-dix ans pour réaliser au cours de sa vie même le grand mouvement dramatique qui devait permettre aux peintres

de Venise de rejeter le rationalisme platonicien et de retrouver dans leur désir l'esprit dionysien du vieux monde, alourdi de mille ans de désirs comprimés, tout surchargé de voluptés approfondies et d'optimisme sensuel volontairement accepté. La sécheresse et la sévérité du maître de Mantoue allaient se noyer peu à peu dans sa sensibilité mûrissante avec le siècle qui montait. Il fut le témoin permanent et le principal acteur de l'effort décisif où se découvrit Venise. Les Florentins s'exaspéraient dans la recherche de la

77

ligne expressive et du modelé anatomique, qu'il avait déjà réalisé le modelé vivant, les grandes surfaces simplifiées qui donnent aux corps leur plénitude, leur assiette et leur pesanteur. Sans doute, ils ne frémissaient pas encore sous ces ondes de sang qui font battre leur chair quand ils s'étendent à l'ombre des arbres devant Giorgione ou Titien. Quelques traces

76. Crivelli. Couronnement de la Vierge, *détail* (Brera, Milan). *Ph. Brogi-Viollet.* — 77. Giovanni Bellini. Jésus reçoit le calice (National Gallery, Londres). *Ph. Anderson-Giraudon.*

78

de l'ascétisme primitif accusaient leur squelette, séchaient leur peau, tiraient leur visage que la souffrance n'avait pas tout à fait déserté. Mais ils s'emparaient tous, surtout la Madone et l'Enfant vêtus de ces rouges et de ces bleus enveloppés d'or dont se souviendront les peintres qui vont suivre, d'une égalité d'âme oublieuse des maternités meurtries,

79

des temps de misère et de massacre, et de la dignité
qui vient des fonctions naturelles acceptées sans
résistance et accomplies sans remords. Vers la fin
de sa vie, la vraie lumière et le ciel de Venise, parfois
les grandes forêts qu'aimera Titien entrent dans ses
tableaux, et les paysages un peu découpés du début
commencent à noyer leurs lignes, à s'apaiser, à respirer profondément. Il entrevoit la mer. Il perçoit le
frisson du monde. Il a presque complètement déplacé
le terrain du drame et livre à l'espace la forme jusque-
là à demi prisonnière du sentiment moral. Il définit
le premier ce qui fait le fond même de la nature de
Venise, son sensualisme universel.

Il appartenait d'ailleurs aux deux fils de Jacopo
de fournir aux grands Vénitiens les éléments du
poème. Giovanni cherchait l'épanouissement même
de la forme dans les courants qui naissaient de son
centre et la portaient vers le dehors. Gentile lui apportait tout l'extérieur de la terre, le ciel, les étrangers,
l'Orient entrevu et vivement senti dans un voyage
triomphal qu'il fit à Constantinople. Tandis que les

---

78. *Détail* de 77. — 79. Giovanni Bellini. Portraits (Musée de Berlin)
Ph. Hanfstaengl-Giraudon.

194

Vivarini de Murano, peintres durs et virils de l'âge
militaire, voyaient déjà pourtant flotter des étendards
de soie sur les défilés magnifiques, Gentile regardait
Venise de plus près, ses façades peintes, ses maisons
vertes et roses, ses canaux lourds, les tapis pendus aux
balcons et Saint-Marc resplendissant d'or et les processions solennelles où les noirs purs brillaient à côté
des rouges éclatants. Presque pas d'atmosphère
encore. Une blondeur cendrée à peu près uniforme.
Lazzaro Sebastiani n'introduira là qu'un peu plus
tard ses harmonies dorées et chaudes. Une foule parée,
déjà, mais immobile et symétrique, comme attendant
quelqu'un pour l'animer. Il faudra que l'imagination
la plus poétique de la peinture, peut-être, avec celle
de Gozzoli, résume le travail qui s'échelonne de
Gentile da Fabriano à Gentile Bellini pour donner
son essor à cet orientalisme romantique où Shakespeare viendra ramasser la matière inépuisable, torren-
tueuse, mouvante, de ses drames désordonnés. Quand
Vittore Carpaccio eut traversé le monde, il y avait au
berceau de la pensée de Venise autre chose que de la
chair, de l'espace et de la couleur : la mort, l'amour,
la volupté, une extraordinaire ardeur de rêve étaient
entrés pêle-mêle avec la légende et la vie. Une vision
féerique flottait dans les drapeaux, le bruit des perles
et de l'or, l'espoir, le souvenir. La peinture était libre
de transposer toutes les conquêtes du désir et de
l'illusion dans ses harmonies absolues.

Quand on confronte l'œuvre de Carpaccio avec
celle des deux Bellini, on croit voir une ébauche de la
trinité puissante par qui la gloire de Venise a traversé
les temps. Giovanni, Gentile, Carpaccio, c'est Titien,
Véronèse et Tintoret, un Titien moins épanoui, moins
d'accord avec tous les éléments de la vie embrassés

80

◄80. Gentile Bellini. Le miracle de la Sainte Croix (Académie de
Venise). *Ph. Alinari-Viollet.*

symphoniquement, un Véronèse plus timide et répandant avec bien moins de faste tous les trésors fabuleux et marins amassés par quatre ou cinq siècles de négoces et de victoires, un Tintoret moins orageux, moins tragique, mais aussi passionné et d'une verve si candide, d'une invention si abondante et fraîche que l'âme du grand dramaturge auprès de celle-là paraît trouble et suspecte comme un fleuve empoisonné.

En bon primitif qu'il était encore, Carpaccio disait tout ce qu'il savait dans chacune de ses toiles. Il est vrai qu'il savait beaucoup. On peut l'aimer pour l'anecdote, car c'est un merveilleux conteur. Mais l'anecdote, toujours transfigurée et magnifiée, toujours motif à décorations et à transpositions peintes, est perdue dans le sentiment poétique qui soulève et délivre tout. La mer est couverte de barques et de vaisseaux. La ville est exacte et neuve comme celle de Bellini, mais des harmonies plus sombres annoncent sa maturité. A travers leurs hautes arcades, les palais laissent voir des mâts à banderoles, les dalles multicolores des grands quais où vont et viennent, devant les bateaux à l'ancre, les marchands et les promeneurs. Et aussi des maisons lépreuses, des linges sales tendus d'une façade à l'autre à travers les rios empestés, le grouillement inouï des mendiants, des bateliers, des bateleurs et des mauvais garçons. Partout du monde, dans les rues, sur les escaliers, sur les ponts, sur les terrasses. Des seigneurs, des dames défilent, on cause, on parade, on va se prosterner devant des princes qui reçoivent en plein air. Des palmiers poussent sur des places solitaires, un chameau inattendu se profile au coin d'un quai, et le lion de saint Jérôme foule réellement les dalles de la Piazzetta, traîné par un belluaire noir autour de qui les gamins tourbillonnent.

Carpaccio se mêle à la foule, il écoute, il bavarde, il est tout le jour dehors. Les cuivres et les violons de la parade ronflent, grincent, le boniment nasillard soulève les lazzis et les rires. Le bon peintre est au premier rang. Tout l'amuse, mais quand on ne le quitte pas des yeux, on sait pourquoi son visage devient sérieux quelquefois. Il a vu dans un coin une figure étrange, isolée, et qui le retient, un infirme, une vieille, un sorcier, un singe habillé, un bouffon, le problème du destin se pose avec la laideur ou le mal ou le ricanement du diable au tournant de la route en fleurs... Il devient pensif, et s'écarte, le bruit des musiques décroît. Des femmes trop fardées, avec des tignasses flambantes, lui font signe d'un balcon. Il monte. Le voici au milieu des caniches équivoques, des singes obscènes, des colombes qui roucoulent, troublé par des parfums épais et de luisants regards. Il cède, il s'écœure, il s'attriste, il erre au hasard. De la rue, il regarde au fond des logis solitaires. Et voici l'apaisement. Quand il voit des fillettes dormir dans leur petit lit, il les visite avec les fées et s'en va sur la pointe des pieds après avoir posé un joli bouquet sur la table. Il a déjà repris sa place dans les processions et les fêtes, au milieu des évêques habillés de rouge et d'or. Il sait que les fanfares font sortir des maisons et se pencher aux fenêtres les spectateurs dont le spectacle est tout pour lui. Puis il part avec les navires. Il fuit vers tous les climats. Il est de toutes les batailles. Il suit aux extrémités de la terre les bons chevaliers chrétiens qui vont combattre le dragon. L'histoire, la légende encore imprégnée de trouble poésie gothique, la vie toujours imprévue, le songe quelquefois sanglant, tout se heurte en foules précises, presque immobiles de gestes, mais entraînées par le sentiment décoratif

81. Carpaccio. Courtisanes au balcon. (Musée civique, Venise). *Ph. Anderson-Viollet.*

et dramatique dans un lyrisme de couleur où l'âme de Venise éclate avec tant d'orgueil ingénu que ni Titien, ni Tintoret, ni Véronèse, quand ils l'exprimeront avec de plus larges moyens, ne la sentiront mieux. Esprit charmant, très italien, très oriental, un peu barbare, un peu fou, traversé d'un souffle de liberté où s'éparpillent en cent mille images l'écho merveilleux des grands voyages qui commencent, le pressentiment des îles embaumées, des forêts pleines d'oiseaux d'or, des peuplades inconnues, des constellations nouvelles. Les bleus presque noirs des eaux mortes, la forêt des bannières rouges, les rouges et les verts mariés par un frottis d'or, la fanfare des ciels, des mers, des édifices, des grandes robes chamarrées, les bleus, les verts, les noirs sur l'accompagnement profond et soutenu des rouges, éclatent en sonorités sourdes qui paraissent retentir dans les trompettes des hérauts.

82. Carpaccio. Le congé des Ambassadeurs, *détail* (Académie de Venise). *Ph. Anderson-Giraudon*.

III

Le dernier des Bellini achevait son long travail de préparation technique et de maturation sensuelle et Carpaccio rassemblait dans un élan de verve ardente tous les éléments décoratifs et pittoresques où les grands peintres puiseront pendant près d'un siècle, au moment où la puissance vénitienne, ébranlée par la prise de Constantinople qui lui fermait l'Orient et les découvertes maritimes qui déplaçaient le centre commercial de la planète, se repliait sur elle-même pour éclater en profondeur dans l'âme de ses artistes. Venise était comme un être débordant de force et de santé à qui le besoin d'organiser sa vie contre les attaques incessantes d'un milieu difficile et d'espèces à demi barbares n'a pas laissé le temps de connaître la volupté. Dès qu'elle y eut goûté, elle s'y abandonna sans mesure, de tous ses sens trop riches de désirs et d'énergies accumulés. Elle en mourut, comme ces bêtes trop vivantes que tue l'acte de féconder. Sa mort transmit à l'avenir, en richesses profondes, les richesses extérieures qu'elle amassa six cents ans.

Giorgione, Palma, Lorenzo Lotto, Bonifazio, Basaïti, Pordenone, Sébastien del Piombo, Titien, tous élèves ou disciples de Giovanni arrivent ensemble pour recueillir les fruits qui font plier les branches et célébrer dans une ivresse de peinture qui ne fut jamais atteinte ailleurs, en même temps que la réhabilitation de la nature matérielle où l'homme est toujours forcé de reprendre pied quand il a trop longtemps erré dans le beau désert de l'idée pure, l'agonie apothéotique de la sensualité dont le monde ancien lui avait légué la légende. Dès lors, comme des produits de la terre débordant pêle-mêle des corbeilles trop pleines et se répandant sur les chemins au rythme de la marche de ceux qui les portent, les tableaux et les fresques vont répandre dans les palais, sur les murs, dans les églises autant et plus qu'ailleurs, le récit des festins et des fêtes, des danses, des concerts dans les grands décors miraculeux, la profondeur des ciels, des forêts, des sources, le frisson des chairs nues et toutes chaudes de l'attente ou du passage de l'amour.

L'unité de sentiment, d'action, de milieu, de vie était telle que l'un d'entre les peintres de ce temps peut les définir à peu près tous. Titien contient Venise entière, des Bellini à Véronèse et même à Tiepolo. Mais Titien est plus qu'ébauché en Giorgione, né la même année que lui, mort deux tiers de siècle avant lui, et si le pieux et doux et discret Lorenzo Lotto, qui vit pleuvoir sur sa couleur, avant Véronèse, la fine cendre de Venise, a seulement recueilli quelques reflets de la surface du plus grand de ses peintres, Palma et Sébastien del Piombo, Basaïti et Bonifazio même, et jusqu'au sévère Pordenone qui fut son rival officiel, ressemblent à Titien. Ils ont tous, à un degré moins ample et moins personnel, la plupart de ses profondes qualités. D'ailleurs, ils ne se gênaient pas pour s'emprunter des idées et des images. Ils vivaient d'échanges continuels, comme les populations et l'atmosphère de leur ville. C'est aux époques d'anémie nationale que l'artiste s'entoure de retranchements. Quand la vie a cette exubérance, elle ne s'aperçoit pas de ses emprunts. Les lianes des forêts tropicales n'empêchent pas les arbres dont elles enchevêtrent les branches de pousser en haut et en large. Chez tous les contemporains de Titien, c'est la même abondance, la même puissance entraînante et paisible à transposer les éléments de l'univers dans un ordre

nouveau généralisateur et lyrique et à baigner la vie
et l'espace où elle se meut dans l'or ambré du fond
duquel monte une vapeur rouge.

Le *Concert Champêtre* est le moment décisif de [83]
la grande peinture, Titien partira de lui. La symphonie
naît et s'enfle soudain, ses ondes se cherchent et se
pénètrent, tout le sang de Venise s'est concentré dans
un seul cœur, un cœur chaud, régulier et calme qui
distribue la vie avec la puissance admirable de ce qui
est maître de soi. Un monde qui va mourir affirme pour
la première fois avec tous ses moyens l'immortalité
du désir, de la musique et de l'intelligence en les associant à la nature immuable qui s'offre pour les justifier. Les forces de fécondation s'y recueillent dans
l'attente profonde de la pleine maturité. Avec Giorgione, l'automne vénitien commence, la splendeur
lourde, la sonorité des saisons où les fruits paraissent
concentrer la flamme et la chaleur solaire, où leur
pourpre translucide arrête à peine sa lumière, où le
soir est couleur de cuivre, où les femmes épanouies
par les premières caresses et rendues plus pesantes
par les premières maternités devraient mettre sur
leur chair de gros colliers d'ambre. Leur peau dorée
est presque sombre, comme si le sang qui l'arrose avait
reçu au travers d'elle le baiser de tous les jours brûlants qui se sont levés sur le monde depuis qu'il sait
la volupté. Et cependant, dans les paysages profonds
au cœur desquels elles sont étendues, les paysages
bleus qui s'enfoncent, leur corps prend un éclat royal,
on dirait un soleil vivant qui répand sur les chaumières rousses et les arbres noblement groupés une
lueur si chaude et si riche qu'elle semble interdire à
l'hiver de renaître et à la nuit de retomber. C'est à
peine si nous connaissons Giorgione, à peine si nous

pouvons affirmer l'authenticité de trois ou quatre de ses œuvres, mais nous ne pouvons pas les imaginer autrement que baignées dans l'atmosphère d'une après-midi de fin d'été, où la lumière immobile s'amasse dans l'ombre étouffante, où l'on dirait que le vent ne se lève que pour nous faire percevoir des parfums jusque-là matérialisés. Peut-être a-t-il bien fait de mourir jeune pour laisser au génie plus patient et plus sévère de Titien le temps de prendre possession de lui-même. C'est une peinture enivrante comme un vin trop épais.

On a dit d'elle, de celle de Titien surtout, de celle de Véronèse et de tous les peintres de Venise, Tintoret excepté peut-être, qu'elle est tout à fait objective, qu'elle ne dit jamais l'opinion de l'artiste sur le sens et la moralité du monde. C'est une question de mots. Il n'est pas un de ceux pour qui la forme n'est qu'un moyen de traduire des idées pures, qu'il s'appelle Giotto, Vinci ou Michel-Ange, qui ne soit doué au degré le plus haut du sens de la réalité vivante et qui ne l'incorpore à sa propre substance après l'avoir

83

8

83. Giorgione. Le concert champêtre (Musée du Louvre). *Ph. Hachette.* — 84. *Détail* de 83.

vécue passionnément. Il n'est pas un de ceux pour qui
la forme soit la fin, qu'il s'appelle Titien, Rubens ou
même Velazquez, dont l'objectivisme ne cesse au
moment où il a fini d'assembler les matériaux de
l'œuvre pour les transposer tous dans une réalité
imaginaire qui définira son esprit. Tous les langages
que nous parlons, la peinture aussi bien que les autres,
symbolisent notre pensée, et qu'elle accepte ou n'accepte pas le monde, le monde qu'elle exprime vivra si
notre pensée est vivante, notre pensée vivra si le monde
qui l'exprime a été pénétré par elle. Michel-Ange et
Titien, partis sans doute de deux horizons opposés,
se rencontrent à moitié route.

Titien, dans ce groupe des grands Vénitiens du
début de l'époque héroïque, est d'ailleurs, par ses
grandes compositions, ses nus, ses paysages, ses
portraits, celui de tous qui intervient le plus dans la
nature pour la concentrer sur l'étroit espace d'une
toile après avoir coordonné dans la volonté de son
désir tous les éléments formels, colorés, lumineux et
sentimentaux par lesquels elle s'impose à son amour.
Palma Vecchio, si magnifique, avec ses larges femmes
à cheveux blonds, se laisse aller à l'ivresse de peindre
les carnations et les étoffes, il n'a pas ce rythme à la
fois vaste comme la sensibilité et serré comme la raison
par où Titien nous livre sa pensée. Sébastien del
Piombo, qui vit plus de trente ans à Rome, y est envahi
par les maîtres de son école. Superbe peintre lourd et
d'un éclat sombre d'ailleurs, par ses femmes brunes
aux yeux paisibles, aux grands corps pesants et pleins,
presque bestiaux où quelque chose de l'immense
circulation de vie que Venise va découvrir dans la
nature pénètre les muscles épais, les poitrines, les
reins, les bras, les cuisses, comme si le volume romain

était trop étroit pour la maintenir et la laissait déborder de partout. Mais dominé par Raphaël auquel il révèle en retour ce qu'il lui fallait de Venise pour synthétiser l'Italie, et surtout par Michel-Ange qu'il imitera trop souvent. Giorgione est mort, Lorenzo Lotto s'efface dans sa mélancolie discrète, Pordenone, Basaïti, Bonifazio restent au second plan. Titien va remplir un siècle entier, résumer toute l'étendue, toute la durée de Venise, révéler à eux-mêmes Tintoret et Véronèse, dominer l'Europe par les œuvres qu'il y répand derrière les armées de Charles Quint, définir pour toujours le langage de la peinture, projeter sur l'avenir les ombres de Rubens, de Rembrandt, de Velazquez, de Poussin, de Watteau, de Delacroix, des paysagistes modernes, et justifier par ses dernières œuvres les hardiesses des artistes de notre temps.

IV

Titien a peint la vie universelle. Quand il s'agit de recueillir ses voix, on le dirait indifférent. Toutes entrent en lui avec des droits égaux, les corps des enfants, les chairs des femmes, les figures viriles, les costumes fastueux ou sobres, les architectures, la terre avec ses arbres et ses fleurs, la mer, le ciel et tous les atomes errants qui font que la mer et le ciel ne cessent pas de combiner leurs forces. L'enthousiasme créateur le soulève si haut que sa sérénité ne l'abandonne pas quand tout ce monde assimilé et recréé dans un ordre nouveau sort de lui, par ondes toujours plus longues et plus larges. Cela s'organise en symphonies où tout ce qui est humain retentit en échos ininterrompus dans tout ce qui ne vit que d'une vie

85
86
87
88
90
91
92
93
94

instinctive et obscure, où tout ce qui est matériel pénètre les formes humaines d'une confuse éternité.

A Venise, plus de crêtes détachées dans le diamant de l'atmosphère, plus de lignes impérieuses découpant sur le ciel les collines et les terrasses étagées. Rien que l'espace où les choses tremblent, se combinent et se dissocient, un monde de reflets que modifient, intervertissent, suppriment, multiplient les heures du jour et les saisons, une opale mouvante où les irisations de la lumière, à travers la poussière d'eau, interdisent de définir les couleurs et les lignes, font apparaître les formes mêmes comme des objets transitoires qui sortent sans arrêt de la matière en mouvement pour y rentrer et s'y refondre avant d'en ressortir. Sur les palais mordorés ou pourpres ou recouverts de croûtes d'or moisies, toutes les couleurs du prisme s'éveillent, s'effacent, renaissent, se prolongent en traînées épaisses, avec les contours tremblotants des pierres, dans l'eau grasse où la fermentation des matières organiques fait rouler des phosphorescences. Le miroir de la mer a ses reflets dans les vapeurs qui montent d'elle sous la pluie des rayons, et quand elles passent en nuées au-dessus des canaux miroitants, le ciel leur renvoie des ombres glauques et réfléchit le fantôme aérien des moires où le clapotement des vagues mêle la turquoise et le vermillon, les verts, les jaunes d'or, les rouges, les orangés des façades ornées de drapeaux et des cortèges de gondoles.

Toute la peinture de Titien est là, après elle toute la peinture de Venise, après la peinture de Venise toutes les peintures vivantes qui verront les couleurs se pénétrer, les reflets jouer sur les surfaces, les ombres transparentes se colorer, un ton ne se répéter jamais identique à lui-même, mais imposer sa domination

85. Titien. Les trois Grâces. *détail* (Galerie Borghèse. Rome). *Ph. Anderson-Viollet.*

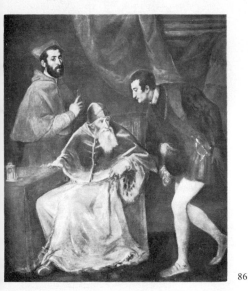

86

par des rappels discrets qui éveillent dans l'œil des vibrations voisines, la vie lumineuse du monde faire une symphonie spontanée où pas une palpitation ne naîtra dans sa substance sans qu'on puisse en trouver la cause et en chercher l'effet dans toute son étendue. Sans doute la discipline acceptée de l'œuvre de Mantegna, plus tard l'influence de Rome, surtout la sensualité qui les mène et les conduit nécessairement à découvrir la forme, la forme pleine et circulaire qu'on trouve toujours au bout de toutes les investigations plastiques, fit pressentir aux peintres de Venise que tout gravite autour des volumes seuls capables de nous donner de l'univers sensible une image durable

86. Titien. Paul III et ses neveux (Musée de Naples). *Ph. Anderson-Giraudon.*

et solide. Mais les Vénitiens n'allèrent jamais jusqu'à l'expression sculpturale, et Sansovino, leur sculpteur, qui venait cependant de Florence, prit même de la forme chez eux une conception relativement nuancée, flottante et large qui la rapprochait de leur peinture. Titien s'arrête toujours à l'instant où, sur les confins de la masse qui tourne devant lui pour fuir dans les plans éloignés, il voit trembler la caresse de l'atmosphère qui la réunit, en échelonnant les valeurs, aux volumes des forêts, des nuages, des montagnes aperçus dans le lointain. La ligne a disparu. Les taches dégradées évoquent suffisamment la forme pour la faire participer à la vie de l'espace tout entier. Ainsi, le continu qui fait l'œuvre vivante n'est plus dans cet instinct intérieur de solidarité sociale qui met chez les artistes du moyen âge d'invisibles liens entre les choses, il n'est pas non plus dans l'arabesque intellectuelle qui le définit à l'esprit plus qu'elle ne le révèle aux sens, il est dans la dépendance mutuelle de tous les éléments du monde, les formes, les lignes, les couleurs, l'air qui les réunit, et si le sentiment moral, chez les Vénitiens, semble s'effacer de la vie, c'est pour laisser surgir, dans une explosion irrésistible, le sentiment sensuel du corps entier de la nature, oublié par le chrétien. Titien n'interdisait pas seulement au péché originel de franchir les frontières symboliques où Michel-Ange l'avait enfermé de nouveau, mais, en faisant entrer dans une unité supérieure la complexité infinie de tous les rapports dont l'enchevêtrement logique fait l'univers harmonieux et vivant, il achevait l'œuvre de Masaccio, complétait celle de Bellini, consacrait celle de Giorgione et avant Rabelais, avant Shakespeare, avant Rubens, avant Velazquez et Rembrandt, bien avant les musiciens allemands, il annonçait l'esprit moderne. Il a créé la symphonie. C'est le père de la peinture.

La nature aristocratique qu'il tenait de ses ancêtres nobles s'était trempée dans la force élémentaire du pays où il était né, au pied des Alpes du Tyrol, parmi les lacs et les forêts de hêtres au-dessus desquels monte le rempart des Dolomites roses. Cima da Conegliano avait eu devant les yeux les mêmes paysages de montagnes, de ciels transparents, d'eaux bleues où dorment les silhouettes des châteaux forts, et quand il

89

87

peignait ses délicats tableaux d'autel dont les figures arrêtées font moins penser à son maître Giovanni Bellini qu'à Mantegna, il ne regardait guère en lui que le cadre subtil, aérien et poétique qu'il songeait à leur donner. Titien, qui n'avait pas vingt ans de moins que lui, le connut certainement, l'étudia, chercha dans son œuvre la confirmation de ses propres pressentiments. Plus tard, toutes les fois qu'il sortit de Venise — il en sortit souvent, surtout après la descente de Charles Quint en Italie — emportant en lui son

88

Titien. 87. Le péché originel (Musée du Prado). *Ph. Anderson-Viollet.* — 88. Diane et Actéon (Musée du Prado). *Ph. Anderson-Giraudon.*

212

espace tremblant de vibrations moléculaires, et quand il retrouva sur sa route les lacs, les bois, les plaines semées de chaumières basses et de bouquets de chênes verts, il sentit comme on ne l'avait pas soupçonnée avant lui la poésie confuse de la terre.

Dès lors, l'accompagnement des espaces enveloppa de ses ondes les poèmes païens qui débordaient de lui, se répandaient en grands corps éblouis de flammes cuivrées, en fruits qui roulaient des corbeilles, en frémissements de tambourins et de cymbales dans

89

les après-midi d'orage où Dionysos et son cortège de faunes et de bacchantes nus s'élancent des bois épais avec de grandes clameurs. Les hommes de ces temps-là, échappés du monde chrétien, avaient de telles réserves d'amour que leurs passions se déployaient sans hâte et sans retour sur elles-mêmes, et sans entamer leur vigueur, avec la sûreté paisible des

89. Cima de Conegliano. La Vierge et l'Enfant, détail (National Gallery). *Ph. Alinari-Viollet.*

éléments naturels. Tandis que la bacchanale rugit, que la volupté mêle ses souffles haletants aux miaulements des panthères, la terre respire ainsi qu'une poitrine. Les ciels ont bien des nuages bas chargés d'effluves magnétiques, des vapeurs bleues s'élèvent comme une sueur, une sève souterraine circule dans le sol, gonfle les taillis noirs où les couples nus enlacés luisent comme un or fauve, éparpille une écume blanche à la surface des ruisseaux. Mais c'est seulement avec Tintoret que le drame humain retentira jusqu'aux confins du ciel en éclairs, en nuées tragiques, en fulgurations pourprées. Ici, l'espace ne sait pas si ses orages tendent les nerfs des hommes et des femmes, les hommes et les femmes ignorent qu'ils participent aux symphonies indifférentes où les râles des instincts premiers ne sont qu'une note associée aux rumeurs des taillis obscurs, aux murmures des fontaines, aux souffles d'air chaud qui poussent les nuages, aux bêlements lointains des troupeaux descendant les prairies inclinées, au grand silence des plaines qui s'enfoncent dans la buée des jours d'été.

Les beaux corps mûrs que les courtisanes de Venise étalaient pour lui sur des lits profonds, en ne gardant qu'un collier à leur cou, une touffe de rose dans le creux de leur main, ou qu'il étendait sous les arbres devant un faune agenouillé, les beaux corps mûrs rayonnaient de la même sérénité qu'il avait trouvée à la terre. Ils attendaient. L'amour était pour eux une fonction acceptée simplement, remplie avec une ivresse tranquille, sans inquiétude ni remords. Leur tête avait des yeux calmes de bêtes où nageaient en lueurs fauves les reflets des cheveux pesants et de l'espace recueilli qui les enveloppait d'ambre. Leur poitrine se soulevait et s'abaissait sans hâte, leur

90. Titien. Nymphe et berger (Vienne). *Ph. Hanfstaengl-Giraudon.* ▶

ventre avait des ondes musculaires qui se perdaient dans l'angle d'ombre des larges cuisses rapprochées. Le pinceau de Titien ramassait l'atmosphère matérielle pour les pétrir avec la substance du sol, la pulpe des fruits, le suc des chênes. Il y mêlait cette pourpre vineuse plongée dans l'or qui est comme le fond triomphal des apothéoses vénitiennes, qui pèse aux épaules des évêques dans la pénombre enflammée des églises, qui teint les simarres des doges, se déroule du haut des mâts et des balcons et flotte derrière les gondoles, qui ruisselle sur les façades, ensanglante les cloisons et les parquets des salles du Palais ducal comme si elle montait à travers les pores de la pierre des souterrains où le Conseil des Dix faisait exécuter ses arrêts, emplit les crépuscules, tremble dans les reflets des lanternes les soirs de fête sur l'eau, et que les voiles des navires font traîner sur la mer.

91

92

Titien trouvait dans cette pourpre sombre, éclairée de paillettes d'or, trempée dans le feu et le soufre, une puissante atmosphère tragique, quand il abandonnait cet impassible idéalisme sensuel qui fut la volonté dominante de son action, pour entrer dans le drame humain avec la décision et la vigueur dont seul un grand esprit était capable, un esprit qui s'accrut tous les jours, jusqu'aux bords de la centième année. C'est cette sanglante lumière répandue par le tremblement des torches qui fit sortir de l'ombre où le tenaillent les bourreaux ce terrible *Christ aux épines* [91] qu'il peignit, ainsi que sa *Pietà*, une des œuvres les [92] plus funèbres et les plus humaines de la peinture, à [93] plus de quatre-vingt-quinze ans et où le génie de Rembrandt tressaillait d'avance. C'est elle qui monte avec l'aurore et éclabousse l'armure de fer noir de Charles Quint sortant d'un bois noir, le visage livide

Titien. 91. Christ couronné d'épines (Pinacothèque, Munich). *Ph. Hanfstaengl-Giraudon.* — 92. Pietà (Venise, Académie). *Ph. Anderson-Giraudon.* — 93. Charles Quint à Mulhberg (Musée du Prado). *Ph. Anderson-Giraudon.*

93

94

avec des reflets rouges, sur un cheval noir harnaché de rouge — horrible symphonie meurtrière, peinte avec la nuit et le sang.

Ainsi, il y eut en lui deux directions qui partaient d'un centre commun de réceptivité sans limite et d'acceptation de la vie, pour s'organiser en vastes poèmes sensuels ou scruter le monde moral avec une cruauté aussi impassible que semblait l'être son lyrisme. Il n'est pas de portraits, ni en Italie, ni ailleurs, qui dépassent les siens. Ils ont cette puissance à définir les caractères qui fit faire aux Florentins, à Donatello, à Andrea del Castagno, à Verrocchio, à Ghirlandajo, à Filippino Lippi, à Botticelli quelquefois, à Benvenuto même, de si terribles effigies, concentrées, nerveuses, frénétiques, et découpées dans la passion. Seulement, elles sont revêtues d'une ampleur décorative et fouillées avec une pénétration tranquille que Florence ne connut pas. La fièvre qui dévorait ses peintres n'est plus en Titien. Il peut décrire avec une sincérité tellement intransigeante qu'elle laisse aux Césars et aux papes des crânes déformés, des

94. Titien. Portrait du peintre (Musée du Prado). *Ph. Anderson-Giraudon.* — 95. *Détail* de 94.

220

masques atrophiés, des mâchoires de bêtes, des mines
hideuses et basses, il peut décrire ces silhouettes vêtues
de noir, ces mains musculeuses crispées sur des pom-
meaux d'épées, ces faces pâles aux yeux hagards,
tous ces hommes violents faits pour le meurtre comme
les femmes sont faites pour l'amour. C'est l'époque
où le Condottiere tient l'Italie, où Machiavel écrit
le Prince. Les têtes de Titien la résument toute, des
féroces portraits de cet Antonello de Messine qui
avait apporté à Venise la peinture à l'huile des Flamands, et des visages desséchés de Giovanni Bellini,
aux larges effigies un peu molles du beau peintre
Pâris Bordone, aux grandes figures des doges qui
arrêtèrent un moment la vision désordonnée, fastueuse
et brutale de Tintoret.

V

Entre Tintoret et Titien qui se ressemblent tant
dès l'abord, comme Véronèse leur ressemble, comme
se ressemblent tous les Vénitiens quand l'œil se laisse
éblouir par ces entassements de formes tour à tour
éclatantes ou sombres dans les soleils sanglants des
horizons maritimes, il y a pourtant, si leur verbe a
souvent les mêmes images et les mêmes sonorités,
presque un antagonisme d'âmes. Deux Italiens,
deux Vénitiens dont l'un serait aussi un Grec, l'autre
un Indou. Là, malgré la grandeur des créations,
quelque chose de simple, de sobre, un rythme à qui
obéit l'abondance comme un fleuve de sang au cœur,
la volonté sortie des mêmes sources que la sensibilité
et montée au même plan qu'elle sans efforts. Ici
l'orgie, un rythme haletant et déchiré comme celui

d'un élément qui a rompu ses digues, la volonté toujours tendue pour résister à l'effroyable et continuel assaut de la nature la plus sensuelle qui fut sans doute jamais dans l'art occidental, et la volonté toujours emportée et tournoyante comme une paille dans le vent. Un torrent de soufre et de lave après l'éruption régulière des automnes, des printemps et des étés.

C'est un Michel-Ange à rebours. Il l'avait vu, il aurait voulu lui ressembler. « La couleur de Titien et le dessin de Michel-Ange », disait-il. Il ne fut jamais ni l'un ni l'autre. Il ne fut jamais totalement maître de lui, et ce qui fait qu'il nous étonne, c'est sa perpétuelle défaite, comme ce qui fait que Michel-Ange nous subjugue, c'est sa perpétuelle victoire. Il fut Tintoret et c'est beaucoup. C'est quelque chose de si grand qu'on hésite au seuil de l'œuvre, qu'on la déclare creuse et lâchée, par peur d'y pénétrer. Il fut l'un des miracles de l'art, quelque chose de suprêmement élégant comme la force nue et de vulgaire comme la force qui veut s'habiller, « le plus terrible cerveau, dit Vasari, qu'ait jamais eu la peinture », un héros bestial.

Dans l'histoire de son esprit, il y a des profondeurs obscures. Tant de force ne peut jaillir que d'un abîme de sensualité et de tourments. Sa vie passionnelle est confuse. Elle est pleine des tragédies silencieuses ou brutales d'un inépuisable désir. Il travaillait à la lueur des lampes, remuant ses foules en tumulte dans l'ombre où vacillent des feux. Il était musicien. Il environnait sa peinture d'une rumeur d'harmonies déchirantes que le violoncelle arrachait aux contractions de son cœur. Il était emporté dans l'orage symphonique qui montait de toute cette peinture enivrante et triomphale à qui Véronèse mêlait la voix

96

97

des instruments sonores pour donner plus de gloire à la vie et au ciel. Il vécut dans un éblouissement sinistre de visions colorées et de sensations monstrueuses qui ne lui laissaient pas une minute de repos.

Il couvrit de fresques et de toiles cent murailles d'églises, de palais, d'écoles, de cloîtres, souvent pour rien, pour se soulager. Il était comme un gouffre

Tintoret. 96. Moïse sauvé des eaux (Musée du Prado). *Ph. Anderson-Giraudon.* — 97. Suzanne au bain (Vienne). *Ph. Bulloz.* — 98. *Détail* de 97.

souterrain, trop rempli de flammes, de pierres, de fumée, avec une gueule trop étroite pour leur donner issue. Cela sortait de lui pêle-mêle et se dispersait au hasard en lambeaux déchiquetés, en pluie de cendre et de suie, en étincelles qui montaient au zénith. Comme d'autres un madrigal, il improvisait des épopées. Comme d'autres manient les physionomies et les gestes par des couleurs et des volumes, il maniait, non pas au gré de son esprit, mais au gré des instincts

99. Tintoret. Le Massacre des Innocents, *détail* (Sc. S. Rocco, Venise). *Ph. Anderson-Viollet.*

sauvages que lui imposaient ses sens, les foules, la mer et les nuages par de la lumière et de l'obscurité. Les foules, la mer, les nuages étaient des voix qui répondaient à ses tempêtes.

Ses formes enlacées, disloquées, combattantes ou s'écroulant, liées en grappes ou dénouées, traînées et secouées d'un bout à l'autre des idées et des sentiments emportés dans le vertige d'un esprit que le tourment de la fécondation dévore, il n'a pas le temps de les incorporer à la muraille pour qu'elles fassent avec elle un bloc. De structure puissante, dont la hâte le fait souffrir, mais qu'il ne peut pas pousser plus loin, toujours précipité en avant par son imagination en délire, il les laisse fondre sur elle, comme de la poussière et du sable raclés par l'ouragan. L'arabesque italienne que Titien avait fait entrer dans la substance de l'espace flottait en tourbillons comme une guirlande brisée, et quand il parvenait à en river les lambeaux avec la flamme de son rêve, elle traînait après elle de tels paquets de formes enchevêtrées qu'elle disparaissait sous eux. Qu'importe! On la sentait dans la profondeur tressaillante, dans le dynamisme même de cet enchevêtrement. Le geste jaillissant qui frappe ou qui maudit ou qui implore a tant d'élan, il vient de l'intérieur du drame avec une telle rigueur, qu'il emporte avec lui le drame même dont, par l'esprit, on fait le tour. On dirait que le peintre exprime, du côté visible des formes, toutes les surfaces invisibles que les lignes de force font converger vers la main, le bras, la jambe, le torse ou la face en action. Comme un athlète submergé par la marée montante d'une matière organique confuse où l'éclair de l'intelligence seul saisirait des différences et pousserait des directions, Tintoret l'embrassait d'un coup, dans son ensemble, et la tordait avec une telle puissance qu'elle apparaissait soudain formulée, caractérisée, organisée par tous ses côtés à la fois. Il plongeait si profondément dans la matière de Venise que son front seul la dépassait. Mais de quel regard il en faisait sourdre la vie! Greco jaillit de toi comme une flamme, hymne du *Paradis*, concert des anges, chef-d'œuvre de la symphonie peinte où le sujet n'apparaît pas mais où le bleu, l'argent, le rouge, l'ambre et l'or exaltent en sonorités tantôt voilées et tantôt triomphales la gloire de l'espace, de la musique et du rythme éternel sous lequel l'univers apparaît désormais à l'homme quand il en a senti la présence dans son cœur.

Quand l'esprit monte en tourbillons, on trouve où le foyer brûle. Tintoret est le plus véridique de tous les Vénitiens. Son lyrisme tient à la terre. La Venise resplendissante vit en lui, certes, la Venise théâtrale et romantique des processions et de l'Orient, mais aussi la Venise triviale, le port méridional et levantin où les couleurs qui teignent les robes et les tentures de triomphe ont été faites de la pourriture et des haillons qui fermentent dans l'humidité et le soleil. La maison du père de Jésus est un atelier de charpentier, la foule qui monte au calvaire avec lui est la foule du quai des Esclavons et le tumulte de la crucifixion est une cohue populaire. Des outils de travail, du pain, des viandes pêle-mêle avec des colliers de perles ou de corail, des miroirs, des peignes d'or. L'odeur des foules en sueur, l'odeur des belles femmes l'enivrent comme des poisons mêlés. Le cygne qui caresse l'éclatante Léda sort d'une cage à poules.

L'histoire vécue chaque jour forçait l'anachro-

100

nisme à vivre. Les hommes de ce temps-là n'avaient
pas le loisir de fouiller les bibliothèques. Et puis c'était
toujours l'esprit méditerranéen. Il ne changeait pas
beaucoup plus que le sol et la lumière. Les turbans,
les robes patriciennes, les animaux et les fruits merveilleux entraient dans les palais de Venise pour y
rencontrer des marchands italiens et des femmes aux
épaules nues, et l'immobile Orient qu'apportaient
les marins avec leurs denrées et leurs récits mêlait
l'histoire sainte à l'histoire vivante, la légende païenne
à la vérité sensuelle dans l'éternité de la seconde que
le génie d'un homme saisissait. Tintoret est l'historien
de la terrible République.

100. Tintoret. La voie lactée (National Gallery, Londres). *Ph. Anderson-Viollet.*

Ce qui fait vivre et dramatise tout cela, ce qui le réunit à son âme, c'est la Venise sombre des jours d'orage et des soirs, la Venise dont le pavé et les eaux noires miroitent de reflets sulfureux. Il y a des éclaircies, des mers d'argent, des ciels ayant des transparences de diamants colorés, il y a surtout des mers nocturnes, des ciels où les nuages sont épais et visqueux comme des caillots de sang. Il y a les orangés et les cuivres sinistres que Titien n'avait aperçus qu'à la fin de sa vie, alors que le crépuscule des années s'assombrit comme ceux du ciel, des verts phosphorescents qui moisissent sur le sol gluant des marchés où la vase de la lagune est versée avec la pêche, des rouges vineux à peu près noirs où l'or ne tremble plus que comme une étincelle presque éteinte.

Dans cette atmosphère lugubre, les grands corps nus des Vénitiennes resplendissaient. Toutes les fois que Tintoret rencontrait la femme, une sorte de concentration des forces qu'il échangeait incessamment avec l'univers extérieur se faisait en lui. Même quand il peignait le *Jugement dernier*, même au moment de la précipiter dans les tourments qui ne finissent pas, il la couvrait de caresses ardentes. L'ivresse fumeuse qui montait à son cerveau de tout ce qui avait une forme, une couleur, un parfum, un son, et qui mettait devant ses yeux comme un brouillard de pourpre, se dissipait tout à coup. La matière divine où s'élabore et qui transmet la flamme humaine l'envahissait comme une aurore. Tout se transfigurait. Tintoret chantait la chair avec un tel emportement lyrique qu'il franchissait d'un élan le seuil des régions supérieures où n'avait pu l'introduire son effort incessant d'idéalisme moral. Giorgione, Sébastien del Piombo, Titien étaient restés dans les sphères profondes d'une sensua-

lité calme où descendait l'or des fins de jour que le
soleil sombré inonde de son souvenir, et des fins de
saison où les végétaux accumulent dans leur tissu
tout ce qu'il a répandu de rayons au cours des mois
d'été. Tintoret rejoint Véronèse pour enfoncer les
portes éclatantes au delà desquelles l'esprit rencontre
la clarté. Et quand il s'agit de célébrer l'apothéose
de la femme, sur qui l'âme de Venise, au XVIᵉ siècle,
concentre toute sa passion, ils sortent tous les deux des
alcôves de pourpre où les formes couchées mettaient
sous les yeux de Titien comme un bloc de lumière
blonde, ils dépassent les lisières des forêts obscures
où les corps nus illuminent l'ombre bleuâtre, ils ne
traversent la lagune que pour fixer sur leur palette
l'opale et le corail, les pierres opaques ou translucides
qui roulent avec l'ombre des palais renversés dans le
scintillement des vagues. Comme pour faire entrer
l'âme du monde dans les grands corps sacrés, les
reins creux, les hanches pulpeuses, les seins, les bras,
les cuisses, les genoux, les nuques de nacre alourdies
par les cheveux blonds tressés de grosses perles, ils
mêlent l'ambre et l'écume des eaux aux espaces étin-
celants où pleut la cendre des étoiles, où la neige
des solitudes avec l'azur nocturne et le brouillard des
nébuleuses fait des ruissellements de lait. Les conqué-
rants de la mer ont fait la conquête du ciel.

VI

Venise avait vu à l'heure où, surtout par Titien,
elle prenait conscience d'elle-même, s'élargir jusqu'aux
limites de l'espace tout ce qui constitue sa masse
propre, ses palais, ses fêtes, l'eau de ses lagunes, la

chair de ses femmes, les plaines boisées et les horizons de montagnes qui s'étendaient à ses portes. De là, les harmonies un peu sombres, dorées, rouges et bleues qui retentissaient dans ses ciels. Tintoret s'était servi des drames de l'espace pour exprimer, en les mêlant à la substance de Venise, les drames qui brûlaient son cœur. Véronèse s'empare de l'espace, le fait entrer dans la vie solide et matérielle qui déroule son décor devant ses yeux éblouis. Mais comme il n'a pas de drame en lui, comme il a de la vie une vision extérieure et formelle — la plus colorée, il est vrai, la plus lumineuse, la plus splendide qui fût jamais — il n'est pas lui, il subit Tintoret ou Titien quand il voit des mers sombres, des mers tragiques, un air traversé de fulgurations. A lui les mers pulvérulentes, grises, les mers d'émeraude et de saphir voilés, les ciels d'un rose si lointain qu'on n'en voit comme celui-là qu'aux plumes de la gorge de quelques oiseaux blancs, à lui la liberté du large où le vent fait voler l'écume en poussière, l'espace sans borne que la vibration des molécules emplit d'argent diffus.

Sans doute Véronèse, qui venait de la terre ferme, avait dû voir cet argent froid que Moretto, le peintre de Brescia — et le maître de Moroni, le portraitiste attentif des figures populaires, des ouvriers au travail, des marchands, des savants — apercevait dans les airs, sur les glaciers des Alpes et les nuages blancs qui passent au-dessus des lacs. Mais jamais, sans Venise, il ne l'eût réchauffé de rayons solaires, irisé de vapeur d'eau, jamais il ne l'eût fait pénétrer jusque dans la matière des robes, jusque dans la peau, jusque dans les cheveux des femmes, jusque dans le volume des eaux et le tissu des marbres, jamais il ne l'eût ainsi constamment mélangé, comme pour leur donner une transparence aérienne, aux torrents de couleurs qui inondaient ses toiles, y ruisselaient en nappes miroitantes, tombaient en cataractes pour rebondir et s'éparpiller en une poussière d'harmonies que la lumière traversait.

Le geste, juste et vivant, d'ailleurs, est une expression décorative. Il traduit les mouvements de la surface de l'esprit, tels qu'on en a dans une fête où l'homme ne livre de lui que ce qui peut accroître sa valeur mondaine aux yeux des autres. Ce qui ne veut certes pas dire que Véronèse soit un peintre mondain. Van Dyck n'est pas encore venu créer le peintre mondain, celui qui se chargera d'abord de dévoyer, et puis de déshonorer la peinture. Le peintre mondain est l'esclave du « monde » et Véronèse soumet « le monde » à la souveraineté d'un génie qui joue entre les bornes à peu près inévaluables de son propre caprice et de son propre jugement. Le luxe est un objet pour lui, au même titre que les arbres, les fleurs, les fruits, la mer, le ciel, la femme nue. Un objet dont la splendeur, la tonalité, la puissance sont en lui-même, Véronèse, qui l'aime pour les spectacles prodigieux qu'il y ramasse à pleins regards, comme la moisson brusque et miraculeuse de trois siècles d'aventure, de gloire et d'effort. Il est le poète du luxe, le plus grand poète du luxe, le seul grand poète du luxe qui ait sans doute existé. Du moins n'en vois-je point un autre, et celui-là me suffit.

Des gens graves, je le sais bien, l'ont déclaré « superficiel ». A leur aise. Mais je souhaiterais qu'ils commencent, d'abord, par pénétrer jusqu'au centre complexe et secret de sa force. Il est vrai qu'on ne trouve pas, en ceux qui passent devant lui, un seul sentiment profond qui répande en une inclinaison de

101

tête, un regard, une main qu'on tend ou qu'on retire,
un enlacement, un départ, tout ce que nous avons en
nous de permanent, tout ce qui fait que nous sommes
forts et que nous sommes faibles, tout ce que nous
cachons avec une pudeur quelquefois désolante et
quelquefois sublime quand nous nous savons surveillés.
On regarde des seigneurs qui passent, on se penche
aux balcons pour voir défiler les gondoles traînant
dans leur sillage le velours rouge, noir ou vert, on
caresse des chiens de luxe, on cause en regardant
ailleurs, on remplit des coupes, on tend des corbeilles
de fruits, on écoute distraitement, et jamais avec le
cœur, une musique qui joue au cours des festins magnifiques où le verre et l'argent résonnent. Mais la
profondeur de Véronèse n'est pas là. Elle est dans son
incommensurable pouvoir à combiner ses sensations
et les expressions qu'il en donne. S'il faut entendre par
peinture l'art d'organiser symphoniquement les couleurs, il n'y eut jamais, et jamais il n'y aura de plus
grand peintre que cet homme dont le nom même,
quand on le prononce, semble un ruissellement de

Véronèse. 101. Les filles de Loth (Musée du Louvre). *Ph. Hachette.* —
102. L'enlèvement d'Europe, *détail* (Palais ducal, Venise). *Ph. Anderson-Viollet.*

perles et de pièces d'or. Le monde monte à lui comme
une mer de visions colorées si multiples, si complexes,
si pénétrées les unes par les autres que quand elles
ressortent de lui, c'est comme un univers où nous
n'aurions perçu que des pâleurs et des murmures et
dont toutes les voix éclateraient tout d'un coup en
sonorités triomphales. Les couleurs ne vivent pas par
elles-mêmes. On ne peut les déterminer. Toutes entrent
dans chacune d'elles pour la détruire et la recomposer.
Toutes s'analysent à l'infini pour faire des tableaux
de Véronèse comme un prisme immense où la nature
se reforme toute seule dans le jeu et la pénétration
réciproques des tons, des ombres, des reflets, ainsi
que la lumière la reforme à chaque seconde du jour
à partir du moment où le soleil s'est levé jusqu'au
moment où il se couche.

Ce qui reste surtout, quand on a parcouru ces
palais à hautes arcades, ces forêts claires de balcons
et de colonnades qu'Andrea Palladio ouvrait sur
l'étendue, quand on a vu ces belles formes enlever
leurs contours tremblants sur la palpitation de l'air,
ces profils penchés sur des fonds de ciel, ces grandes
femmes à genoux avec des étoffes qui traînent, la
gloire de leurs corps prosternés, ces larges gestes, ces
révérences, ces seigneurs à simarres brodées, ces servi-
teurs, ces musiciens, ce faste formidable, ce qui reste
de la vision, c'est le souvenir d'un tumulte puissant,
ordonné et limpide, d'un orchestre où les robes et
les tentures, leurs rouges, leurs verts, leurs orangés,
leurs noirs, leurs roses, leurs jaunes et les dalles multicolores, et les fleurs et les fruits et le cristal répandus
sur les nappes, les peaux nacrées, les cheveux trempés
d'or et d'ambre et les harmonies aériennes, tout joue
ensemble et se répond, fait rouler des accords et des

gammes qui montent sans cesse et redescendent d'un bout à l'autre du clavier, y jettent à flots les voix de la chair, des étoffes, du marbre et de la mer et font comme un grand bruit de fête apporté par le vent.

Véronèse est le peintre de la gloire de Venise. Il a célébré sa force et sa richesse, sa domination sur les eaux. Il a vu les nuages frémir dans ses formes et dans ses reflets. Il a déployé dans la lumière ses drapeaux. Il est monté sur les terrasses de ses palais d'Orient pour voir passer le cortège des Doges quand ils allaient jeter dans l'Adriatique leur anneau nuptial. Il a broyé sur sa palette toutes les perles de la mer que drainaient ses flottes victorieuses. Il a parcouru la courbe du globe à leur suite et deviné l'aspect des voiles azurés qui le bercent dans l'éther.

En faisant participer les rayons qui traversent l'espace, sa fraîcheur, ses rumeurs, ses brises, aux poèmes mythologiques où la nécessité de l'amour s'affirmait avec un tranquille lyrisme, il a noué la chaîne d'or et de feuillage tendue entre l'esprit antique et le nouveau paganisme qui devait fleurir, plus tard, dans l'âme de Watteau. On reconnaît, chez ce Vénitien somptueux et sensuel, dans les arbres revêtus de lierre et de mousse où éclatent des fleurs rouges, dans les formes subtiles, nues ou voilées d'étoffes légères qui palpitent sur les flots comme des pétales de rose, l'aurore de cette impondérable poésie qui bercera, deux siècles après lui, la mort souriante et brave des vieilles aristocraties(1).

Cette divination poétique est d'autant plus admirable chez Véronèse, que le siècle qui le suivit fut

(1) Voir la note de la page 168. La fin du présent chapitre a subi la même modification et le même déplacement que celle du chapitre précédent. (Note de 1923.)

tout à fait silencieux à Venise, tandis que ce même siècle, par les hommes du nord de l'Europe, par Poussin, par Claude Lorrain, par Rubens, préparait Watteau. Du temps même de Véronèse, avec Bassan, dont les rouges vineux et les ombres opaques envahissent les fonds qui s'éteignent, avec Schiavone et ses paysages déclamatoires, avec l'abondance triviale de Palma le jeune, la vie artistique de Venise sombre dans la vulgarité, comme sa vie amoureuse va s'enliser dans la basse et veule débauche. Dès le xviie siècle, elle tend à devenir le lupanar de l'Europe. Après avoir vécu de son travail aventureux, elle vit de ses rentes. Aucune société, aucune civilisation ne résiste à cela.

Cependant elle avait accompli sa tâche, fondé la grande peinture, lancé les artistes sur une voie au bout de laquelle il faut trouver autre chose, ou mourir. Tâche immense, en vérité, qui établit pour ainsi dire la circulation intellectuelle de la civilisation moderne, bien avant la musique allemande, appelée deux siècles plus tard à donner à l'esprit européen la conscience profonde de ce grand événement. L'unité sensuelle de l'Europe devenait, par l'action de la peinture vénitienne, sa fonction spirituelle même, celle dont le panthéisme et le transformisme du Nord allaient s'emparer. En introduisant l'air et sa vie dans la peinture, les Vénitiens y avaient fait entrer la continuité non plus abstraite, mais active et visible des formes qui se combinent, des plans qui s'enfoncent, de tous les fragments de matière solide, liquide, aérienne, qui se déterminent les uns par les autres et passent les uns dans les autres par une infinité de transitions que le rôle du peintre est de nous faire pressentir sans en dévoiler le mystère. Par là, Venise fait un bloc dans l'étendue, comme aussi elle en fait un dans la durée, en réalisant la communion momentanée de l'esprit antique et de l'esprit moderne, du monde musulman et du monde chrétien, de l'indifférence asiatique et de l'optimisme occidental.

Car Venise est indifférente. Elle accepte sans choix tous les matériaux que la marée du monde porte jusqu'à ses sens. Et Venise est idéaliste, puisqu'elle groupe ces matériaux en organisations nouvelles et généralise toujours. C'est par son imagination, qui est bien moins la faculté d'inventer que de combiner des images, qu'elle reste italienne et joue, dans la Passion de l'Italie renaissante, le dernier acte du drame. La vie passionnelle a révélé à l'Italie un monde qui se rapprochait de sa vérité intérieure. Elle est passée d'une forme à une autre pour réaliser, dans un effort d'harmonie synthétique, le besoin qu'elle avait d'une forme générale où son désir se reconnût.

Ainsi, dans son ensemble l'Italie, où le lien social, au moyen âge, n'avait existé par réaction idéaliste et passionnelle que dans le cœur de quelques-uns, Dante, François d'Assise, Giotto, l'Italie, par besoin d'équilibre, au moment où ce lien social qui lui a échappé se dénoue partout ailleurs, recherche d'autres moyens d'unir l'individu, à l'aide des liens spirituels que tous ses sens lui peuvent révéler, aux milieux sociaux et naturels sans cesse modifiés par l'évolution des hommes. Par l'arabesque intellectuelle que décrivent Florence et Rome, par le passage sensuel que Venise a découvert, l'Italie livre à l'Europe ce que réclamaient ses besoins.

Le Cycle Franco-Flamand

I

Le véritable esprit de la Renaissance ne s'introduisit dans l'ouest et le nord de l'Europe que grâce aux guerres d'Italie. En France, en Flandre, le XVe siècle est gothique, l'individualisation des formes de la pensée s'y produit à l'insu des artistes. Architectes, peintres, sculpteurs, verriers, tous gardent l'âme médiévale, dissociée, fragmentée, mais peut-être exaspérée aussi. Il semble même que pris en bloc, envisagé dans son ensemble, le XVe siècle réponde davantage à l'idée globale et superficielle que nous nous faisons du gothique que les siècles précédents. L'esprit communal est vaincu. Le règne du théologien recommence, mais du théologien prisonnier de la lettre, en qui la flamme s'éteint. Le peuple, écrasé de nouveau sous la puissance féodale, le peuple qui n'a plus d'espoir se tourne du côté des paradis artificiels. Alors, le magnifique équilibre des grandes cathédrales est tout à fait rompu. La flamme monte en crépitant, se tord, lèche les voûtes, recouvre le squelette nu qui définissait à l'esprit le sens réel de l'édifice. Il s'ajoure et s'amincit, s'épuise en vains élans, s'essouffle et se complique en minuties et en tours de métiers. Le mysticisme maladif des hommes malheureux, fatigués de vouloir, désespérés de sentir que la vie leur échappe,

103. Tapisserie de la Licorne (Musée de Cluny). *Ph. Giraudon*.

envahit toutes les formes de la pensée et de l'action. L'homme ne croit plus à sa force, le miracle est partout, il explique tout, il répond à tout, on n'attend plus rien que de lui. Le seul miracle de ce siècle, Jeanne Darc, qui est le bon sens populaire luttant contre la sottise du clerc, l'esprit de justice insurgé contre l'esprit de chicane, le réveil de la foi candide défigurée par la bigoterie, est regardé d'abord comme un événement providentiel qui dispense l'homme d'agir.

L'affaissement du peuple, avant que n'arrivât la bonne fille, n'était que trop explicable. Jamais la France du Nord n'avait connu des temps aussi durs. A la fin du XIVe siècle, sa population était réduite des deux tiers. Le paysan, réfugié dans les bois ou les carrières, abandonnait aux bandes armées les champs et les chemins. Routiers, brigands, soldats dévastaient les campagnes et rançonnaient les cités sous la bannière de France, d'Angleterre, de Bourgogne ou d'Armagnac. Le froid, la faim tuaient plus de gens que la guerre. Vidées par la peste, la famine, le pillage, l'impôt, les villes en ruine n'étaient plus que des campements où toute industrie, tout trafic, toute vie sociale s'arrêtaient. Les loups erraient dans Paris, en plein jour. On mangeait ce qu'on pouvait, des débris sans nom, des ordures, jusqu'à de la chair humaine, morte ou vive.

A ce moment-là, c'était le silence. L'Ile-de-France, en cent ans, ne vit s'élever qu'un édifice, la Bastille, et c'était une forteresse. Les cathédrales énervées, elles-mêmes, ne poussaient que dans les régions où on trouvait, à défaut d'espérance, les légumes, la viande, le pain, l'argent, Rouen et la Normandie que tenait l'Anglais. Le Français proprement dit ne sculptait plus que des tombes, et l'élan que la peinture gothique descendue de la verrière avait paru prendre un moment avec les Valois — le premier portrait connu, en France, est celui de Jean le Bon par Girard d'Orléans — était brisé. Des artistes errants, il est vrai, suivaient la monarchie errante, Jehan Foucquet, peintre de Charles VII, fondait l'École de la Loire et maintenait, en face de l'oppression anglaise et de la richesse bourguignonne et flamande, l'âme des imagiers de l'Ile-de-France et des conteurs de fabliaux. Mais presque tous allaient là où on trouvait l'action et un peu de sécurité. Les ouvriers gothiques refluent sur un demi-cercle réunissant les Pays-Bas à la vallée du Rhône par la Bourgogne, les villes flamandes à la cour papale d'Avignon par la cour ducale de Dijon, fuyant la zone investie comme s'échappaient les statues et les peintures de l'architecture sociale oubliée ou pervertie.

La Flandre, depuis quatre cents ans déjà, était un tel foyer de vie qu'elle ne pouvait, en même temps, ne pas être un foyer d'art. On parlait dès le XIᵉ siècle de Bruges, de Gand, d'Ypres, gros atelier de teinturerie et de tissage où fermentait un peuple d'ouvriers pauvres, mais groupés en fortes ghildes, qui se levaient en masse à l'appel des cloches du beffroi pour défendre contre le roi de France, avant leurs libertés municipales, le privilège et la fortune des marchands. Qu'importe, le flot montait. Bruges et Gand, au XIVᵉ siècle, faisaient échec à Philippe le Bel. Et cela dans un tumulte qui révélait des profondeurs de vie capables de déborder hors d'elles-mêmes et d'engendrer une action morale irrésistible à l'heure où il le faudrait. L'art, là aussi, naquit de la volonté d'affirmer une force neuve, envers l'homme et contre la mort.

A dire vrai, comme partout ailleurs, la libération
des énergies individuelles devait se traduire surtout
par le développement de l'expression plastique qui
leur correspond le mieux, la peinture. L'architecture
flamande du siècle nouveau, toujours ogivale d'ailleurs
de technique et d'apparence, est une manifestation
bourgeoise très riche, mais au fond débile, des tisserands et des brasseurs. Trop de statues sur les façades
compliquées, statues d'échevins, de marchands, de
soldats, orgie régulière d'effigies officielles alignées
et superposées partout où ne s'ouvre pas la croisée
à carreaux de plomb qui annonce la Renaissance.
Les verticales parallèles où l'or est répandu du haut
en bas, les beffrois ajourés d'où les carillons s'égrènent,
font une châsse ciselée qui semble mesquine à cause
de l'assiette étroite, des lignes qui s'étirent et montent
mais à tout instant se cassent, du scintillement mille

104   105

104. Hôtel de ville de Louvain. *Ph. Ollivier-Viollet*. — 105. *Détail*
de 104.

fois brisé et réfléchi des vitres et des métaux. Toutes les fois que l'architecture gagne en hauteur, perd en largeur, que le vide s'accroît, que le plein s'amenuise, qu'elle oublie pour l'effet ce qui l'attachait au sol, sa fonction, son origine, c'est qu'elle est sur le point de se refuser au rôle que l'art remplit parmi nous et de s'effacer devant d'autres formes d'action. Comme il faut renoncer à trouver une haute expression plastique collective entre le palais médiéval de Sienne ou de Pérouse et l'expression plastique individuelle par qui

Michel-Ange annonce un nouvel ordre intellectuel, il faut abandonner l'espoir de découvrir en Flandre, entre les Halles d'Ypres et l'œuvre de Rubens, un monument où tous les éléments du siècle marchent avec l'ivresse de la force, et d'accord. Mais en Flandre, au XVe siècle, la symphonie sociale n'est pas complètement brisée, et si le mouvement de dissociation qui va lui révéler ses peintres s'accentue peu à peu, l'homme nouveau ne se réalisera que cent ans après l'heure où il apparaît en Italie.

107

106

De plus, la ville flamande est soumise. Alliée du commerce anglais, elle ne peut pas repousser l'union d'abord purement nominale avec la plus riche province de France qui s'appuie elle-même sur l'Angleterre et refuser de s'associer à la ruine de la monarchie française dont elle a eu à repousser tant d'assauts depuis cent ans. La Bourgogne est, comme elle, un centre d'action très ancien. Avant l'apparition de l'ogive, elle constitue le foyer principal de l'École romane du Nord. L'architecture française y a pris plus tard un caractère d'abondance, de luxe, de matérialité très éloigné de l'idéal champenois, parisien ou picard, et quand la sculpture des tombeaux s'y développe comme en France, c'est avec un tout autre accent. Ils ne sont plus les pures, les graves et fines effigies qui s'allongent dans l'ombre presque impénétrable des caveaux, ils sont faits pour les chapelles réchauffées de vitraux et de cierges avec leurs géants bleus couchés sur le marbre noir et pleurés par les anges, leurs moines bien vêtus, bien nourris, bien rentés, et parfois, comme dans le tombeau de Philippe Pot, leur somptuosité funèbre, la force du guerrier tombé, le deuil des pleureurs noirs dont les visages se cachent, la profondeur des rouges et des ors dans l'obscurité rougeoyante. Quand les ducs de Bourgogne arrivent à Dijon, le mouvement d'échange économique et intellectuel entre les provinces flamandes et les provinces bourguignonnes se fait d'autant plus actif qu'il existe, entre les tempéraments de leurs populations, des affinités plus profondes. Même vie plantureuse, plus épaisse peut-être en Flandre, où l'atmosphère est gorgée d'eau, la vie industrielle concentrée dans les villes, pressée autour des métiers, enfoncée dans la laine et le drap, abreuvée de bières

108

106. Claux Sluter. Le Puits de Moïse, *détail* (Dijon). *Ph. Giraudon.*
107. Jean Michel et G. de la Sonnette. Le Saint-Sépulcre, *détail* (XVᵉ siècle) (Hôpital de Tonnerre). *Ph. Giraudon.*

pesantes, plus éloquente et fastueuse en Bourgogne
où le tapis serré des vignes s'étend, de Beaune à Dijon,
sur l'or sombre des coteaux, où les poitrines boivent
plus d'air et de soleil au milieu des ceps, où le vin
rouge enflamme les visages, inonde le sang de chaleur.
Les fêtes populaires des Flamands, les grosses fêtes
lourdes où l'on mange et boit beaucoup, reconnais-
sent leurs plaisirs essentiels, vêtus de velours, de bro-
cart, de drap d'or dans les galas brutaux de la cour
de Dijon, entassements de nourriture, étalage d'amours
grossières, ripailles, beuveries, tournois, carrousels
et cavalcades sur des jonchées de fleurs, fontaines versant l'hydromel et la bière, cadre d'étoffes armoriées,
de manteaux de velours, d'étendards de soie, d'éclatantes tapisseries.

De fait, avec les marchands drapiers et leurs
étoffes teintes arrivèrent bientôt à la cour de Dijon des
artistes des Pays-Bas. Il y vint Melchior Broederlam,
peintre de retables dorés, candide, mais déjà ivre de
couleur comme tout bon Flamand de Flandre. Il y
vint Claus Sluter, bon théologien, grand sculpteur,
dont l'action vigoureuse allait se faire sentir dans
toute la France et l'Allemagne, pour avoir arraché
la forme au mur de la cathédrale et à la dalle du tombeau et s'être porté en avant dans un mouvement de
si rude et large éloquence que Donatello et Michel-
Ange eux-mêmes en seront ébranlés. Il était d'ailleurs
à ce moment-là, dans le Nord, le seul digne de la
victoire, par sa force d'individu, sa décision à caractériser dans une figure expressive une idée morale
essentielle et simple. Les autres prenaient plus qu'ils
ne donnaient aux tapissiers, aux orfèvres, aux minia-
turistes innombrables qui fréquentaient la cour du
duc. Les Valois confirmaient la tradition de leur

famille. Les frères de Philippe le Hardi s'entouraient, comme lui, d'artistes. Jean Bandol venait de Bruges à l'appel de Charles V. Le *Livre d'Heures* du duc de Berry, grand collectionneur d'enluminures, avait été couvert de petits tableaux admirables par Pol de Limbourg, le premier parmi les Flamands à sentir sa fraternité avec le sol que nous bêchons, avec l'air qui nous pénètre, avec les animaux qui travaillent pour nous, le premier à s'emparer de la poésie permanente de tous nos gestes et de tous les objets et du murmure de l'été et du silence de la neige, le premier à faire prévoir que Breughel allait venir.

La peinture, dans le nord-ouest de l'Europe du moins, où les parois des cathédrales envahies par les verrières ne permettaient pas, comme en Italie, le développement de la fresque, est sortie du cœur même du grand corps gothique par le manuscrit enluminé.

108. École Bourguignonne. Tombeau de Philippe Pot (Musée du Louvre). *Ph. Hachette.*

Dès le VIᵉ siècle en Irlande, le VIIᵉ en Angleterre, les VIIIᵉ et IXᵉ en France, de la Loire au Rhin où les influences antique et byzantine étaient entrées avec l'architecture romane, les livres sacrés, missels, psautiers, évangéliaires, avaient commencé très discrètement d'abord, très timidement, à se couvrir de figures en teintes plates gauches, raides, anémiées par la règle monacale dont les Bénédictins du Xᵉ siècle allaient même accentuer la rigueur. Quand vint l'École de Paris, à l'heure où tout le territoire arrosé par la Seine se couvrait d'ogives et de tours, l'inondation de lumière qui envahit la nef des cathédrales illumina les textes saints.

Alors, c'est un énorme chant de joie. Les moines ne gardent pas mieux le monopole de la peinture que celui de l'image sculptée ou de l'art de bâtir. Les laïcs s'emparent du livre qui, même quand il reste sacré, concentre sa vie dans ses images. Naguère, elles osaient à peine orner les majuscules, attirant les regards sur le texte à méditer. Maintenant, elles prennent possession de pages entières et tous les jours font reculer la marge qu'elles finiront par supprimer. Le vieux fond d'or uniforme ne disparaît pas toujours — les bleus, les noirs, les rouges, les verts y chantent avec tant de force! — mais l'enlumineur se réserve le droit de s'en servir à son gré. Il fait flamber son allégresse. Patient, parce qu'heureux, il emploie parfois toute sa vie à fleurir de ses radotages l'indestructible parchemin. Quand on ouvre ces pesants volumes, qui, vus du dehors, semblent si ennuyeux, c'est une éruption d'hymnes à la lumière, des apparitions brusques de jardins et de ciels. Il faut regarder de bien près pour retrouver la douce mythologie chrétienne cachée sous ces averses de rayons comme

Pol de Limbourg. Miniatures des Riches Heures du duc de Berry; 109 : Février, 110 : Décembre, 111 : *Détail* de 110.

111

109/110

une fleur pâle dans l'incendie de l'été. Tout est prétexte à embraser les mornes pages, la mer, les bois, le
sang, le vin, les plumes de l'aile des anges, les robes
des saints, les yeux des saintes, leurs cheveux, leurs
auréoles, les portes ouvertes des cieux. Après que la
Flandre, au xive siècle, a greffé sur l'observation
malicieuse et candide des enlumineurs français son
amour pour le vrai paysage, pour le vrai visage humain
scrutés dans leurs détails les plus menus et les plus
lourds, la synthèse est à peu près faite d'où sortira
la peinture de l'Europe du Nord-Ouest. L'enluminure
a envahi la page, elle y étouffe, elle y manque d'air,
bien que, dans son espace trop restreint, l'air soit
entré à flots, que le paysage s'enfonce, que ses plans
se dégagent du riche chaos des couleurs, que la
parenté de l'homme avec le profond univers soit déjà
plus que soupçonnée. C'est un tableau qui doit, s'il
veut durer, s'échapper d'autant plus du livre que
l'imprimerie vient transformer le livre, le détrôner de
son rang d'idole presque inaccessible pour l'introniser
dans son royaume populaire de diffusion et de circulation sans fin.

II

Mais ce n'est pas l'imprimerie qui libéra la peinture. Elle était sortie du livre avant que l'invention de
Gutenberg eût répandu le livre hors des universités
et des couvents. Les deux mouvements avaient la
même source, ils répondaient au même besoin. Puisque
le peuple ne bâtissait plus ni halles ni églises, il fallait
que l'âme des halles et des églises se répandît en lui
pour y faire germer des âmes qui berceraient son

espoir. Les Van Eyck étaient attendus. On ne s'étonne pas de les trouver si sûrs d'eux-mêmes, n'ayant à peu près rien des primitifs et tels que s'ils sentaient derrière eux une tradition déjà ancienne. Ils étaient en effet l'épanouissement du gothique, dont l'expression colorée avait peu à peu mûri entre les pages des missels.

Il était nécessaire que la peinture à l'huile fût popularisée par ceux qui avaient mission d'ouvrir ces pages et de secouer sur la foule la toison d'or qu'elle avait eu tant de mal à conquérir. C'est par elle qu'ils purent incorporer à la matière peinte la limpidité, la transparence, l'éclat profond et doux de la lumière du Nord, la lumière des ciels couverts, des labours luisants, des bois mouillés, la lumière que ne peut pas éteindre un trop pâle soleil. L'*Agneau mystique* de Van Eyck célèbre à Gand le triomphe de la lumière presque exactement à la minute où le *Baptême* de Masaccio indique au désespoir des Florentins l'idéal formel qui lui apparaît. La foi robuste des Flamands préservait leur sensualité de l'inquiétude italienne. Ils restaient hommes du moyen âge, le cœur solide, l'œil illuminé comme une verrière, et c'est sans le savoir, sans en souffrir et sans aucune hâte qu'ils engageaient l'Europe du Nord sur des chemins inexplorés.

Pas plus que les hommes du XIIIᵉ siècle, les Van Eyck qui venaient de la Meuse et rattachaient ainsi la Flandre et la France au gothique rhénan et à l'école de Cologne n'apercevaient d'antagonisme entre les paradis sensuels et les paradis intérieurs. Ils ne se séparaient en rien des négociants de Bruges et des industriels de Gand. C'étaient de braves gens, aimant leur tâche, de probité robuste et d'esprit peu tourmenté. Ils mettaient, à couvrir leur toile, la conscience de bons tisse-

rands, de bons drapiers, j'allais dire de bons teinturiers. Le paradis, c'était pour eux la prière ponctuelle,
les offices fidèlement suivis, le prêtre écouté et respecté
hors des affaires du commerce et de la peinture, la
vie acceptée simplement, pourvu qu'elle se déroulât
dans un beau cadre d'étoffes teintes et de bois travaillé,
avec des écus dans le coffre, de la bière au cellier, de
grandes épaisseurs de linge dans les armoires. C'étaient
aussi des chevauchées de ville à ville, sur des bêtes
massives qui marchent au pas ou au trot et dont
l'allure et la docilité permettent de respirer à pleins
poumons l'odeur des prés couverts de marguerites,
de longer les buissons en fleurs, d'emplir ses yeux des
fortes visions colorées des étendues vertes et bleues,
où tous les verts et tous les bleus se mêlent et se succèdent, où toutes les cultures et tous les arbres et tous
les horizons noyés installent dans le souvenir d'indes-

Hubert et Jean van Eyck. Retable de l'Agneau mystique. (Gand,
cathédrale Saint-Bavon) : 112. L'Agneau mystique. *Ph. Bruckmann.*
113. Adam et Ève. *Ph. Giraudon.*

tructibles harmonies que fixent le poids des moissons, l'épaisseur des terres labourées, la profondeur des nuages qui parcourent un grand ciel. Il le faut bien pour que, la mauvaise saison venue, quand les chemins sont défoncés, quand l'eau débordée des rigoles noie les champs, on puisse faire entrer dans les pièces profondes qui s'enfoncent derrière les vitres colorées un peu de la large splendeur de ces paysages, broyer l'écrin qu'ils ont fourni pour teindre les robes fourrées, pour sculpter les meubles creux vêtus de dentelles de bois et les bijoux un peu barbares avec le produit de la vente des laines et des peaux. Dans la pénombre riche, les tapis étouffent tout bruit. Une intimité somptueuse règne, arrêtée par le chêne sombre, par les tapisseries tendues, sourdes, souvent resplendissantes mais qu'atténue le demi-jour et qui font entrer dans la pièce des foules silencieuses, une extrême

richesse lourde, une épaisseur de paix et de confort que ne traverse pas plus le mauvais temps que l'écho du malheur des pauvres. Dans ce luxe sans trous, le rouge profond, l'or et le bleu dominent. Mais les rouges des robes et des tapis et des carreaux se répètent dans l'eau des cuivres, le cuivre erre aussi sur tous ces miroirs sourds, l'or et le cuivre répandus, les rouges et les bleus, tout se répond, c'est une harmonie méticuleuse et pesante où des émaux et des pierreries étincellent.

Dans cette Flandre qui vivait de la fabrication et du commerce des teintures et des étoffes, où les dentelles, les velours, les draps s'entassaient dans les maisons bourgeoises, où l'on pendait des tapisseries à toutes les fenêtres quand passaient les cortèges ducaux, prodigieux de faste matériel, il n'était pas possible que l'œil des peintres ne fût pas sollicité sans cesse par toutes ces violentes, lourdes et pleines harmonies. Quand ils pénétraient dans les chambres, elles leur apparaissaient comme de grands coffres ouverts où s'entassaient un peu au hasard les plus magnifiques produits de l'industrie textile, formant des symphonies confuses mais parfaites à cause de la splendeur des matériaux et de la parenté des tons. Des hommes et des femmes qui s'y trouvaient, on ne voyait que les mains et les visages, les corps étaient couverts d'épaisses robes, les têtes de chaperons sombres ou d'amples coiffes blanches qui cachaient les cheveux, les fronts et les cous. Les volumes des corps, la correspondance des lignes se dissimulaient sous les plis, les mains et les visages éclataient dans la pénombre, retenaient seuls les regards de l'artiste avec les fortes taches colorées qui leur servaient d'écrins. Et le tableau se composait tout seul, d'un bloc massif qui s'installait dans leur mémoire sans un vide, ne leur laissant ni l'envie ni le loisir de choisir ou d'éliminer.

C'est ce qui fait des Flamands, des Van Eyck en particulier, les premiers de tous les peintres qui ont respecté l'aspect total de l'homme sans y rien ajouter que leur force à le pénétrer. Ils poursuivent la ressemblance avec ténacité, la ressemblance exacte, matérielle, jusque dans la direction, la forme et la disposition des rides, le nombre des poils, le grain de la peau et c'est la ressemblance matérielle qui, à force d'exactitude, entraîne la ressemblance morale de l'individu dont les besoins et les fonctions ont peu à peu modelé le visage. Visages de marchands avides et probes, de femmes résignées à leur tâche et dont les flancs portent presque toujours leur fardeau pesant et profond, grands visages laids souvent, long nez, large bouche, mâchoire osseuse, peau tirée sur le squelette de la face ou flasque et labourée de plis. Ils sont lourds de force et de calme, denses, pleins, d'une telle épaisseur de matière et d'une vérité si nue qu'on les dirait taillés dans la masse des muscles, des nerfs, du sang, des os. Aucune généralisation, mais pas un mensonge. Chacun de ces êtres est celui qui est venu trouver le peintre, chacun vit tout à fait, sans retour sur le passé, sans regard sur l'avenir, le moment de sa vie où le peintre le rencontra. Mais il en est tant de ces visages, donateurs et donatrices et béguines agenouillés et les mains jointes, échevins, magistrats, membres de confréries, que le type moyen finit par naître de nos souvenirs confus, comme le type moyen des faces taillées dans la pierre par l'imagier champenois ou picard. Le moyen âge continue, son procédé d'accumulation patiente dont chaque élément, vu de près, garde sa caractéristique, et dont l'ensemble, vu de loin, forme un tout compact et solidaire, impossible à dissocier. D'ailleurs, des intérêts communs donnaient aux artistes de Flandre une vie morale commune. Ils continuaient d'appartenir aux corporations du moyen âge. Quand les Van Eyck arrivèrent à Gand, une ghilde de peintres y existait depuis longtemps, qui n'avait ni d'autres devoirs ni d'autres privilèges que les ghildes de tisserands, de forgerons, de teinturiers ou de brasseurs.

114

Jean van Eyck. 114. Marchand flamand et sa femme (National Gallery, Londres). *Ph. Anderson-Giraudon.* — 115. Le Chanoine van de Paele, *détail* (Musée de Bruges). *Ph. Hachette.*

III

Il était impossible qu'à ce moment-là, et avec des hommes aussi sûrs d'eux-mêmes, l'influence de la peinture individualiste du Midi qui se fit, au cours du même siècle, si fortement sentir à Avignon, entamât la Flandre. On ne la trouve pas chez les Van Eyck, ni chez Petrus Cristus, ni chez Bouts, ni chez Van der Goes et Van Ouwater leurs élèves. Cependant, même en ne tenant pas compte de l'action que l'Italie et l'Europe du Nord exerçaient depuis longtemps l'une sur l'autre par l'intermédiaire des architectes et les échanges de manuscrits, on peut être certain que dès la fin du xive siècle, les peintres du Nord connaissaient Giotto et son école, que les Italiens virent, dès le début du xve, se lever le soleil du Nord. Mais si l'Italie ne demanda jamais à la Flandre, bien qu'elle reçût à merveille ses artistes et achetât leurs tableaux, autre chose que des leçons techniques, il fallut un siècle d'appauvrissement matériel et moral pour que la Flandre écoutât l'Italie, et la résurrection d'Anvers pour que l'Italie pût donner à la Flandre un aliment de force au lieu de l'amener à renier ses dons.

Rogier van der Weyden resta Flamand et tout autant que les Van Eyck, mais autrement. Cent ans avant les romanisants de son pays et bien mieux qu'ils ne le firent, parce qu'il possédait la liberté que donne la croyance en soi, il avait vu ce qui assure à la peinture italienne sa puissance de révélation, d'éducation et de rayonnement. Il avait parcouru la ligne continue que la main de Giotto traça sur les murailles pour conduire ceux qui viendraient. Le génie prophétique des Toscans trouve en lui son écho, un peu sourd et comme étouffé par le mysticisme du Nord, mais d'un

116. Petrus Cristus. Jeune fille. *Ph. Bruckmann-Giraudon.* — 117 Dierick Bouts. Abraham et Melchissedec, *détail.* (Pinacothèque, Munich). *Ph. Bruckmann-Giraudon.* — 118. Hugo van der Goes. Saintes Madeleine et Marguerite. *détail.* (Offices, Florence). *Ph. Alinari-Giraudon.*

117

118

accent peut-être plus humain. Il a l'instinct des harmonies puissantes, l'opaque éclat, l'insistance de la couleur, mais c'est pour dramatiser la vie, pour donner des ailes de feu aux anges, pour déployer les violets vineux sur les bleus dégradés des ciels. La force qu'il tient de sa race à particulariser les types, à donner aux corps la maigreur et les déviations de la misère, à exprimer la douleur des visages par le jeu violent de leurs muscles, il l'emploie à ouvrir les portes de l'enfer. Et sa lourde arabesque, lourde d'entraîner de vrais membres et de vrais os, pleins de sang et de moelle, elle lui sert, plutôt qu'à dégager des formes leur sens abstrait, à les pousser avec la compacte matière et la flamboyante couleur d'un seul mouvement dramatique, à faire peser les cadavres au bout des bras tendus, à manifester la présence des épaules et des poitrines sous l'épaisseur des vêtements, à accentuer le désespoir des têtes inclinées dans les coiffes blanches, à tordre les cous et les mains. Tout pèse et tombe, les genoux ploient, les fronts se baissent, seul le ferme dessin soutient ce désespoir au cœur de la vie magnifique, comme un hymne profond qui descend et qui monte pour bercer les vaincus. Mais la voix a des accents déchirés. C'est celle d'un mystique. Quelque chose de nouveau est passé sur les Flandres, a troublé leur paix plantureuse, a dérangé l'égoïsme de leurs marchands, éventré leurs coffres trop pleins, ouvert aux vents leurs chambres trop bien closes. Les figures qui s'agenouillaient autrefois ou s'asseyaient sur des tapis, au milieu des boiseries sculptées ou des tentures, marchent maintenant ou s'écroulent sur des dalles d'églises, s'encadrent du fleurissement compliqué de la dernière architecture chrétienne, les clochetons et les pinacles envahissent de leur décor dentelé la toile où les vitraux répandent l'averse de leurs rayons.

En Flandre, en France, la même ardeur mystique monte des manuscrits du même temps. Les processions portant des châsses d'or se déroulent au creux des ruelles, des archanges d'or planent sur les villes ajourées, pignons aigus, clochers grêles, dentelles aériennes, flèches d'azur et de soleil traversant les vitres étroites des églises et des maisons. Tous les nerfs de l'artiste vibrent avec la vibration des cloches, s'exaspèrent de faim, de prière, de rêve, de désespoir. Rien ne peut exprimer la dernière lueur que jette le manuscrit enluminé au moment d'entrer en agonie. On dirait que tout le tumulte sensuel du début de la peinture franco-flamande, tout l'embrasement mystique de sa fin se sont concentrés sur la page pour y faire éclater leur fanfare d'or et de feu. Il flambe comme une verrière. La fournaise infernale et le buisson ardent font paraître encore plus rouge, avec des reflets plus sombres, la flamme des crépuscules incendiés et l'âcre vapeur qui monte de la guerre de France et des insurrections flamandes écrasées dans le sang.

C'est que la Flandre souffre à son tour. Sans en être réduite à la misère des provinces françaises du Nord, saine encore, active, très vivante, elle commence à sentir le poids du gantelet du Bourguignon. Tout son or passe à payer la fête ducale et la guerre française, tandis que l'Anglais pèse de plus en plus sur l'industrie des Gantais et le commerce des Brugeois. Bruges et Gand, en outre, se querellent, Gand aide le duc à réprimer l'insurrection de Bruges, le duc s'appuie sur Bruges pour étouffer la révolte de Gand. C'est le commencement de l'égorgement systématique des Pays-Bas et du pays wallon. Liège et Dinant auront

262

119

leur tour en attendant l'arrivée de l'Espagne, la terrible
guerre des gueux, les bûchers, les massacres, quatre
générations broyées, l'édifice énorme des ancêtres en
ruine et dévasté.

Bruges se meurt. Dès la fin du xvᵉ siècle, son port
s'ensablera. Le dernier des Van Eyck a pu déjà assister
à l'échec de sa tentative de libération. Rogier van der
Weyden travaille à Bruxelles quand il n'est pas en
Italie. Simon Marmion, le miniaturiste d'Amiens,
vit à Gand, chez Philippe le Bon. Dierick Bouts, sans
doute, est à Bruges, mais il lui vient de Hollande,
Hugo van der Goes est Gantais, Memling, comme
les Van Eyck, est des provinces du Rhin. On dirait

119. Rogier van der Weyden. La descente de Croix, *détail* (Musée de
l'Escorial). *Ph. Anderson-Giraudon*. 120. *Détail* de 119.

que la ville illustre n'attire plus les peintres par l'éclat de ses fêtes et sa puissance d'action, mais qu'ils cèdent, en venant y vivre, à cette sorte de dilettantisme maladif qui s'empare des artistes aux heures de découragement social et les fait émigrer en masse vers les belles choses qui s'en vont. Certes, ils y trouvent toujours, et leurs yeux illuminés s'en emplissent, la richesse de ton que prennent à travers l'atmosphère lavée les façades rouges, jaunes, vertes, la vivacité, la fixité, la profondeur des taches qu'elles découpent sur le ciel et font trembler dans l'eau, le manteau royal des cultures qu'on voit s'étendre sur la plaine, du haut du beffroi. Et il leur suffit d'aller de Bruges à Gand pour y assister aux fêtes plus somptueuses que jamais qu'y donne Philippe le Bon, cours d'amour bourguignonnes, défilés, festins, tournois, chapitres de la Toison d'Or. Hugo van der Goes les y reçoit. C'est un peintre puissant, trop pensif et trop tendre pour n'avoir pas senti le drame, trop fortement sensuel aussi pour oublier la magnificence du faste, la saveur du sol, la lumière diffuse dont l'espace est rempli. La profonde terre mouillée, l'éclat sombre du feuillage, et sur ce monde confus dont la vie sourd de toutes parts, en rosée, en sève, en vapeur, en forces de fécondation, la gravité méditative des visages et le poids des maternités prouvent que dorment sous l'écume de grandes épaisseurs d'eau. Mais Bruges se meurt, la Flandre souffre. Ce sont des fêtes extérieures et les yeux ne voient plus guère, dans les noirs et les rouges qui dominent, de leurs notes sourdes et riches, la palpitation des manteaux, des bannières et des tentures, que la couleur du deuil et la couleur du sang.

Les dessous mystérieux de la vie flamande, que cachaient la brutalité des orgies seigneuriales et le

121

faste des marchands, montent à la surface de leur
âme. La Flandre secrète et misérable des béguines
et du bas peuple a son tour. Les artistes ont assisté à
« l'apparition de l'ouvrier mystique, du lollard illuminé, du tisserand visionnaire, échappé des caves,
effaré du jour, pâle et hâve, comme ivre de jeûne (1) ».
On le voit sur les tableaux de Dierick Bouts, pleins de
figures ascétiques, violentes et malades, de personnages
aplatis, de têtes coupées, de sang répandu, de martyrs
aimés, tristes et doux, de bourreaux à faces hideuses,
comme on en trouve aussi dans les manuscrits du
temps et dans la peinture souffrante de Jean Malouel,
venu des Pays-Bas pour s'installer dans le Paris misérable et ruiné de la guerre anglo-française. La haine y
domine, et l'amer regret de ne pouvoir fuir l'enfer
social pour se réfugier dans la campagne qu'il adore,
en bon Hollandais, les prés coupés de bois et de ruisseaux, les lointains mamelonnés garnis de pâturages,
la riche campagne couverte de vapeurs bleuâtres dans

(1) MICHELET, *Histoire de France.*

121. Rogier van der Weyden. Portrait de Philippe le Bon (Musée
d'Anvers). *Ph. G. H.*

les fonds où les villes crénelées entassent les clochers et les tours.

Memling, tout au contraire, se résigne, l'amour l'emporte sur le ressentiment, et le refuge intérieur de la béguine sur l'exaltation furieuse du tisserand affamé. C'est l'agonie de Bruges. Il a promené sa douceur mystique le long des canaux qui s'endorment, il a surveillé sous leurs eaux la fuite des nuages pâles, il a suivi de l'œil les flottilles errantes de feuilles que le vent disperse à leur surface, il a vu fleurir les glycines qui tombent des murs pour la frôler, il a longuement erré dans les cours des béguinages où se dépouillent les platanes, où, derrière la scintillation des mille vitres des façades, la vie s'éteint et s'ouate de silence pour racheter dans l'égoïsme de la paix l'orgie de matérialité, de couleur et de tumulte qui éclate depuis tant d'années au dehors. Son œuvre principale est destinée à un hospice et peut-être préfère-t-il aux vrais paysages flamands, les paysages où l'on s'enfonce dans le grand air en marchant sur la terre grasse, et tout environné de ciel, ceux qu'on parcourt en tournant les pages des évangéliaires, les paysages précieux et fins où brillent des roses limpides et des bleus d'orfèvreries. On dirait qu'il sort à peine de chez lui, qu'il n'aperçoit guère le monde qu'au travers des vitres de sa fenêtre, ce qui donne à ses foules leur aspect lointain et leur aspect précieux, voilé, spirituel à ses paysages. Tous les malheurs du monde, il en trouve la trace, plutôt qu'il ne les éprouve lui-même, dans les attitudes des hommes et des femmes à genoux, symétriquement disposés, et sur les visages qu'il scrute avec lenteur, où la souffrance de plusieurs générations s'est accumulée, visages d'hommes amaigris, anémiés, pâles, visages de femmes tristes et doux,

un peu douloureux, allongés, tirés par le béguin sur
le front et les tempes. Où sont les fortes effigies de
Jean van Eyck, pleines, sanguines, bien nourries,
Jean van Eyck lui-même, sûr de lui, de matière épaisse
et d'esprit solide ? Celui-là est un homme très soigneux, discret, un peu timide, infiniment patient et
attentif, infiniment artiste, malade sans doute, d'un
mysticisme tendre et cloîtré, amoureux de silence et
d'estampes, de vieux livres, de violons et de poésie,
accueillant aux humbles, humble lui-même et très
bon. Si ses martyrs sont pitoyables, ses bourreaux sont
moins repoussants que ceux des autres, le caractère
perd de sa force à être trop minutieusement fouillé
et l'action dramatique se voile un peu sous les fines
recherches de détail et les harmonies méticuleuses.
Pures d'ailleurs, parfois éclatantes, d'un éclat liquide
et limpide qui rend les rouges et les noirs comparables
à ceux des laqueurs japonais, et qu'on retrouve autre
part qu'en Flandre au cours de ce siècle et du suivant,
chez les Allemands, en Italie chez les Siennois et chose
plus inattendue chez Raphaël, en France aussi chez
Jean Malouel et chez plusieurs des petits peintres
anonymes qui précèdent et accompagnent les Clouet.
Ce ne sont pas les seuls rapports de ce siècle avec le
Japon, et, ce qui est plus singulier, avec le Japon du
même temps. A tout instant, dans les tableaux siennois
du XVe siècle, on retrouve des visages allongés aux
yeux obliques qu'on dirait dessinés par un peintre du
Nippon. Pisanello, plus tard Dürer, comprennent
beaucoup à leur manière les plantes et les animaux,
et tels petits portraits flamands de Memling, de Petrus
Cristus, de Hugo van der Goes, comme ceux des ducs
de Bourgogne, vêtus de noir avec la Toison d'Or au
cou, glabres, pâles, grands visages dominateurs et

122

sensuels, font penser par la pureté des harmonies, les oppositions sobres et la décision du trait à l'art de leurs contemporains du plus lointain Orient. Le hasard ? Peut-être non. Les Portugais avaient déjà apporté dans les ports de l'Europe des plateaux et des coffrets laqués, peut-être même des peintures de Meitshio, de Shiouboun ou de Sesshiu.

122. Memling. Barbara de Vlaenderbergh (Musée de Bruxelles). *Ph. Giraudon.*

IV

Cette pureté, cette transparence du ton, cette magnificence intacte émanant de la matière même, tellement dure et condensée qu'elle semble, comme un diamant noir, rayonner sa propre lumière, vont caractériser la dernière école de Bruges. On les trouve même chez Patinir, le plus émouvant peut-être, le profond lyrique du paysage, le conteur puissant et concret des travaux de la campagne, l'ancêtre de Pierre Breughel. Mais Patinir est seul sous ses ciels chargés de nuées, dans ses plaines lourdes et riches où les forêts et les moissons alternent et se succèdent jusque par-delà l'horizon. Le peintre ne vit plus son temps, et quand il le regarde, c'est pour y trouver des motifs à exprimer les harmonies précieuses qui se sont figées dans ses yeux. La force et la vie s'en retirent, comme de tout. Gérard David, l'élève de Memling, ne voit plus dans le monde que des matières ayant la pureté des gemmes et des tons profonds comme l'eau. Les visages, sans doute, comme chez tous les Flamands de ce temps, portent les stigmates de l'âge, des privations, de la douleur physique, des soucis, et il s'efforce honnêtement de nous les faire apercevoir. Mais, avant tout, il est un peintre. Il n'a plus le cœur de Van Eyck, et il s'en faut d'un siècle pour qu'il ait l'esprit de Rubens. Il peint les étoffes et le bois et l'acier avec autant d'attention et de conscience que les mains et les figures, et quand il décrit un supplice, il trouve dans le ton de la chair écorchée et du couteau qui dégoutte de sang, surtout un prétexte à rappeler le rouge dont les bourreaux sont habillés. C'est un harmoniste aussi impitoyable que le fonctionnaire qui découpe la peau du supplicié.

123

124

23

Gérard David s'empare sans remords du refuge fermé des accords irréprochables et des matières sans défaut. On voit bien qu'il vient le dernier. Il est habitué au spectacle où les successeurs de Van Eyck puisaient le fiel et les larmes ou qu'ils fuyaient en se voilant les yeux. Là comme ailleurs, le XVe siècle avait ouvert les veines et déchiré les cœurs. En Italie, le contraste effrayant entre une intelligence qui monte et une action qui décroît, en France la guerre chronique, en Flandre l'agonie convulsive de la liberté.

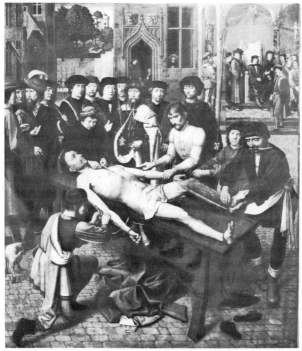

124

Mais, ici et là, la souffrance n'est pas la même. Les temps mauvais ont provoqué la douleur de Van der Weyden, la colère de Dierick Bouts, la tristesse de Memling, la misère de Malouel. Le tourment de Masaccio, de Donatello, de Botticelli vient de l'effort qu'ils font pour arracher leur âme à un idéal usé et pour recréer l'univers. Le drame, là, est tout moral, ici tout intellectuel. Les Flamands souffrent de ne plus vivre pleinement, les Italiens souffrent de ne pas savoir, et quand ils ont appris à force de souffrir, ils souffrent

123. Patinir. La fuite en Égypte, *détail* (Musée du Prado). *Ph. Hachette*. — 124. Gérard David. Le supplice du mauvais juge (Musée de Bruges). *Ph. Hachette*.

encore pour savoir davantage, parce que ce qui domine en eux, c'est le désir des formes absolues et l'imagination pour les réaliser.

De là toute la différence entre les deux mouvements parallèles qui firent passer l'Occident d'une forme de civilisation collective à une forme d'investigation individuelle. En Italie, la passion mène les hommes, ils vont de l'avant parce qu'ils en sentent le besoin, en Flandre, ils vont de l'avant malgré eux, leurs vieux vêtements leur plaisent, et c'est parce qu'avec la peinture ils se sont emparés du paysage intime et réel et non plus surtout destiné, comme à Florence, à exprimer des abstractions, qu'ils jouent à leur insu, dans la conquête du futur, un rôle positif et nécessaire. C'est parce que leur vie sociale est désorganisée, sans doute, c'est parce qu'ils sont malheureux, parce qu'une dépression morale invincible les courbe qu'ils préparent une génération incapable de résister à l'intellectualisme italien, si consolant par ses mirages, mais si funeste à ceux qui n'ont pas conquis de haute lutte le droit de le comprendre et de se l'assimiler.

A la suite de l'invasion française dans la péninsule, le mince rempart que l'école avignonnaise opposait à la conquête morale de la France par l'Italie fut emporté. Suivant la loi, le vaincu prit sa revanche. A travers la France entraînée dans les voies de la culture italienne, la Flandre anémiée sentit le choc. Les peintres, qui avaient déserté Bruges pour Anvers, où se concentrait, surtout depuis l'avènement de Charles Quint, héritier des Pays-Bas par le mariage de son grand-père, toute l'activité des villes flamandes, cédèrent à la séduction du génie méridional. La résistance était difficile. A la suite de François Ier et de

Charles Quint, tous les puissants de l'Occident affichaient leurs préférences pour les peintres transalpins, et, au début du siècle, la grande peinture symphonique était née à Rome et à Venise et faisait paraître l'idéal gothique assez gauche, très diminué de force et de nécessité, aux esprits qui éprouvaient, au Nord comme au Midi, le besoin général d'affranchir les individus.

C'est pour fuir l'impersonnalité médiévale que Jean de Mabuse et Van Orley, et Coninxloo, Coxcie, Van Hemessen, Martin de Vos, Jean Mostaert à leur suite, abaissèrent leur personnalité devant celle des Italiens. Que Van Orley suivît Rome et Florence, que Martin de Vos invoquât l'autorité des Vénitiens, ce fut l'occasion d'anecdotes trop dramatisées, de nudités trop idéales, de mythologies trop pesantes. Si Jean de Mabuse n'avait arrêté quelquefois ses regards sur les glabres et forts visages des princes et des marchands, si Van Orley, tapissier somptueux, n'avait gardé, dans ses formes trop boursouflées, quelque trace du sentiment dramatique dont Rogier van der Weyden anima les débuts de la grande peinture flamande, et surtout si Rubens n'avait pas eu dans sa jeunesse l'esprit hanté par les poèmes maladroits d'une foule d'artistes qui ne parlaient que de l'Italie et conseillaient aux jeunes gens d'aller y étudier les maîtres avant de prendre le pinceau, nous aurions oublié tous les romanisants. Aucun ne sut se pencher sur Anvers, son grand port, sa vie plantureuse, ni surtout regarder au dedans de lui-même l'ascension de l'orgueil de vivre que le contact d'un tel foyer d'action eût pu et dû y provoquer.

Quentin Matsys, parce qu'il y était né peut-être, parce qu'il y avait toujours vécu, parce qu'il ne quit-

125

tait guère sa brosse que pour reprendre son marteau
de forgeron, fut le seul à entrevoir les sources neuves
que la vie montante d'Anvers allait ouvrir. Au siège
de la ghilde, certes, on parlait de l'Italie et les tableaux
que se montraient les compagnons, les grandes nudités
rosâtres dans les paysages sacrés où des troupeaux
menés par des dieux descendaient les prairies en pente,
multipliaient autour de lui la tentation d'abandonner
au courant de la mode les forces jeunes que ses origines
populaires l'obligeaient à respecter. Mais il commençait à comprendre la leçon latine et maîtrisait à demi
l'élan d'un instinct qui se recréait peu à peu. Il a
moins de vides que les grands primitifs flamands,
l'ordonnance de ses tableaux est moins confuse et
quelquefois on y retrouve — comme dans l'*Enseve-
lissement du Christ* — un effort très accusé et très
tendu vers la continuité des lignes et l'équilibre des
volumes, qui doit être le passage du grand sentiment
dramatique de Rogier van der Weyden à la formidable
arabesque où Rubens entraînera dans un tumulte
abondant comme les saisons et ordonné comme leur
rythme, toutes les formes de la vie. N'importe, il est
plus Flamand que les autres, direct, compact, avec
des échappées de charme étrange et de lointains
paysages transparents. Comme il travaillait le fer, sa
matière est un peu dure et sèche, comme il n'avait
pas eu le temps de regarder l'Escaut, les terres grasses
qu'il arrose et le ciel, sa couleur est un peu pâle. Mais
il aime les chairs sanguines, la bonne chère et le bon
temps. En germe, tout Anvers, du prodigieux Rubens
au médiocre Téniers.

On ne peut, surtout après avoir compris Quentin
Matsys, nier la nécessité ni l'importance du rôle des
romanisants. L'idée gothique en Flandre, comme en

125

France, comme en Allemagne, avait épuisé ses ressources. Il s'agissait, pour l'artiste du Nord, ou de mourir, ou d'accepter l'enquête personnelle que l'artiste du Midi lui proposait d'entreprendre. Il accepta résolument — Érasme est du même âge que Jean de Mabuse et Quentin Matsys — et Shakespeare, Rubens, Rembrandt sortirent de cette soumission ardente en attendant Newton, Lamarck et Beethoven.

125. Quentin Matsys. La mise au tombeau (Musée d'Anvers). *Ph. Hachette.*

V

Or, en Flandre, le premier homme qu'elle révéla à lui-même était une espèce de paysan que son langage inattendu, sa verve bizarre et puissante ont trop souvent fait prendre pour un primitif seulement comique, peut-être un peu ridicule et dont l'esprit était libre et hardi, l'âme immense et rayonnante. Il s'appelait Pierre Breughel. Il avait fait le voyage d'Italie, sans se presser, j'imagine, muni sans doute d'assez peu d'argent, à pied probablement, musardant, revenant sur ses pas, faisant de longs détours pour traverser les villages blottis dans les creux qu'il découvrait hors de sa route, s'arrêtant pour dessiner un bouquet d'arbres, un troupeau, un groupe de travailleurs dans les champs, le geste d'un enfant, la forme d'un ciel. Il dut comprendre l'Italie. Au lieu d'en rapporter des procédés d'écriture et des généralisations usées, il revint en Flandre pour regarder, en dehors de toute habitude traditionnelle, de toute préoccupation symbolique ou religieuse, de tout désir de ramener ses visions au grand idéal collectif et confus qui s'éteignait peu à peu dans les masses, l'image très pure et très candide, mais très raisonnée, très humaine, tout à fait personnelle, qu'elle imprimait dans son cœur.

Il découvrit l'intimité du paysage, vers qui, depuis Pol de Limbourg, s'orientaient les peintres de la Flandre, mais qu'aucun d'entre eux, sauf Pol de Limbourg lui-même, van der Goes et Patinir, n'avait vraiment pénétré. Et aussi Jérôme Bosch dont la verve bouffonne masque avec peine un sens profond et familier de la bonne terre paysanne, des moissons, des fenaisons, des semailles et des labours. Les Van Eyck faisaient bien s'enfoncer les plaines derrière les processions et les cavalcades qui défilaient sous leurs yeux, Dierick Bouts, Memling s'apercevaient, sans doute, que les ondulations de la campagne se perdent en des buées bleues à mesure qu'elles s'éloignent. Mais au fond aucun d'eux, pas même Jean van Eyck, aucun n'osait s'avouer à lui-même que les cavaliers, les soldats et les prophètes n'étaient guère pour eux qu'un prétexte, que les arbres et les ciels les sollicitaient davantage. Et peut-être aimaient-ils trop les lourdes tentures, les tapisseries, les robes de velours vert ou noir ou de drap rouge pour chercher vraiment dans le paysage, si attirés qu'ils fussent vers lui, autre chose que des harmonies correspondantes, un accompagnement somptueux et fraternel aux scènes du premier plan.

Chez Breughel, tout change, ou plutôt tout mûrit. [126] [128] Il se place au centre des plaines, c'est la plaine même qui vit, l'homme qui la parcourt ne vit pas d'une autre vie qu'elle, il participe à tous ses changements, à tous ses drames, il a ses habitudes et ses désirs et ses besoins. Avec un égal intérêt, le peintre demande aux hommes et aux arbres de lui parler. Les uns sont ses amis au même titre que les autres, il redit les confidences de la nature inerte et de la nature animée avec le même lyrisme bonhomme, spontané, mais patient, et peut-être un peu goguenard. Ou plutôt rien n'est inerte pour lui de toutes les choses terrestres, rien, pas même le sol, pas même les brins de bois mort, pas même les objets fabriqués par la main de l'homme, pas même les cailloux des chemins. Tout cela lui parle à la fois, discrètement, bavarde avec lui, chuchote, tout a sa petite vie personnelle, modeste, mais décidée à ne rien perdre de ses droits.

Comment, de cette accumulation de petits faits,

sort-il une vie si puissante ? Qu'il pénètre dans l'unique rue ou sur la place d'un village ou se trouve seul au milieu des champs, il voit tout, jusqu'aux choses les plus menues, les fait voir toutes, et imprime à l'ensemble une telle animation que l'universelle poésie de la foule et de la terre vous inonde peu à peu. Comment se fait-il qu'on puisse compter les centaines d'enfants qui jouent, distinguer leurs petits jouets, s'en amuser avec eux, qu'on puisse écouter les cla-

126

127

bauderies et les commérages des ménagères assemblées par groupes ou mouchant les petits ou balayant le devant de leur porte, qu'on puisse accompagner d'un regard attendri les pauvres gens qui vont et viennent avec leurs chariots et leurs outils, qu'on puisse en même temps saisir l'affairement général, le grouillement désordonné de toutes ces humanités si humbles, reconnaître dans la rumeur confuse les rires et les pleurs, tous les cris, tous les appels, les racontars chuchotés à l'oreille? Comment peut-il apercevoir toutes les feuilles des arbres, toutes leurs branches grêles sur le ciel blanc, tous les brins d'herbe, distinguer tous les oiseaux qui volettent et sautillent, décrire l'une après l'autre toutes les fenêtres des maisons et donner du même coup à la nature tout entière cette vie collective qui ne sépare rien de rien, enveloppe et couvre toutes choses du même air, du même ciel? Comment n'oublie-t-il pas, quand il conte avec tous ses menus détails une historiette, qu'il est un peintre, pour soutenir, d'un bout à l'autre de la toile, les plus subtiles, les plus denses, les plus discrètes harmonies, associant les tons avec une science minutieuse que sa tendresse rend émouvante comme le chant d'une voix?

Son monde est un être vivant qui reste vivant de près ou de loin, vivant dans l'harmonie supérieure et imposante de tous ses éléments accumulés, vivant dans chacun des atomes dont le fonctionnement obscur assure cette harmonie. Il porte sa vie en lui-même, on le dirait indépendant du poète méticuleux qui enveloppe son attention de tant de mystère, simplement soumis au rythme des saisons, au passage irrégulier des vents et des nuages, livré, terres et ciels, végétation, cultures, bêtes et hommes, aux tressaille-

Pierre Breughel (?). 126. Parabole des aveugles (Musée de Naples). *Ph. Anderson-Giraudon.* — 127. Les jeux des enfants (Vienne). *Ph. Bruckmann-Giraudon.*

ments les plus imperceptibles de l'immense univers.
Il n'est pas une herbe qui ne s'émeuve, quand l'air
et l'eau s'émeuvent de l'assombrissement du ciel,
pas un flot de la rivière qui ne s'aperçoive qu'elle va
heurter un coude du terrain et se détourner de sa
route, pas un toit de chaumière qui ne change d'expression quand le bouquet d'arbres où il se cache est
couvert de feuilles ou dépouillé, pas un homme, pas
un chien qui marche du même pas sur le sol couvert
de neige, sur le sol boueux des printemps et des
automnes, sur le sol des étés tapissé d'herbes chaudes,
pas un arbre qui n'apparaisse net et noir sur le grand
paysage blanc du silencieux hiver ou n'appartienne,
en août, par son feuillage vaporeux, aux vapeurs
montées de la terre. Le printemps frémit et murmure.
L'été torpide sent le foin et la sueur, l'automne est
lourd de tous ses troupeaux qui moutonnent, ses
arbres trop chargés, ses maisons pleines, toutes ses
mamelles gonflées. Et puis voici le vent, les branches
dépouillées, la hâte de regagner les logis. L'hiver est
clair, l'hiver est sombre, la terre endormie ne bouge
plus, on n'entend rien autre chose que les frissons
glacés de l'eau. L'espace absorbe, dans les harmonies
presque éteintes des saisons mouillées de pluie et
saisies par le froid, les pauvres cabanes blotties dont
les murs sont frottés de terre et les toits frottés de ciel
pour qu'elles participent à la gloire éparse du monde.
L'hiver violet et noir est plus pénible, avec son sol
gelé qui craque jusqu'au bout des branches, que
quand la neige a couvert sa carcasse nue et assourdi
tous ses bruits, sauf les voix des hommes qui montent,
étonnées d'être seules.

Ce grand peintre est un homme bon. C'est pour
cela qu'il partage la misère obscure ou le bien-être

128. Pierre Breughel. L'automne, *détail* (Vienne). *Ph. Bruckmann-
◀ Giraudon.*

obscur de l'eau, de la terre, des feuillages, des bêtes, du sol et de l'air. Comme Jérôme Bosch, qui l'a beaucoup influencé, mais dont il a vite abandonné le symbolisme outrancier, funambulesque et bizarre, l'enfer grouillant de monstres composites, les cauchemars grotesques, le fantaisiste et fantastique esprit, il a certainement entendu la plainte du siècle, et, plus jeune que lui, il a pu pressentir l'approche de l'horrible drame qui va noyer de sang la bonne terre, voiler de fumée le grand ciel des Pays-Bas. Dès 1520, les idées réformistes sont entrées en Flandre, et depuis que l'Espagne y règne, on a déjà brûlé des livres, torturé des apôtres, dressé des bûchers. Peut-être a-t-il connu Antonis Mor, âme implacable, œil sauvage de Flamand espagnolisé prêt à dresser l'effigie atroce du duc d'Albe, le bourreau malade qui va venir rouer, pendre, bouillir ou crucifier les gueux. Breughel souffre de tout cela, mais comme il a puisé dans les campagnes la douceur, il ne dit rien, il se contente de paraphraser pour l'avenir la vieille légende biblique. Vieil amoureux des petits enfants, il a raconté par le menu et par l'ensemble, avec la verve torrentielle de son contemporain Rabelais, tous leurs jeux, saute-mouton, glissades, [127] rondes et fromages, billes, toupies, sabot, échasses, chêne droit, Monsieur et Madame, il a décrit avec une tendre ironie leur petite vie affairée et sérieuse, des plus grands qui font la guerre aux plus petits qui font des pâtés où fouillent gravement dans leur caca, tous les jeux des petits enfants qui jouent à la vie. Vieil amoureux des petits enfants pauvres accoutrés grotesquement avec des culottes trop longues et rapiécées, de gros souliers, des jupons trop grands qui les empaquettent, de grands fichus de femmes croisés d'où sortent leurs petits doigts gourds, il a placé le

129. Jérôme Bosch. Le char de foin. Triptyque, *détail* (Escorial).
Ph. Anderson-Giraudon.

Massacre des Innocents dans un pauvre village, sous
la neige, dix chaumières autour d'un clocher, l'étang
et le ruisseau gelés, un escadron de fer, piques levées,
qui ferme les issues. Les soldats font leur métier, les
mères se débattent avec des gestes pitoyables, de
pauvres gens qui supplient entourent les chefs indifférents, les petits ne savent pas, croient peut-être que
c'est un jeu, se laissent tuer en regardant ailleurs, des
chiens qui gambadent, un oiseau, du sang par terre,
un petit corps étendu. C'est tout. Avant sa mort, il a
vu passer les iconoclastes, il a pu voir casser les statues,
lacérer les images qu'il aime. Tous se valent, ceux qui
brisent l'idole, ceux qui ont désappris comment il faut
l'adorer. Il le savait déjà très bien, il a dit sa pensée
dans la *Parabole des Aveugles*, le paysage indifférent,   126
la chaîne débile des hommes, orbites vides dans les
faces levées au ciel, trébuchant dans les ténèbres absolues de la destinée et de la raison.

Les gothiques avaient introduit la nature dans
la cathédrale, mais par fragments, comme éléments
décoratifs. La cathédrale, du haut en bas, était symbole, mais symbole fixé par le dogme, accepté par la
foule comme vérité révélée. Si les Flamands, à la fin
du xvie siècle, ont définitivement consenti à entrer
dans le monde moderne dont Vinci, Michel-Ange,
Raphaël, Titien venaient de tracer le programme,
c'est avec Pierre Breughel et par Pierre Breughel,
qui a révélé à l'âme du Nord le corps entier de la nature
et rendu le symbolisme éternel à l'appréciation de
l'esprit.

Fontainebleau
La Loire et les Valois

I

L'art de l'imagier gothique, au XVe siècle, n'était pas tout à fait éteint, mais, hors des provinces conquises, il ne pouvait se survivre qu'à la condition d'abandonner sans retour la symphonie architecturale brisée. Comme la Commune était finie, comme la monarchie n'avait ni le temps, ni le loisir, ni les ressources nécessaires à l'achèvement des cathédrales, la sculpture se réfugiait dans le seul lieu auprès de qui passât la guerre sans y pénétrer. Plutôt que de disparaître, elle peuplait le silence des nefs et l'obscurité des caveaux funéraires de grandes figures couchées où, dans un symbolisme d'autant plus émouvant qu'il était plus involontaire, s'associaient l'agonie du rêve social formulé par la foule disparue depuis deux siècles et la crise du rêve monarchique menacé d'avortement. Les sculpteurs français qui avaient couvert leur pays d'ouvriers, de paysans, d'animaux, de feuilles et de fleurs de pierre ne faisaient plus que des tombeaux, et des tombeaux de rois. Ils étendaient l'homme et la femme côte à côte, forts et graves, sans plus de doutes dans la mort qu'ils n'en avaient eu dans la vie, ils formulaient en eux leur propre force, leur propre gravité, l'espoir des consolations qu'ils n'attendaient plus sur terre. Les soucis de métier grandissent vite,

130. Jean Malouel (?). La Vierge et l'enfant (Collection privée). *Ph. Giraudon.*

sans doute, dans les admirables mains jointes, les beaux visages purs aux yeux fermés, les coiffes, les draperies, les robes, les armoiries et les armures. Mais, bien que sa foi l'abandonne un peu plus tous les jours, bien que l'italianisme grandissant l'assiège, la tradition de l'imagier gothique guide encore le sculpteur des tombes jusqu'à Barthélemy Prieur en passant par André Beauneveu, Guillaume Regnault, Germain Pilon lui-même. C'est par une pente insensible qu'il a glissé du sentiment profond de la droiture et de la mort à la science anatomique qui pousse Germain Pilon à étendre tout nus sur la dalle funéraire sa reine et son roi.

L'art des tombeaux rapproche l'artiste français de la monarchie française. Il n'y a plus de franchises communales, il n'y a plus de provinces définies, il n'y a plus de territoire national en formation. Les grands vassaux se partagent les terres que l'Anglais n'occupe pas. Dès lors la France c'est le roi, en attendant que la centralisation monarchique ait, par le roi, refait la France. Où ira le roi ira l'artiste et le sort et la vie du roi décideront, sinon de la nature de l'artiste, du moins de son prétexte à la manifester.

Hors des limites de l'invasion anglaise, en Bourgogne, en Flandre, l'art touffu, matériel, exubérant des villes industrieuses, des granges pleines, des chais bien garnis. Dans les provinces occupées, l'agonie flamboyante des églises, l'imagier misérable cherchant les paradis mystiques, et Jean Malouel, l'artiste resté fidèle au Paris ruiné des grandes guerres, pleurant avec les mères sur les petits, ne voyant plus que des êtres malades, adorant les martyrs, haïssant les bourreaux. Toute la santé française, précaire à vrai dire, chancelante, à tout instant menacée, s'attache à la

131

fortune incertaine des Valois. C'est un art pauvre, maigre et râpé comme eux, mais qui vit, c'est l'essentiel. L'espoir populaire soutient malgré tout et accompagne les princes errants. Jean Fouquet est du même âge que Jeanne Darc, et l'idée française se perpétue entre les pages des missels qu'il enlumine pour le roi Charles VII comme elle s'est affirmée sous Orléans, à Patay, à Reims, à Rouen. La voix est faible parce qu'elle est isolée, mais elle est pure. Avant Charles VII, Jean le Bon a entendu celle de Girard d'Orléans. Après lui Louis XI entendra celle de Villon, Fran-

131. Jean Malouel (?) Pietà (Musée du Louvre). *Ph Giraudon.*

132

133

134

çois Ier celle de Rabelais, Henri II celle de Jean Goujon, Charles IX celle de Ronsard. Cette race décomposée, d'esprit débile, a tout de même entrelacé le lys
royal bleu par le poison et le laurier trempé de sang
aux feuilles de chêne que le vent des guerres nationales
ou civiles arrache à la forêt gothique. A demi Italiens,
ils n'ont jamais tout à fait méconnu le sens de la pensée
française.

Notre vieille peinture, dans cette Touraine paisible où les rois, chassés du bassin de la Seine, s'étaient
réfugiés, sortait comme ailleurs des Livres d'Heures

132. École Provençale. 1480. Adoration, *détail* (Musée Calvet, Avignon). *Ph. Giraudon.* — 133. Froment d'Avignon. Le buisson ardent,
détail : portrait de Jeanne de Laval. (Cathédrale d'Aix-en-Provence).
Ph. Hachette. — 134. Jehan Fouquet. Etienne Chevalier présenté par
saint Etienne (Berlin). *Ph. Giraudon.*

trop étroits pour la contenir. Mais les flammes infer-
nales et les paradis embrasés ne l'attiraient pas beaucoup. Elle avait le bon sens de nos hommes du Centre,
leur pureté d'accent, leur sagesse à peine narquoise.
Elle venait du pays de la bonne Agnès Sorel, du sain
et large Rabelais, du méthodique Descartes et d'Honoré
de Balzac qui dit des choses si nourries dans un langage
nu. Elle était heureuse de vivre et pensait sans fatigue.
134 Personne n'était plus capable que Fouquet de combiner
135 de grandes lignes sur un fond d'or, de bâtir tranquil-
136 lement des portraits de rois engoncés et malades, de
chanceliers solides, de jeunes femmes au sein nu,
charmantes, les yeux baissés sous leur voile, un esprit
impondérable de tendresse et d'intelligence flottant
tout autour d'elles, dans l'harmonie discrète et raisonnée d'une peinture limpide comme un matin de
printemps. Père et maître de la peinture française,
il en avait au plus haut point les vertus structurales,
un peu sèches dit-on, parce que le lyrisme de la couleur y manque ou ne s'y révèle que peu à peu, pudi-
quement, à la manière d'une source qui se cache entre
les herbes, et non à celle d'un torrent. Vertus puissantes, communes à tous nos arts, littérature, théâtre,
sculpture, peinture, dessin, musique, et qui transportent nos huit siècles ininterrompus d'architecture
dans leur ordonnance claire, leur cadence mesurée,
leur sensibilité contenue par les arêtes des charpentes,
leur profondeur sans ombres et leur émotion sans
cris. Père et maître du grand portrait sobre, probe,
plein comme un bloc, jamais pourtant il n'était plus
à son aise que lorsque, oubliant tout à fait le réalisme
magnifique des Flandres qu'il connaissait par les
manuscrits ou l'idéalisme nerveux des Italiens qu'il
étudia lors d'un voyage accompli dans la péninsule

au temps de sa jeunesse, il s'attachait à dire avec un attendrissement secret la poésie intime et paisible des champs, la familiarité du détail domestique, le travail net et vaillant des ménagères tourangelles, tendant les draps, bordant les lits, rangeant les armoires, surveillant la soupe et le feu. Il possédait de la nature un sentiment qui ne peut guère appartenir qu'à un peuple de cultivateurs et qui est proprement français. C'étaient des idylles paysannes, il parlait en familier des troupeaux domestiques et des travailleurs du sol. Tout consentait à sa vie, il fallut l'aristocratisation rapide de la peinture pour que le style dur, hautain et prophétique des artistes italiens donnât à l'art français cet élan bref vers l'interprétation lyrique de la forme qui se réalisera une minute en Jean Goujon. Fouquet n'avait ni le désir, ni le sens du drame, et, quand il passait devant lui, il s'intéressait plus à sa trame psychologique qu'à son mouvement passionnel. Il était presque toujours plus attentif qu'enthousiaste et plus intéressé qu'ému ou plutôt il ne laissait jamais son émotion dépasser la limite de sa mesure irréprochable. Homme spirituel et tendre, un peu goguenard, pénétrant bien qu'ingénu, et très épris de son ingénuité. Quand il peint les cercles d'azur et de feu qui défendent le paradis, il sait fort bien qu'ils ne peuvent pas être d'un autre rouge et d'un autre bleu que les arbres de Judée et les bleuets de sa Touraine. Et les verts acides des prés et les roses vineux des fleurs de marronniers apparaissent toujours sous l'impalpable frottis d'or qui donne à l'événement quotidien sa signification sacrée.

On ne retrouve guère cette bonhomie avisée, cette vigueur précise, cette malicieuse candeur, que deux ou trois siècles après Fouquet dans notre histoire avec

139

135. Jehan Fouquet. Sainte Marguerite. Livre d'heures d'Etienne Chevalier (Musée du Louvre). *Ph. Hachette.*

La Fontaine, avec Molière, avec Chardin. Elles sont
bien de ce pays et de ce temps, elles prolongent par
endroits la rumeur des foules qui baisse. Elles sont
souvent anonymes encore, comme si la France tentait
de résister le plus longtemps possible à l'individualisme tentateur que lui enseigne l'Italie. Belles mains
calmement posées, visages amusés, tendres yeux,
bouches malicieuses, les vieux imagiers et les vieux
conteurs psychologues se prolongent là dedans, comme
ils se retrouveront à travers les moralistes jusqu'aux
nouvelles de Voltaire. C'est à coup sûr, par l'ingénuité,
la malice et la pénétration mêlées, le plus haut moment
du portrait français, qui est le premier entre tous par
la valeur psychologique et qui présente, en ces deux
siècles de souffrance, d'attention et de conquête, de
Malouel à Lagneau, avec Fouquet, Colin d'Amiens,
les Avignonnais, Perréal, les Clouet, Corneille de

¹³²
¹³³

AGNÈS SOREL

136

Lyon, dix inconnus, une continuité sans défaillance. [134]
Mais dans le flot montant de l'italianisme, ce sont [136]
des voix perdues pour le contemporain. Le maître de [137]
Moulins, qui s'appelait peut-être Jean Perréal, cache [138]
dans ses tableaux d'église ses fines figures françaises, [139]
ses purs visages d'enfants, une magnifique douceur [140]
qui s'épanche avec discrétion comme si elle craignait [141]
de froisser les goûts de cour et les modes nouvelles.
Quant aux Clouet, ils ont beau détenir le privilège [142]
presque exclusif de reproduire les traits des rois, des [143]
reines, des princes, des grands vassaux, leur impor- [144]
tance, au fond, est mince à la cour des derniers Valois.
On pose vite devant eux, comme devant un objectif
dont on ne montrera guère qu'à ses intimes l'impitoyable avis. Leur probité, leur attention, leur pénétration sont telles il est vrai, qu'en quelques traits,
quelques lumières, quelques ombres à peine indiquées,

137   138

136. École de Jehan Fouquet. Agnès Sorel (Collection privée). *Ph.
Giraudon.* — 137. Colin d'Amiens. Louis XI (Collection particu-
lière). *Ph. Giraudon.* — 138. Corneille de Lyon. Portrait (Musée
Condé, Chantilly). *Ph. Hachette.*

140

ils arrêtent pour jamais dans ces croquis sans apparat et même sans ironie l'esprit profond que la seconde fugitive révèle à qui sait le saisir. Leurs portraits semblent calqués sur les arêtes du visage, la fente des paupières, le réseau superficiel des veines, tous les cheveux séparés. Figures tarées et malsaines, cicatrices d'abcès crevés, chlorose, oreilles suintantes, race empoisonnée d'Italiens dévots. D'Aubigné, plus passionné, mais moins cruel, a dû sentir ces effigies, comme Brantôme sans doute a connu les figures futées et de grâce mièvre que Corneille de Lyon, l'un des plus aptes de ce temps à voir rôder et à saisir la vie furtive de l'esprit dans la lueur des yeux et le sourire de la bouche, fixait sur des fonds bleus ou verts par les mêmes procédés qu'eux. Ces artistes sont surtout des historiens. On n'a pas su utiliser leur talent minutieux de peintres, courbes continues, ovales purs, émail et joyaux, matière soignée et serrée, harmonies dures et denses. Leurs princes à tailles de guêpe se dressent sur des fonds limpides, leurs chevaux harnachés de pourpre portent les rois vers des camps de drap d'or, ils font oublier la laideur des maîtres en les déposant précieusement en des écrins de feux cristallisés.

II

Comment la terre qui nourrit les sculpteurs des cathédrales, qui nourrit Fouquet, qui nourrit La Fontaine, qui nourrit les frères Le Nain, qui imposa aux Clouet, de souche flamande pourtant, la précision et la sobriété de ses aspects, demeure-t-elle condamnée, après s'être exprimée tout entière dans une explosion d'amour, par les mille voix réunies de la foule la plus

139. Le Maître de Moulins. La nativité (Palais épiscopal, Autun). *Ph. Giraudon.* — 140. Anonyme. Portrait d'inconnue (Musée du Louvre). *Ph. Giraudon.*

homogène et la plus liée à son sol qui fût peut-être jamais, à ne reparaître dans sa saveur simple que rarement au cours des siècles qui suivirent, et dans l'œuvre de quelques isolés? Son manque d'accent, surtout dans cette région de la Loire, lui donne précisément un charme qui devrait envelopper et retenir ceux qui naissent et vivent là. Nulle part les collines ne se succèdent avec tant de douceur qu'en France, nulle part les choses ne baignent dans une lumière plus calme, aussi éloignée de la crudité du Midi que du profond éclat du Nord, nulle part les eaux ne sont plus claires, l'air et le sol plus légers. Les artistes y naissent en foule, peu ressemblent à leur milieu. Trop d'hommes traversent la France, placée au carrefour du monde moderne, entre l'Espagne, l'Italie, l'Allemagne, les Pays-Bas, l'Angleterre, et baignée par deux mers qui lui portent l'Orient et l'Ouest. Jamais elle n'est tout à fait elle-même, et se renouvelle constamment. C'est là sa faiblesse — et sa force. Point de héros la prenant toute dans son âme, mais une intelligence éparse, renaissant sans cesse de ses cendres pour enseigner aux nations qu'elles ont toutes participé à la former et qu'elle ne cesse pas d'agir sur leur développement. C'est un peuple né pour être heureux, pour se nourrir en paix de ses moissons, de ses vendanges, mais condamné au martyre éternel parce qu'il ne donne pas aux autres le temps de le comprendre et que les autres ne lui donnent pas le temps de se réaliser. C'est pour cela qu'il s'était tant pressé de bâtir la cathédrale. Il pressentait qu'il ne pourrait peut-être plus léguer sa véritable image à l'avenir.

L'Italie, du moins, lui soufflait une flamme neuve, et, dans sa force décroissante, il ne lui résistait presque plus. Mais l'esprit de la Bourgogne et de la Flandre

142   143   144

qu'il avait jadis éveillé l'impressionnait à son tour.
146   On voit Michel Colombe quitter la grande nef pour
se pencher dans l'ombre colorée d'une chapelle sur
le grand tombeau théâtral des princes bourguignons.
Il voudrait en avoir le faste plantureux, mais cela même
est impossible. Quelque chose de maigre, d'énervé,
une sorte de tension ardente vers le souci de la beauté
formelle annonce l'invasion de l'idéalisme italien
et par malheur aussi de ses formules. Les façades de
151   cent hôtels, de cent églises, les jubés, les chaires, les
stalles, les grilles des chœurs, les vitraux, le bois sculpté,
le fer forgé, la céramique du même temps portent
tous la même empreinte. Séduite par tant de grâce,
la France va s'abandonner.

Avignon, depuis longtemps, avait arrêté au
passage l'esprit transalpin qui préférait d'ailleurs
remonter la vallée du Rhône pour se mêler à la Bourgogne et à la Flandre en évitant les territoires ruinés
par la guerre. Dès la première moitié du XIVᵉ siècle,
avec les papes, l'Italie avait conquis moralement la
Provence, déjà si préparée à l'accueillir par ses vieux

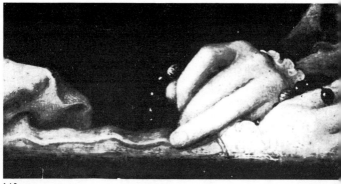

145

souvenirs gréco-latins et les mœurs amoureuses qui n'avaient cessé d'y régner. Giotto faillit se rendre à Avignon. Pétrarque y demanda le portrait de Laure au grand Simone Martini qui était venu couvrir de nobles fresques les salles du palais des papes. Des Français inconnus y travaillèrent avec et après lui. A l'intérieur de la majestueuse forteresse, les murs disparaissaient sous les forêts peintes traversées de chasseurs, peuplées d'oiseaux, tapissées de mousse fraîche où les sources frémissaient. Même après le départ de la cour pontificale, la ville restait le point de rencontre de la civilisation du Midi et de la civilisation du Nord. La proximité de la Cour d'Aix où le bon roi René, enlumineur lui-même, s'entourait d'imagiers, de peintres, de troubadours, de ménestrels, n'avait pu qu'alimenter le foyer de culture ardente qu'un siècle d'activité pacifique y avait créé. Nicolas Froment, le Van Eyck d'Avignon, par ses portraits creusés et graves où la violence du Midi éclate, ses paysages secs, mais brûlants de lumière, où poussent des orangers, y travailla près de lui, dans l'ombre

146. Michel Colombe. Tombeau de François II de Bretagne, *détail :* La Prudence (Cathédrale de Nantes). *Ph. Giraudon.*

fraîche des cloîtres et des châteaux épais, et beaucoup d'artistes bourguignons, délaissés à l'arrivée des Flamands, quittèrent Dijon pour la vallée du Rhône. Enguerrand Charonton y apporta, de Laon, avec la science de la couleur qu'il tenait des peintres de Flandre, la netteté et la santé des Champenois. Creuset vibrant de la force italienne, où la matérialité et la densité de la peinture du Nord venaient s'amalgamer à l'acuité d'observation, à la sobriété française! Par la profondeur sourde de ses bruns, de ses rouges, de ses verts presque noirs ondulant sur le fond abstrait, tout en or avec de lointains clochers et des dômes, par le balancement tragique des grands corps inclinés sur le cadavre nu, par ce cadavre lui-même, pur et sculpté comme une idée, la grande *Pietà* d'Avignon est l'un des sommets de l'harmonie. Hors de l'Italie et de la Flandre, où tout, à cette heure-là, chantait comme un orchestre, dans le grand silence de la France, c'est maintenant comme le son d'un violoncelle montant seul au-dessus des tombeaux. [147]

Quelle que fût, au XVe siècle, la misère de la France, le foyer d'où sortit cette œuvre ne pouvait pas manquer de projeter quelques lueurs dans l'imagination des artistes de ses provinces du Nord. Même avant l'époque gothique, d'ailleurs, l'Italie avait agi sur eux et le roman n'était qu'une application mêlée d'influences orientales et septentrionales du principe architectural essentiel de Rome. Les imagiers, les maîtres d'œuvre, les verriers français voyageaient. On échangeait des manuscrits, des meubles, des armures, le cuivre et le fer travaillés. Mais c'étaient là des influences de surface que la vie puissante du peuple assimilait sans le savoir. Il fallut la grande expédition militaire de la fin du XVe siècle pour crever tout à fait

la digue avignonnaise. Charles VIII ramena l'Italie
à la suite de ses armées.

III

La monarchie française ne pouvait refuser à l'art
italien une sympathie très ardente. Ruinée par cent
ans de guerres, menant derrière elle des hommes à qui
cette période terrible avait fait oublier leur propre
civilisation, elle fut d'autant plus éblouie par les
trésors entassés dans les villes lombardes ou toscanes
que l'art italien commençait dès cette époque à s'exté-
rioriser, à s'appliquer de plus en plus à la décoration
des palais d'une bourgeoisie enrichie et des chapelles
d'une papauté restaurée. L'argent, chez nous, rentre
dans les coffres royaux, la paix renaît dans les campagnes, il est très naturel qu'en revenant vers sa
France frappée d'hébétude où les vieilles sources sont
taries, les jeunes encore souterraines, le roi pense à
ramener avec lui, pour relever ses châteaux, les bâtir,
les décorer, quelques-uns de ces artistes dont la fécondité, la facilité, la verve abondante et nerveuse l'enchan-
tent. L'architecte Fra Giocondo suit Louis XII en
France. François Ier y appelle Vinci, Benvenuto, André
del Sarte, plus tard Rosso et Primatice. Michel-Ange
est pressenti.

La Loire, que les Valois, habitués depuis cinquante ans à y vivre, n'avaient pas encore abandonnée,
devait être la première étape de ces artistes en marche
vers le Nord. Pendant toute la guerre, elle avait été
considérée par les Anglais et les Français comme la
clé du territoire. Les terres qu'elle arrose sont le
visage de la France. Elle unit par son cours la vallée

147

du Rhône et le Plateau central à la Bretagne, tandis
que ses affluents de droite la rattachent au bassin de
la Seine et ses affluents de gauche au bassin de la
Garonne. On dirait que toutes ces longues rivières
lui portent dans leurs eaux les terrains gras du Nord,
les terrains maigres du Midi et les nuages pleins de
pluie qui se sont mirés dans leurs sources. Le chêne,
le marronnier, le peuplier, le saule, les prairies, les
roseaux, tout s'y rencontre. Le « jardin de la France »
naît et renaît sans cesse parmi ces grandes eaux
tranquilles, leurs méandres mous entre les bancs de
sable et les rives pleines de feuilles, les champs inondés
d'où émergent des bouquets d'arbres. Les princes

147. École d'Avignon. Pietà (Musée du Louvre). *Ph. Hachette.*

français choisissaient ces grands paysages abondants
et doux pour y oublier les souffrances du siècle précédent qu'ils avaient subies, pour fuir la responsabilité
de celles du siècle présent. Le château de plaisance y
succédait au château fort. On l'entourait encore de
grands fossés endormis, on le bâtissait quelquefois
sur les rivières, mais c'était plus pour avoir le murmure
et la fraîcheur des eaux que pour le protéger contre
l'ennemi de l'intérieur ou du dehors. Au début, le
monde nouveau s'annonce à peine par les croisées de
pierre ouvertes sur les façades nues entre les grosses
tours à poivrières, pour se pencher sur les jardins.
L'austérité des édifices militaires dont les créneaux
et les mâchicoulis, par où coulait l'huile bouillante,
animaient le profil du mur, ne disparaît pas encore
avec elles. Il faudra que la richesse accumulée
derrière leurs épaisses maçonneries par cinq générations de féodaux, les coffres profonds, les bahuts, les
hautes cathèdres, les dressoirs de bois enlacés de
flammes rampantes, l'énorme profusion de fleurs qui
sèment les tapisseries inondées de noirs et de rouges,
mais d'ordonnance sobre et forte que Beauvais fournit
aux seigneurs, il faudra que cet amas confus de broderies, d'orfèvreries, de ciselures, étouffe au-dedans,
trouve les cloisons trop étroites, veuille étaler au-
dehors la vanité de la fortune acquise, pour que les
façades fleurissent, que les fenêtres s'encadrent d'ornements, se somment de frontons à pinacles et que
l'architecture seigneuriale nouvelle apparaisse en
quelques années.

¹⁴⁸ Ce qu'on a appelé la Renaissance architecturale
¹⁴⁹ française, ce mélange imprécis de styles qui devient
¹⁵⁰ malgré tout un style, sort des multiples influences de
la construction militaire des siècles féodaux, de

[148] [149] [150]

l'ornementation gothique et des pastiches gréco-
romains imaginés par l'Italie, tout cela dressé au
bord des eaux et à proximité des bois. Le principe
architectural essentiel que les hommes du XIIᵉ siècle
avaient saisi d'un seul coup, et qui est de penser
d'abord à la destination de l'édifice, en est absent, ou
du moins la destination du château est d'un ordre si
secondaire, si temporaire et si superficiel qu'elle
masque tout à fait ce principe architectural. La nécessité d'adapter l'organe à la fonction qu'on lui demande
avait dicté aux maîtres d'œuvre les formes simples qui
faisaient jaillir l'harmonie du dedans même du corps
de l'édifice pour en inonder le dehors. Dans l'édifice
gothique agonisant, encore, l'ornement fait à un tel
point partie de l'édifice qu'il est l'édifice lui-même
devenu peu à peu un squelette dépouillé et creusé
jusque dans ses os pour laisser passer la lumière. La
Renaissance, au contraire, songe d'abord à séduire
par la surface, à couvrir d'un manteau magnifique
le corps vidé de son squelette, de ses muscles et de
son sang. Et toute l'architecture moderne est sortie
de cette erreur qui se perpétuera jusqu'au jour où de
nouveaux besoins sociaux réclameront d'autres organes.

　　L'ornementation est d'un temps où l'analyse est
commencée, où le verrier, le sculpteur et le peintre
travaillent chacun pour soi, où mille influences que
l'architecte connaît trop font d'un seul homme une
multitude dispersée, alors que trois siècles auparavant
une multitude ignorante agissait comme un homme
seul. Quand l'Italie déchue a tout à fait conquis l'esprit
des constructeurs, ils s'abandonnent tellement à
l'orgie décorative qu'ils se tournent même vers les
gothiques, contre lesquels ils voulaient réagir, pour

148

leur demander des leçons. Et quand ces façades ne se
compliquent pas de colonnades, de loggias, de tri-
bunes, de galeries à arcades, de tout l'appareil compliqué du décor italien nouveau, les toits d'ardoise, les
grands toits inclinés ondulant jusqu'aux corniches,
s'écrasent sous une forêt morne de pinacles, de clochetons, de lanternes, de cheminées ouvragées, de fenêtres
monumentales. Maigre stylisation énervée, appauvrie,
des vieux rinceaux gothiques si pleins des sucs et des
odeurs terrestres, combinaison infiniment variée,
mais infiniment monotone de tiges enroulées, de
vases, de coquillages, d'animaux, de fleurs, de formes
humaines qui voudraient cacher leur misère sous leur

149

50

abondance essoufflée. La dernière flambée de la passion gothique est devenue une débauche froide, épuisante et forcée, une course décevante après une illusion perdue, la chose la plus triste du monde, un grand amour qui meurt et ne veut pas se l'avouer. Après cinquante années pourtant de cette critique française seule capable de recréer dans les élites une sorte d'enthousiasme intellectuel qui remplace presque l'instinct, l'énergie de Pierre Lescot et de Philibert Delorme assurera aux édifices qu'ils construisent sous l'amoncellement des matériaux qu'on leur apporte, un squelette puissant qui se redresse et maintient son assiette derrière la raide et somptueuse écorce des colonnes

148. Château de Josselin. *Ph. ND-Giraudon.* — 149. Château de Langeais. *Ph. ND-Giraudon.* — 150. *Fontainebleau. Ph. Giraudon.*

rondes ou plates et des floraisons corinthiennes, des grandes croisées à frontons, des bas-reliefs et des statues qui les encadrent. Et depuis l'effondrement des voûtes trop hautes de Beauvais, l'art français connaîtra dans le Louvre son premier moment d'espoir.

IV

Là déjà s'éveille avec force, mais environné de cette grâce altière et de ce sens d'une nature aristocratisée pour le plaisir des féodaux dégrossis qu'eurent les artistes de ce temps, là s'éveille le besoin d'un système architectural tendant à devancer l'accord qu'il réalisera un siècle plus tard avec les commandements du dogme monarchique. A Paris règne Catherine, on oublie Diane. L'architecte contient et guinde sa fantaisie pour élever au centre de la ville la maison symbolique de l'autocratie. Il n'est plus au cœur des bois, il n'a plus à bâtir le grand château de chasse où le roi, au milieu d'une cour galante, vient se reposer de la guerre en courant le cerf et le sanglier et dirige avec de belles femmes la religion et la diplomatie. Il ne suit plus François Ier allant des parcs verdoyants de la Loire où l'abondance des eaux tranquilles berce la fatigue de sa chair, aux profondes forêts de l'Ile-de-France où sa grosse sensualité sanguine s'apaise à verser le sang. Dans ces solitudes animées, si l'architecte avait perdu le sens du besoin populaire qui fait la grande architecture, le peintre et le sculpteur sentaient entrer en eux des éléments de création dont le monde païen avait seul connu la puissance. Il semble, quand on erre au long des allées mystérieuses qui s'enfoncent sous les arbres ensoleillés, quand on

151

écoute s'éloigner le bruit des cors, des appels, des galops, des fuites sous les branches, quand on lit à l'ombre d'un chêne les poèmes de Ronsard qui sentent le buis et le laurier, il semble que des apparitions furtives de hanches et de seins nus animent le lit des eaux paisibles où voguent des cygnes blancs et noirs. Primatice, après Rosso, avait apporté de Mantoue, pour décorer Fontainebleau, l'énorme et abondant savoir de son maître Jules Romain, formé par la Farnésine et en qui la grâce admirable de Raphaël s'étouffait sous le déchaînement de sensualité bestiale où sombra brusquement l'Italie du XVIᵉ siècle après que les prophètes de la Sixtine eurent fait entendre leur

151. Jubé, *détail* (Cathédrale de Limoges). *Ph. Giraudon.*

voix. Tous les deux avaient rencontré les nymphes des forêts françaises. Rosso, pour les retrouver, déshabillait les favorites qui portaient comme elles un croissant dans leurs cheveux blonds. Primatice les faisait entrer pêle-mêle dans les grands salons dorés et cirés, allongeait avec audace, entre les encadrements d'or des glaces, des cheminées monumentales et des fenêtres, leurs grands corps herculéens, leurs longues formes ondoyantes, il associait leurs seins fleuris, leurs hanches pleines, leurs reins mouvants aux fruits, aux blés, aux raisins, aux légumes qu'on apportait des champs et des treilles pour la table du roi. Un olympe mondain s'installait au bord des étangs immobiles que parfois, les soirs d'hallali, empourpraient les torches et le sang.

C'est dans cette atmosphère ivre de sensualité et de grand air que devaient entrer tous les artistes qu'entraînait dans son orbite la gloire grandissante de la monarchie. Chez tous on retrouve Ronsard, l'odeur des bois, l'haleine qui sort des antres frais, une rumeur d'eaux courantes, les femmes nues où le poète des jardins voit de belles colonnes enlacées de vigne et de lierre. Ils étaient exilés du vrai siècle, hors de la multitude, de ses besoins, de ses souffrances, de l'esprit qui l'agitait. Nulle part Montaigne, sauf quelquefois chez les Clouet. Nulle part Rabelais, sauf dans la verve savoureuse et vaillante du bon sculpteur Pierre Bontems. Aucun écho des horribles guerres religieuses, aucune odeur des bûchers où brûlent les chairs et les livres. Les artistes protestants eux-mêmes n'ont pas tous senti passer Calvin. Peut-être y a-t-il tout de même un peu de sa raide nature dans les tombeaux de Barthélemy Prieur? Et sans doute Ligier Richier retrouve-t-il sa vigueur sèche et son

tourment quand il dresse sur un socle un cadavre
pourri élevant son cœur incorruptible ou rassemble
autour du Christ mort un âpre et maigre groupe de
pleureuses et de porteurs. Mais Jean Goujon, le   [148]
plus grand de tous, n'a pas mis les pieds dans le   [149]
siècle. Il est huguenot, mais plus pur et plus doux   [150]
qu'austère, il erre de la Loire à Fontainebleau, il ne
quitte jamais du regard les blés et les eaux qui s'argen-
tent sous le passage du vent.

Il n'est rien, chez nous, qui soit plus français
que cet homme qui n'a pourtant pas notre bonhomie,
ni notre bon sens narquois, qui doit aux Italiens son
éducation d'artiste et qui est comme un trait d'union
entre la France exilée en Italie avec Jean Bologne et
l'Italie exilée en France avec Primatice et Rosso. Il
est ce lyrisme de France qui ne s'éveille presque jamais
seul mais dont la flamme monte dès que le lyrisme
latin ou germanique a traversé l'air près de lui. Il est
l'idée insaisissable qui, d'un bout à l'autre de ce sol
incline, avec le vent, les moissons et les herbes. Il fait
entrer dans la sculpture — quels que soient, d'ailleurs,
sa matière et son travail, bronze ou marbre, statue ou
médaillon, bas-relief ou ronde-bosse, — non pas,
comme les sculpteurs des basses époques, les *procédés*
de la peinture, mais un esprit qui n'est l'apanage ni
de la peinture ni même de la musique, ce fluide invisible qui passe avec les brises, les parfums, les murmures, les sonorités, à travers l'air, le silence et les
eaux, toute la substance diffuse qui flotte sans repos
entre les formes arrêtées. Même quand la forme est
seule et qu'il n'y a autour d'elle ni air, ni silence, ni
eaux.

Avez-vous vu un visage de Jean Goujon sourire
au-dessus d'une épaule nue, un jeune sein fleurir dans

152

153

l'angle d'un bras replié? Avez-vous vu ces membres
ondoyants, ces pieds cambrés et durs, ces mollets
hauts, ces longues cuisses, toutes ces rondeurs graciles
cachant des muscles de fer, ces grandes formes qui
sont faites pour bondir dans les bois à la poursuite
des biches ou pour fuir « comme un faon qui tremble »
quand le chasseur royal a traversé le chemin? Il monte
d'elles une odeur de mousse aquatique, un souffle de
forêt mouillée. Ces beaux bras purs qui coulent des
épaules sont une colonne liquide sortant d'une urne,
ces torses se tordent sur les hanches avec la fluidité
des remous qui se heurtent et se mêlent avant de
s'abandonner au courant, ces draperies agitées par la
brise se rident comme la surface d'une eau, c'est un
bruit de source et de fontaine, la paresseuse ondulation des saules, le murmure des peupliers, les longs
méandres des rivières de France, leurs tremblements
d'argent parmi les roseaux et les algues.

Vraiment, de Rosso et de Primatice à Jean Goujon, et surtout avec lui, il y eut dans cet art-là, cet art
des clairières, des étangs, des futaies, cet art des sta-

152. Jean Goujon. Fontaine des Innocents, bas-reliefs. *Ph. Hachette.*
— 153. Jean Goujon (ou École de). Diane chasseresse (Musée de
Cluny). *Ph. Giraudon.*

tues et des colonnes entrevues derrière une muraille
de rameaux, un sentiment très admirable du corps
féminin dans la nature. Ce sentiment devait baisser
bien vite à mesure que montait l'absolutisme monarchique, mais il ne pouvait manquer de se manifester
avec une verdeur passionnée au lendemain des souffrances sans nom vécues par le peuple de France et
dans l'espoir de résurrection que lui apportait une
jeune royauté artiste fuyant les villes dévastées pour

154

15

154. Pierre Bontemps. Tombeau de François Ier, *détail* (Basilique
de Saint-Denis). *Ph. Hachette.* — 155. *Détail* de 153.

prendre possession d'elle-même. Art d'aristocratie, art de caste même, mais supérieur à sa fonction, parce que jaillissant comme une jeune pousse sur un vieil arbre, parce qu'affirmant dans un langage différent de celui que parlaient les hommes qui vivaient dans la fièvre du temps, Rabelais, d'Aubigné, les réformateurs, les imprimeurs, les libraires, les inventeurs, l'invincible vitalité d'une race meurtrie par plus de cent années de deuils et de misère. Si la ferveur violente

en l'avenir qui caractérise ce siècle ne se sent pas en
Jean Goujon, il en a plus qu'aucun des autres l'humanité, la profonde et sainte tendresse pour tout ce qui
représente les forces de demain. A-t-on bien vu que
ces poètes de la femme étaient aussi des poètes de
l'enfance? A-t-on bien vu que les gothiques, dans
leur force et leur vaillance à vivre, avaient peu senti
la gloire de l'enfant qui jaillissait des ventres maternels
comme une manifestation trop facile et trop répétée

156. Jean Goujon. La Charité (Château d'Anet). *Ph. Giraudon.*

de leur vigueur pour qu'ils songeassent à l'illustrer ?
A-t-on bien vu que leur amour va à la femme mère,
qu'ils s'attendrissent sur ses hanches inégales, sur
son bras fatigué par le poids qu'il porte plutôt que
sur l'enfant lui-même presque toujours inexpressif
et quelconque qui repose sur ce bras ?

Les Italiens seuls, depuis leurs vieux maîtres,
depuis Giovanni Pisano, depuis Jacopo della Quercia
et surtout Donatello et les della Robbia s'étaient
penchés sur l'enfance. Les peuples idéalistes sont trop
attachés à la beauté sensible pour ne pas la rechercher
partout où elle se trouve, ils sont trop tournés vers
l'avenir pour ne pas l'apercevoir dans l'être qui porte
en lui son secret. Est-ce leur influence, est-ce plutôt
l'éveil de l'individualisme français, le désir d'enquête
générale qui saisit au XVIᵉ siècle le monde occidental ?
Mais Jean Goujon aperçoit soudain la beauté de l'enfance, de l'enfance douillette et potelée, mais Germain
Pilon, le sculpteur savant qui ne pense guère qu'à [157]
prouver qu'il sait son métier, à tailler dans la pierre
les portraits probes de ses rois, à dresser autour des
urnes funéraires ou à allonger sur les tombeaux de
belles formes nues et pleines, sent le mystère d'une
face enfantine au front trop bombé, au nez trop
petit, aux lèvres, aux joues trop saillantes, le flottement délicieux qui la rend si imprécise, mais Ligier [158]
Richier lui-même fuit l'enfer et la mort dès qu'il
s'agit de modeler un crâne rond comme une sphère
et l'amas gras, tremblant, le divin et fragile amas des
chairs enfantines, gonflées de sang et de lait. Une des
faces de ce temps où l'espoir en la vie du monde
germait sur un monceau de chairs suppliciées et de
miasmes malsains.

La fin des guerres italiennes, la fin des guerres

civiles, le triomphe définitif de la monarchie jusqu'alors
agissante et combattante malgré sa décomposition
morale et son faste, devaient faire perdre à l'art
français renouvelé par l'influence romaine et le contact
des bois et des rivières son accent particulier. Le roi
s'installe au Louvre de Pierre Lescot et de Chambiges.
L'artiste, qui l'y suit, lit Malherbe au lieu de Ronsard,
la rue parisienne et Rabelais lui semblent fort grossiers
quand il a vu les palais de Rome et de Venise, la
Sixtine de Michel-Ange, les Chambres de Raphaël.
La chute sera aussi rapide que l'ascension fut vigoureuse, et les artistes qui marqueront le passage de la
libre invasion du génie italien au dogmatisme imposant du siècle de Louis XIV en seront bien plutôt
les témoins que les acteurs. Bernard Palissy et Jean
Cousin sont de simples ouvriers d'art. Ce qui touche
chez le premier, c'est qu'il a cette foi humaine qui fit

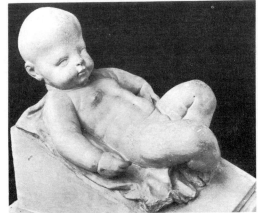

158

157. Germain Pilon. Tombeau de René de Birague, *détail* (Musée du
Louvre). *Ph. Hachette.* — 158. Ligier Richier. Fragment d'un monument (Musée du Louvre). *Ph. Giraudon.*

son siècle si puissant dans l'Europe occidentale. Le second, peintre, sculpteur, verrier, géomètre, n'est guère que la caricature obligatoire des universalistes italiens. Fréminet, l'artiste officiel, est un Michel-Ange pour tréteaux de foire, criblé de creux, farci de bosses, et plein de vent. L'âme populaire est muette. Un terrible silence règne autour des ennuyeux bavards de lettres et de peinture qui vont, durant un tiers de siècle, ânonner la loi à l'ombre du trône.

N'importe. Tout ceci devait être. La Renaissance italienne ne pouvait pas ne pas réagir fortement sur nous. L'isolement tue. Les peuples, comme les hommes, ne peuvent vivre éternellement en eux-mêmes. Ils doivent se pénétrer pour chercher en eux des ressources que révéleront leurs contacts avec des imaginations et des sensibilités inconnues. Des reculs partiels suivent presque toujours ces rencontres, mais un travail profond se fait, une marche invisible vers des réalisations ultérieures d'autant plus vastes et complexes qu'un plus grand nombre d'éléments y sont venus collaborer. Que nous le voulions ou non, pour l'assaut des idées futures, nous devons compter autant sur l'esprit qu'a mis en nous l'Italie renaissante que sur la force populaire qui fit sortir de notre sol, au moyen âge, mille nefs et deux mille tours.

L'Allemagne et la Réforme

Si la Renaissance définit la façon de comprendre et d'exprimer la vie dont les artistes italiens ont donné la formule, il est plus difficile encore en Allemagne qu'en Flandre d'y rattacher le mouvement qui, dès la fin du XIVe siècle, entraîne les esprits. Si la Renaissance est l'affirmation d'un idéal nouveau exigeant que les conquêtes compromises de l'intuition et de la foi soient soumises au double contrôle de l'expérience et de la raison, il faut la reconnaître dans le Nord comme dans le Sud. Elle est aussi partout — sauf en France où l'originalité créatrice du peuple s'est manifestée deux siècles plus tôt — la reprise victorieuse du tempérament national opposant ses directions et ses méthodes à l'effort de nivellement que l'Église a tenté. L'ouvrier allemand, instruit par le maçon et l'imagier de France, ébloui par le peintre des Pays-Bas, conquis par le dessinateur et le fresquiste italiens, arrive progressivement à la conscience de ses dons et des besoins de sa race à peu près à l'heure où la Flandre et l'Italie définissent leurs qualités et leurs désirs. Chacun saisit l'outil qui s'adapte à sa main.

L'art gothique qu'oubliait la France, que l'Italie repoussait, que la Flandre transformait lentement pour essayer, par Breughel, en attendant qu'elle parvînt, par Rubens, à trouver son accord avec la pensée du Sud, vécut pourtant, en Allemagne, bien plus longtemps qu'ailleurs. Au XVIIe siècle, il n'avait pas disparu d'Hildesheim Ce sont les seuls Allemands qui le poussèrent jusqu'au bout de ses conséquences, continuant à travailler dans ses décombres avec une attention qui les empêchait d'apercevoir l'énorme avance prise par l'esprit aventureux des Italiens et des Français. Il n'est pas étonnant qu'on ait cru si longtemps que l'art gothique était de souche allemande. Les architectes, les sculpteurs, les peintres allemands s'étaient emparés peu à peu de tout ce qui pouvait, dans l'immense trésor de formes et d'idées accumulé en moins de deux siècles par les artistes français, développer et flatter leur nature. Ils perdirent rapidement de vue le principe profond de l'architecture ogivale. Et comme elle était très complexe dans sa simplicité apparente, comme elle était très riche en lignes harmonisées pour produire un effet d'ensemble, très riche en ornements pour dissimuler ou souligner les mille organes nécessaires à sa fonction générale, ils s'évertuèrent à compliquer ces lignes et à multiplier ces ornements, suivant ainsi la pente de leur minutieux esprit. Les formes architecturales nouvelles qui vinrent de France et d'Italie vers la fin du XVe siècle ne purent qu'embrouiller davantage, par leur abus des mensonges décoratifs, l'érudition des constructeurs de la rive droite du Rhin. Il arriva même ceci : alors que la décision de beaucoup d'Italiens et de Français consentait au divorce total de l'architecture et des arts d'ornementation et s'exprimait directement par la sculpture et la peinture, la plupart des Allemands s'acharnaient à juxtaposer, dans un pêle-mêle inextricable, tous les éléments séparés de la symphonie populaire dont le XIIIe siècle français avait dispersé les échos sur l'Occident et jusqu'aux portes de l'Asie.

L'art des retables sculptés et peints dont l'Allemagne, dès le XIVe siècle, encombrait ses églises, se développa dans cette confusion. Ces œuvres grossières, qui déroulaient avec une patience impossible à décourager les scènes de la Passion dans une orgie de formes disgracieuses, d'attitudes contorsionnées, de visages grimaçants, de croix, de piques, d'éponges, de couronnes d'épines, de clous et de marteaux, fournissaient un aliment inépuisable à l'industrie populaire de la sculpture sur bois que les paysans du Tyrol, du Hartz, de la Forêt-Noire, des Alpes, de la Franconie, de toutes les montagnes et les vallées allemandes où poussent le mélèze et le sapin n'ont pas cessé de pratiquer. Tendre matière, où le couteau peut jouer à l'aise, revenir sur ses entailles, les ramifier en tous sens, fouiller les toisons et les pelages, les plis des étoffes, les boucles des chevelures, les veines des mains, les rides des visages, pour occuper la veillée d'hiver, tromper l'ennui de l'affût, oublier la solitude des hauteurs et des pâturages, accidenter la monotonie de la vie intérieure que ne saurait satisfaire un plan trop nu ou un profil trop pur. L'homme des montagnes et des bois, dès qu'il approchera des villes, verra des clochers dentelant le ciel. Il circulera dans les rues mal alignées où surplombent des façades triangulaires brodées de bois peints et d'inscriptions dorées, où les immenses toits de tuile descendent tout près du sol, où des frontons à échelons trop travaillés élèvent, entre les pignons aigus, les cheminées et les nids de cigognes, des guerriers d'or déployant des banderoles à devises. Il ira puiser son eau aux fontaines peinturlurées dont les pyramides à jour s'encombrent de statues sentimentales ou grotesques et d'inattendues mécaniques. Et, quand il surprendra dans l'atelier et l'échoppe le travail soigneux des bons ouvriers de l'ivoire et du métal, des ferronniers, des orfèvres penchés sur l'établi obscur, il n'aura pas de repos qu'il n'ait élevé à lui seul quelque chose de compliqué où revivront, dans un ordre difficile à justifier, impossible à définir, les sensations désordonnées qu'il aura récoltées sur sa route. Les églises regorgeant déjà de retables, de chaires, de jubés, de tombeaux dressés sur les murs, d'armoiries rouges et bleues écrasées de casques à plumes, verront leurs stalles de chêne se forer comme des éponges sous le ciseau du huchier, d'énormes tabernacles boucher leurs perspectives, ajouter à l'effet fâcheux des nervures supplémentaires l'élan enchevêtré de leurs fuseaux et de leurs pointes. Le tyrolien Michel Pacher, le vieux Syrlin, à Ulm, ouvrent la voie. Ils vont donner le jour à des légions d'artisans habiles à découper le bois en longues colonnades grêles, à le broder, à le denteler en guipure, à combiner des visages réels, illustrant les saintes écritures, avec le réseau minutieux des grilles ajourées, des vrilles, des couronnes d'épines et des touffes de chardons. Les maisons des corporations, les brasseries, les hôtels de ville peints en dedans et en dehors de rouge, d'or, de bleu, surgissent en même temps du pavé des villes commerçantes, au milieu des masures à charpentes de bois brun, pour donner aux menuisiers, aux forgerons, aux imagiers, aux vitriers d'Allemagne, l'occasion d'exercer leur action lente, myope, inlassable, spécialisée. Une légion pullulante de nains, de gnomes, de kobolds prennent d'assaut les poutres et les meubles ouvragés. Les villes pittoresques seront un musée de bois peint dont pas un édifice nu, une ligne droite, une courbe pure, pas un seul parti pris de clarté, de simplicité ne rompra la monotonie. Et l'alchimiste qui palpe ses cornues ou déroule ses parchemins derrière les vitraux verts encastrés d'hexagones de plomb retrouvera, dès qu'il aura franchi son seuil, leurs formes torturées et la couleur de leurs enluminures sur les fresques qui recouvrent, entre des ornements gothiques, les façades des Rathaus. C'est un vieux livre ouvert, mangé par l'humidité de la rue. On y revoit l'enroulement d'étoffes, de bannières, de plumes, les volutes inutiles, l'encombrement, le détail envahisseur et profus qui font de la gravure allemande, si riche et si patiemment creusée, la moins authentique des œuvres d'art, mais la plus accomplie des œuvres de science, de conscience et de labeur.

II

La peinture allemande, au fond, ne se dégagera jamais des métiers primitifs que les artisans du moyen âge pratiquaient côte à côte dans les mêmes ateliers. Le travail du cuivre et du bronze, le travail du bois se retrouvent dans les créations les plus hautes de Dürer et même d'Holbein. Il n'y eut jamais de meilleur graveur sur cuivre que Dürer, de meilleur graveur sur bois qu'Holbein, et Holbein, bien qu'il soit le seul des artistes allemands à n'être pas resté un ouvrier, n'abandonna jamais sa planche. C'est en Allemagne qu'apparaît, probablement, en même temps qu'aux Pays-Bas, au début du XVe siècle, la gravure sur bois. Le Florentin Finiguerra n'a fait que systématiser un peu plus tard l'invention allemande de la gravure sur métal. Leblond qui trouvera, au XVIIIe siècle, la gravure en couleurs, est de souche allemande et Senefelder, l'inventeur de la lithographie, est bavarois. L'imprimerie, l'horlogerie, la mécanique, la plastique, tout sort du même creuset noir où l'esprit infatigable de l'Allemagne jetait pêle-mêle et sans choix la matière brute de ses industries immédiatement nécessaires. Chez l'Allemand, l'outil tyrannise l'artiste, qui le suit. Chez le Français ou l'Italien, l'intelligence va trop vite pour donner à l'outil le temps de s'attarder dans le détail. Si, en France et en Italie, les savants s'unissent aux artistes dans la même tendance à généraliser et à abstraire, c'est dans les procédés de métier et l'application à leur tâche qu'ils se rejoignent ici.

Ce travail de fourmilière, commun à tous les métiers, à toutes les villes, universel et diffus, rend le développement de la peinture allemande difficile à suivre et ses origines obscures. Elle ne suit pas comme

159

160

161

159. Marie Madeleine, bois xvᵉ siècle, *détail* (Musée de Cluny).
Ph. Giraudon. — 160. Maître de la Vie de Marie. Naissance de la
Vierge (Pinacothèque, Munich). *Ph. Bruckmann-Giraudon.* — 161.
Martin Schongauer. Mater dolorosa, croquis (Musée du Louvre).
Ph. Giraudon.

162

ailleurs une ligne logiquement et régulièrement ascen-
dante pour atteindre un sommet et descendre peu
à peu, elle s'avance à pas hésitants, en lignes brisées,
entre croisées, se perd en méandres inextricables,
revient en arrière, et, quand elle semble prête à prendre
conscience d'elle-même, s'arrête tout à coup pour
toujours. Son caractère confus répond à la confusion
de l'esprit, à la confusion de l'histoire, au morcelle-
ment confus et chaotique du sol allemand. Des
foyers s'allument partout, qui s'éteignent au souffle
d'une guerre, d'une révolte ou souvent même sans
raison. Point de ces larges mouvements qui ne s'arrêtent qu'après avoir épuisé, avec une avidité puissante,

162. Stephan Lochner. La Vierge au buisson de roses (Cathédrale
Cologne). *Ph. Bulloz.*

la vie qu'ils enfermaient. Prague, au XIVᵉ siècle, a son école, que l'atroce guerre des Hussites ruinera complètement. Ulm, la plus jolie ville d'Allemagne, avec ses maisons peintes, ses volets de couleur, sa fraîcheur pimpante, son Rathaus rutilant de peintures a la sienne avec Syrlin, avec Multscher, avec Zeitblom, jusqu'à ce que Nuremberg grandissante absorbe son action. Le vieil Holbein va fonder à Augsbourg l'école que son fils transportera à Bâle et que son élève Burgk-mair prolongera péniblement jusqu'à sa mort. Rie-menschneider, le sculpteur, travaillera à Würtzbourg tandis que Cranach, le peintre, sera l'école saxonne à lui seul. Hambourg a eu ses artistes locaux que la décrépitude de la Hanse doit décourager très vite. Conrad Witz, paysagiste fin, travaille à Constance. Colmar tient tout entière en Martin Schongauer. Si Cologne dure plus longtemps, si même elle a la fortune d'apporter à la Flandre, à Bruges en particulier, une très large part de son initiation plastique, une singu-lière destinée veut qu'elle ne sorte du primitivisme le plus étroit que pour recevoir de Bruges même des conseils où sa débilité précoce trouvera facilement la ruine et la mort.

Nulle part plus qu'ici, ni en Égypte, ni dans la France ou l'Italie du moyen âge, les théologiens et les docteurs n'eurent pareille action sur les peintres. Partout la même puissance profonde, venue des besoins les plus élevés de la nature humaine, poussa le philosophe et l'artiste du même mouvement et dans la même direction. Ici au contraire, dans la patrie des scoliastes, au cœur de la ville dévote et niaisement pédante qui tentait d'implanter le catholicisme dans le Nord, l'artiste n'est qu'un auxiliaire timoré, obéis-sant et ignare, de l'abstracteur de quintessence qui le tient par la peau du cou. De Wilhelm von Erle à Stephan Lochner, les anonymes du XIVᵉ siècle sont des femmes bigotes, plutôt que des hommes pieux. Jamais on ne découvre en eux même l'ébauche de ces aspirations passionnées vers une communion toujours plus ardente avec l'esprit universel qui donnent aux maîtres de Sienne, par exemple, tant de force mystérieuse, de fièvre et d'accent. Ce sont de pauvres gens rivés à la lettre, des cervelles obtuses nourries d'histoires compliquées. Quand Lochner paraît, vers l'époque où Van Eyck et Van der Weyden en Flandre, della Quercia, Masaccio, Donatello, Angelico, Bellini en Italie, les Avignonnais en France affirmaient avec tant d'énergie le droit qu'avait l'individu d'imposer son action, un peu du cauchemar théologique semble se dissiper pour un temps. Malgré sa matière cireuse, Stephan Lochner sait détacher sur un ciel d'or de jolies figures de vierges aux mains longues, au teint frais, une société pieuse et douce que les spéculations enchevêtrées fatiguent et qui se décide à jouir douillettement de l'aisance bourgeoise que la vieille activité de la ville commence à lui assurer. Son enfer n'est que comique et son paradis prometteur. Quand les élèves du grand Rogier van der Weyden viendront, vers la fin du XVᵉ siècle, apporter à Cologne la force éclatante et l'ordonnance lourde et pleine des peintres brugeois, elle sera bien trop affadie et dolente pour leur résister. L'âme candide du Maître de Saint-Séverin, la timidité délicate, la couleur atténuée du Maître de la vie de Marie disparaîtront des tableaux de ses derniers peintres comme leurs paysages de cendre s'effacent du souvenir. Barthélemy Bruyn, après Joos von Cleve, essaiera bien, en plein XVIᵉ siècle, avec une froide attention, un soin irréprochable, une

163. Holbein le Vieux. Jeune fille, dessin (Musée du Louvre). *Ph. Hachette.*

science serrée, d'imaginer un compromis teinté d'italianisme entre les expressions primitives de la Flandre et du Rhin. La force allemande, exposée depuis si longtemps sur ce grand fleuve aux influences trop continues et pas assez compensées de la France et des Pays-Bas, s'est retirée plus à l'Est et au Sud, dans l'intérieur du continent, pour reprendre, en touchant la vieille terre germanique, la conscience de sa vraie signification.

Nuremberg était bien placée pour recueillir les courants nécessaires à l'éveil de nouveaux désirs. Elle servait de trait d'union entre les villes hanséatiques, Venise, le Rhin et les Pays-Bas. L'Allemagne entière, la Bourgogne, la Hongrie, et, par l'Adriatique et le Danube, l'Orient, refluaient sur elle. Une vie touffue animait ses marchés, ses comptoirs, ses banques, roulait dans ses ruelles, montait de ses échoppes noires avec les voix puissantes de Hans Sachs et de ses amis, donnait à ses corps de métier cet élan de force qui, deux siècles avant, avait fait un chœur de poètes des maçons français. Par la cohésion passionnée qui groupait en un bloc tous ceux qui travaillaient au même établi, par la curiosité fiévreuse qui tourmentait chacun d'eux, l'esprit du moyen âge et l'esprit de la Renaissance y bouillonnaient ensemble confusément. Tous les ouvriers d'art du sud de l'Allemagne quittaient leurs villages de bois où les torrents bondissent entre les façades fleuries, pour y venir, dans le bruit des marteaux et le ronflement des forges, couler des images de bronze, fondre des caractères d'imprimerie, buriner le cuivre et l'argent, travailler le bois, tordre et peindre le fer, polir et denteler l'acier des montres. Adam Krafft, le tailleur de pierre qui montra l'effort même de l'Allemagne ouvrière quand il age-

nouilla sa rude et bonne effigie pour supporter sur ses
épaules une pyramide ouvragée de soixante pieds de
haut, Veit Stoss, le tailleur de bois qui exprimait, par
sa complication sentimentale et son insistance méticuleuse, l'âme moyenne de l'Allemagne dans sa pesante
bonhomie, s'y rencontraient avec les peintres de
retables émigrés des villes rhénanes, au pied des églises
décorées par des statuaires qui devaient leur éducation
aux vieux imagiers français.

III

Qu'on se représente le jeune Albert Dürer en ce
milieu d'intense travail et d'activité embrouillée, où
son vieux maître Wolgemuth, qui s'est imprégné à
Cologne de Rogier van der Weyden, lui cite en exemple
Pleydenwurff, l'introducteur à Nuremberg de la
peinture des Flamands... Qu'on le retrouve suivant
passionnément les récits des compagnons revenus
d'Italie où le ramènent les tableaux d'ailleurs médiocres
de Jacopo da Barbari installé à Nuremberg vers ce
temps-là... Qu'on l'accompagne dans l'atelier d'orfèvre
de son père, étudiant avec avidité les gravures de
Martin Schongauer, le maître de Colmar, les gravures
austères où rien ne nous est épargné du spectacle des
plaies du Christ et du visage des bourreaux et dont la
force dramatique s'accroît de la laideur, de la misère
des modèles, du flot amer qui monte du moyen âge
finissant... Qu'on s'imagine avec quelle fièvre cette
nature passionnée qui fut toujours amoureuse de
poésie, de musique, de danse, surprenait en elle des
formes guerrières chevauchant les nuées, des eaux
glauques où les ondines glissent dans un flot de pail-

165

lettes d'or, toute la terre allemande fourmillante de
génies, quand, avec les rumeurs de la rue, venait
jusqu'à la fenêtre le chœur des maîtres-chanteurs...
Qu'on assiste à présent au repliement sur elle-même
de cette sensibilité ardente et recueillie, à la prise de
possession des forces ataviques que la vieille activité
de la cité, la sève accumulée du sol, la rêverie sauvage
des nomades de la steppe hongroise, qu'il tient du
sang paternel, y déposent confusément... on s'expli-
quera pourquoi, en ce lieu et à cette heure, s'épanouit
celui qui devait, trois cents ans avant les poètes et les
musiciens de l'Allemagne, exprimer dans un langage
plus inattendu que le leur son âme infiniment complexe,
réaliste et sentimentale, minutieuse et vague, enfantine
et apocalyptique, son âme qui reflète avec une précision intransigeante toutes les images errantes et cependant reste impossible à saisir.

Le premier de tous les Allemands, il fut une
expression complète, et très haute, de la vie et du sol
allemands. Mais nulle part ailleurs, ni en France, ni en
Flandre, ni en Italie même, il n'est possible de trouver

164
165
166
167

Albert Dürer. 164. Enlèvement d'Annymone, gravure (Bibliothèque
nationale). *Ph. Hachette.* — 165. Jeune fille (Berlin). *Ph. Roger-
Viollet.*

166

168
169 un représentant plus typique de l'artiste érudit de ces temps-là, curieux de toutes choses, abordant l'étude de toutes choses à la fois, et accumulant dans le même espace avec une ardeur désordonnée les résultats de ses recherches. Il est le confluent et le remous de deux moments d'action puissamment caractérisés. Il a du moyen âge la foi, la force confuse, le symbolisme obscur et riche, de la Renaissance l'inquiétude, le sens des perspectives infinies qui s'ouvrent devant les esprits supérieurs, la volonté infatigable de savoir. Une curiosité ardente fait de lui, comme de Vinci qu'il rappelle par tant de côtés, mais qui tenta plus lucidement d'échafauder une méthode, un de ces génies labyrinthiques, universels, presque bizarres, devant qui tous les chemins de la pensée se présentent en même temps. C'est une sorte de Christ savant qui cherche le salut du monde dans l'étude acharnée de ses aspects.

Jamais, surtout dans les gravures qu'il creusait dans le cuivre avec une main d'ouvrier, un cœur de poète, un cerveau de philosophe, jamais il n'arrangea

166. Albert Dürer. Les moulins, dessin (Bibliothèque nationale).
Ph. Giraudon.

la nature. Il la tenait « pour le seul maître », et tout
d'elle l'intéressait au même degré. Il vit, avec une
extrême confusion, se dérouler le mythe chrétien sous
des costumes allemands, dans des maisons et des rues
allemandes, au milieu des campagnes qui environnent
Nuremberg, près des eaux qui vont au Danube et
sous les rochers de forme étrange, au seuil des maisons
de bois à toitures inclinées. Les rêveries compliquées
et profondes qui erraient dans sa méditation, il ne
les situait jamais hors des robustes plaines de l'Allemagne du Sud, des coteaux couverts de mélèzes, des
pâturages, des ruisseaux, des mares, des ponts bran-
lants, jamais hors des sites qu'il avait traversés pour
se rendre en Italie et dans les Flandres, les bords du
Rhin striés de rangs de vignes, les forêts, les ravins,
les torrents de la Forêt-Noire et du Tyrol. La légende
qu'il ramassait partout, l'Orient rencontré à Venise
s'y mêlaient, dragons, chimères, lions et chameaux,
figures de Turcs dans les logis nurembergeois, chevaliers passant au pied des donjons tout hérissés de poivrières et de tours, le diable et la mort à leurs trousses.
Avec la patience inlassable, sinon la rapidité et la
décision schématique des Japonais dont il se rapproche
si souvent quand il suit, de sa pointe d'acier, la ligne
capricieuse, mais nette de ses paysages scrupuleux,
il poursuivit jusqu'à la fin une lente et large enquête
dont il confia impartialement à l'éclat sourd du cuivre,
au grain savoureux du bois, au sec miroitement des
toiles peintes, les résultats accumulés. Les chevaux
massifs de l'Allemagne, ses chiens de chasse muscu-
leux, ses cerfs, ses lièvres, ses vaches, ses porcs grouillant dans la fange des villages, tous ses insectes, tous
ses oiseaux participaient presque toujours aux aventures amoureuses, familiales, bourgeoises, guerrières

que le dur burin arrêtait avec la force et la douceur d'une sensibilité accessible à tous les spectacles. Tout l'inquiétait passionnément, la forme des herbes, des bestioles, la mousse des rochers éclatés sous la poussée patiente des racines, les monstruosités humaines ou animales, les choses vivantes, les choses inertes, les cuirasses de fer forgé, les armes, les casques à antennes, les bannières armoriées. Il exécutait pour les orfèvres, les forgerons, les costumiers, les armuriers, les imprimeurs, les libraires, des motifs de décoration. Il écrivait des traités didactiques. Sa sympathie universelle ne négligeait rien de ce qu'elle jugeait nécessaire au perfectionnement de son métier et de son esprit, ni un bout de bois mort, ni un tas de pierres, ni la disposition de fortune de la clôture d'un champ maintenue avec des cordes, que les grandes nuées du ciel, les forêts moutonnantes, les lourdes maternités, les accords mystérieux de la terre et de l'espace ne lui dissimulaient pas.

Si l'humanité l'intéresse aussi fort qu'un vieil os qui traîne, à demi rongé, elle ne l'attire pas plus. S'il a signé des portraits tout-puissants, d'un modelé serré et dur, s'il a vu passer près de lui des hommes musclés, mal équarris, laids, mais d'âpre élégance, des femmes au cou gras dont le visage est rond et plein, les cheveux lourdement tressés, on retrouve dans une écorce d'arbre, un cep de vigne, un roc émergeant d'un bouquet d'herbes, la même vigueur noueuse, le même souci de vie totale et dense, le même esprit méticuleux. Pas de ces courbes audacieuses par qui les Italiens rattachent la forme à la forme, pas un soupçon de ces passages subtils par qui les Vénitiens ou les Flamands dénoncent la pénétration incessante de tous les éléments du monde. Tout est d'importance

167. Albert Dürer. Le Chevalier et la mort, gravure (Bibliothèque nationale). *Ph. Hachette.*

égale et de prime abord séparé, sans échos réciproques... Mais chaque chose est tellement fouillée dans sa forme, tellement saisie dans sa vie intime, chaque détail est tellement senti par sa vibration personnelle, sa caractéristique imperceptible et mystérieuse, que tout tremble et tout murmure, qu'une animation générale et vague fait bouger ce monde précis. On dirait que la nature est restituée pêle-mêle, dans l'ordre, ou plutôt dans l'absence d'ordre où elle se

présente à nous, que l'homme n'est pas intervenu
pour la ramener au plan humain et exprimer par elle
les idées qu'elle vient de lui révéler, mais qu'il lui
demande de chanter seule, par toutes ses voix innombrables où la voix de l'homme ne compte pas plus
ni moins que les autres, le poème confus qu'elle
n'interrompt jamais. C'est déjà le panthéisme allemand.
Il ne paraît pas résulter de l'absorption du corps universel dans la substance humaine et jaillir d'elle avec

la puissante ivresse rythmique qui fait un poème vivant des temples indous ou des cathédrales françaises. Il semble exprimer l'impuissance d'un être trop armé pour l'analyse, trop fait pour étudier sans parti pris et sous toutes leurs faces et sans ordre les objets qui se présentent à son regard, à séparer ce qu'il doit accepter du monde de ce qu'il doit en rejeter. Au lieu d'absorber la nature, l'homme s'absorbe dans la nature tout entier.

Cette impossibilité à choisir dans le monde objectif les éléments d'une construction plastiquement harmonieuse et logique constitue l'écueil de l'art allemand — en tant que réalisation générale d'un idéal collectif exprimant la race et la précipitant toute vers un but clairement défini. Tout, pour l'artiste allemand, est au même plan dans la nature. Il sera capable d'étudier chacun des éléments qui nous la font aimer avec une patience, une science, une conscience supérieures à celles qu'y déploient l'Italien, le Français, le Hollandais, le Flamand, sinon le Japonais et le Chinois, avec une sensibilité égale à la leur. Il ne saura pas comme eux donner en elle à chaque chose l'importance qu'elle a dans nos préoccupations, exprimer en généralisations plastiques les émotions sensuelles, intellectuelles ou morales qu'elle lui procurera. On pourra, chez deux ou trois d'entre eux, sentir une grande âme, elle ne saura pas se définir et jamais, comme ailleurs, elle ne rejoindra dans un torrent de vie puissamment ordonné d'autres âmes fortes ou gracieuses pour constituer avec elles une vaste expression d'ensemble, faisant masse sur l'horizon du passé et définissant nettement aux hommes de l'avenir ce que pensait et sentait un peuple à ce moment-là. C'est toute leur histoire. Leur puissance

168. Albert Dürer. La Mélancolie, gravure (Bibliothèque nationale). *Ph. Hachette.*

d'analyse a bouché pour eux les chemins des grandes synthèses d'un amas formidable d'objets entassés sans choix. Leurs mathématiciens n'ont pas trouvé la gravitation. Leurs philosophes, après avoir, avec une incomparable profondeur, vérifié une à une toutes les intuitions des Français et des Écossais, Voltaire, Rousseau, Diderot, Hume, n'ont pas trouvé le transformisme, que Lamarck formulait à peu près à l'heure où Hegel se montrait impuissant à choisir. Aucune des grandes hypothèses qui dirigent depuis cent ans les recherches des biologistes n'est sortie de leurs laboratoires, les plus féconds du monde en expériences et en observations, et leurs ingénieux mécaniciens n'ont pas trouvé un seul des grands outils d'échange et de transport qui ont fait le monde moderne. Jamais ils ne vont par le plus droit chemin au seul essentiel et au plus logique. Le détail masque toujours l'ensemble, leur univers n'est pas continu, mais fait de fragments juxtaposés. On les voit, dans leurs tableaux, donner la même importance à une hallebarde qu'à un visage humain, à une pierre inerte qu'à un corps en mouvement, dessiner un paysage comme une carte de géographie, apporter, dans la décoration d'un édifice, autant de soins à une horloge à marionnettes qu'à la statue de l'Espérance ou de la Foi, traiter cette statue avec les mêmes procédés que cette horloge, et, quand ils ont, à force de conscience, à force de labeur, donné à une halle, à une nef, des proportions monumentales, y suspendre des objets hétéroclites qui en ruinent l'effet d'un seul coup.

De là, nous l'avons vu, leur panthéisme négatif que Dürer, le premier, exprime avec tant de force confuse. De là leur pessimisme qui, trois cents ans avant Schopenhauer, enveloppe comme d'une atmo-

169

sphère invisible l'œuvre du graveur de Nuremberg.
Cet art patient, exact, compliqué bien que poétique,
sincère jusqu'à l'immolation de soi, d'une fantaisie
tourmentée, d'un symbolisme profond mais parfois
si obscur qu'il paraît s'ignorer lui-même, respire
tout entier, malgré l'éclat concentré d'une verve puissante et sa vaste sensualité, la tristesse définitive de
l'homme qui ne sait pas choisir. Partout le sablier
mesure le temps qui coule tandis que l'idylle sourit
ou que le drame pleure et la mort traverse souvent
un paysage paisible où rit une histoire d'amour. Dans
la *Mélancholia*, qui semble résumer toute son œuvre,
on voit le génie humain écrasé de lassitude, avec toutes
ses conquêtes autour de lui, parce que, malgré ses
grandes ailes, il n'a rien appris d'essentiel. Comme
Faust, Albert Dürer s'est promené dans tous les
mondes, à la poursuite de l'illusion qu'il n'a jamais
pu saisir.

169. Albert Dürer. Portrait d'homme (Pinacothèque, Munich).
Ph. Hanfstaengl.

IV

Sans doute l'homme souffre, quel qu'il soit, et à quelque époque qu'il vive. Mais c'est seulement la faculté ou le besoin de l'analyse qui l'entraînent à regarder la vie sous un angle pessimiste, à ne plus lui voir d'autres directions que la mort, à douter que son effort douloureux puisse servir aux hommes qui viendront, ou du moins à ne leur accorder son aide que sans joie et à contre cœur. Ce découragement philosophique, d'autant plus surprenant qu'il contraste avec leur courage à travailler la matière et à scruter le monde, est commun à presque tous les penseurs, à presque tous les artistes allemands. Les malheurs de leur siècle ne suffisent pas à l'expliquer. Les pays allemands, au xve siècle, au début du xvie, étaient aussi prospères que la Flandre ou l'Italie, infiniment plus heureux que la France, déchirée, ruinée, saignée à blanc par cent ans de guerre... Pourtant, presque pas de gravure allemande, presque pas de tableau ou de bas-relief allemand où la hantise de la mort ne flotte. Le sablier est presque toujours là, ou quelques os brisés. Et c'est en Allemagne surtout que la *Danse des Morts* craque et grelotte entre les feuillets des vieux livres d'images ou sur les poutres peintes des ponts de bois que les torrents des vieilles villes secouent sur leurs pilotis. La mort participe à tous les événements de la vie. Un squelette cordial assiste l'accouchée, il prend part aux jeux des petits, il entonne la marche nuptiale au-devant des époux, il aide l'avare à compter son or, il excite les chevaux du laboureur, il coupe la corde du chien qui mène l'aveugle, il tient l'archet du musicien, il porte au sacre des Césars la couronne ou la mitre, il se regarde au miroir de la

coquette, il joue à l'amoureuse la sérénade décisive...
Il apporte partout le témoignage du pire des désastres
qui puisse frapper une race, le désespoir intellectuel.

Comment d'ailleurs l'Allemand trouverait-il dans
le monde extérieur un encouragement, comment
inscrirait-il dans une forme harmonieuse la rencontre
d'un univers et d'un esprit harmonieusement ordonnés ?
Les apparences de l'espace et du sol laissent dans le
souvenir des images flottantes. Ce sont tantôt des
montagnes à découpures inattendues, des gouffres
romantiques de verdure et de rochers, tantôt des bois
de sapins vers qui montent des prairies en pente et qui
se succèdent et se répètent avec une monotonie décou-
rageante. Toujours des profils terrestres mal définis,
des campagnes vertes et rouges, d'un vert sombre,
d'un rouge sombre, couleurs mortes, sans transparence, auxquelles une brume trop terne ne donne
aucun éclat. Nature robuste, mais morne, accidentée,
mais privée de ces masses qui se rejoignent sans effort,
privée de l'atmosphère lumineuse qui transforme
tout ce qu'elle baigne. Les fleurs elles-mêmes, qui
garnissent du haut en bas les fenêtres des logis les plus
pauvres, y semblent éteintes et sans parfum.

Quand le ciel est découvert, rien n'attire et ne
retient dans cette uniformité pittoresque et rien ne
conduit le regard d'un endroit à un autre endroit.
Quand des vapeurs effilochées traînent, masquant
ici une forêt pour ne laisser voir qu'un fantôme
d'arbre, couvrant là tout un fleuve dont on n'aperçoit, par éclairs, qu'une lueur fuyante à la crête d'un
flot, dérobant une énorme assise de granit pour
suspendre un château dans l'espace, brouillant les
plans, noyant et disloquant les lignes, l'œil ne perçoit
de la nature que sa vie fragmentaire et diffuse. Si l'on

se penche sur un de ces paysages brumeux dont les formes ne se dessinent, pour devenir alors trop précises, que quand on les regarde de trop près, il prend possession de votre être comme un ensemble de sons plutôt que comme un ensemble d'objets : des bruits murmurent, éclatent, s'éteignent, renaissent pour mourir, ce sont des torrents qui frémissent, ou des fontaines, ce sont des oies, des canards qui nasillent, c'est un beuglement, c'est un fouet qui claque, le cri de fer d'un coq, l'heure tombant d'une horloge, des feuilles mortes balayées, une roue qui grince, une aile qui bat... Ce ne sont plus des images qui se fixent, mais des rêves indistincts qui s'ébauchent, des énigmes obscures qui se lèvent dans le cerveau. Dès qu'il n'est pas possible à l'âme de choisir les éléments visibles d'une harmonie formelle, son besoin de consolation et d'abri la pousse à se replier sur elle-même pour y chercher les éléments épars d'une harmonie sentimentale. Sans se préoccuper désormais de soumettre le sentiment qui les emporte au contrôle impossible à saisir de leur monde extérieur trop mal défini, c'est en eux que les hommes choisissent, et ils se mettent à chanter. J'ai vu chanter des jeunes Allemands qui débarquaient à Venise. Ils chantaient du Schumann en tournant le dos aux palais, qu'ils n'avaient pas encore regardés. J'ai vu, en descendant le Rhin, chanter des jeunes Allemandes. Elles chantaient la chanson de Heine au moment où elles passaient devant le rocher de Lorelei qu'elles ne regardaient pas.

L'art primitif des Germains et des Scandinaves descendant des fjords et des forêts du Nord devait rester et doit rester la forme de leur action morale. La musique seule échappe aux dangers de l'analyse et donne l'illusion de l'absolu en exprimant les idées les plus vagues sous la forme mathématique. La nature ouvrière et rêveuse des Allemands s'y meut à l'aise, parce qu'elle leur offre à la fois le plus précis des moyens et le but le plus imprécis. Exclusivement symbolique, elle exprime, à travers une grande âme, l'aspiration confuse d'un peuple entier avec d'autant plus de puissance qu'elle n'a rien à définir et dispose d'un immense trésor de formes flottantes, de couleurs confondues, de sensations diffuses accumulées depuis des siècles dans l'instinct poétique de ce peuple au cours de ses contacts inconscients et multipliés avec le monde. Des Niebelungen à Gœthe, un torrent sourd d'images embrouillées court de siècle en siècle dans l'esprit allemand. Et Dürer s'y est baigné sans le savoir. C'est un musicien qui s'ignore. Malgré l'achèvement de ses tableaux, de ses gravures, son insistance à détacher chaque détail, malgré son métier prodigieux, l'ensemble n'apparaît pas comme une forme distincte mais comme une évocation, comme une suggestion d'atmosphère sentimentale. C'est un sentiment moral qui domine, tout contribue un peu à l'imposer. Il est impossible à l'artiste-ouvrier allemand de dégager de l'objet même qu'il étudie une idée générale visible, et plus il est précis et moins il y parvient. L'idée générale est antérieure à l'œuvre et erre confusément.

Quand Martin Luther prit la musique comme moyen d'action, à l'heure où Dürer atteignait le plus haut sommet de sa nature, il s'emparait donc du langage le plus propre à révéler les puissances inconnues que le peuple allemand amassait en lui à son insu, depuis que ses villes industrieuses, du Rhin à la Saxe et de la Franconie à la Baltique, s'étaient révélé leur pouvoir. La dissolution romaine épouvantait les consciences allemandes, incapables de s'apercevoir qu'au cœur même de l'Italie, de Giotto à Angelico et de Masaccio à Michel-Ange, les artistes élevaient contre l'abjection commune à toutes les puissances sociales qui ne se croient plus menacées, la protestation de l'esprit. La beauté sensuelle de cette protestation, que leur absence de sens plastique ne leur permettait pas de comprendre, leur masqua sa beauté morale. Et la Réforme prit contre la Renaissance en Allemagne un caractère d'antagonisme radical.

Au reste, elle eut raison. Un peuple ne peut se servir que des armes que son sol et son sang lui offrent. Là, la marche à l'espoir s'était traduite par des formes et des couleurs. Ici, elle devait s'exprimer par des sons et des paroles. La Réforme, de Jean Huss à Luther, combat pour l'expansion de l'homme, dans un autre langage et sous un autre prétexte, avec le même lyrisme, la même foi que les grands Italiens. Luther eut en lui la vie bouillonnante du siècle. C'était un de ces êtres tumultueux en qui, comme en un sol vibrant des forces souterraines, la lave brûlante du sang roule dans un flot de joie, d'enthousiasme, d'orgueil, avec la bière et le suc des viandes, l'irrésistible besoin de faire jaillir au dehors la flamme emprisonnée. L'esprit violent de la Renaissance l'habitait. Et il était fatal que la Renaissance, la grande enquête menée de front par tous les peuples de l'Europe occidentale avec une passion intransigeante, prît dans le Nord la forme qu'il lui donna.

Mais qu'on y prenne garde. Si les foules entraînées par son verbe chantaient en le suivant, c'est que l'instinct profond parlait en elles, c'est qu'elles entraient avec ce chant sous les voûtes idéales d'une église que leur génie antiplastique n'avait pu leur donner depuis

trois siècles et que leur génie musical bâtissait spontanément. Elles obéissaient à ce vague et puissant
espoir qui s'empare des multitudes quand un homme
fort s'adresse à elles pour les mener au combat.
Là où les théologiens croyaient soulever des consciences, ils soulevaient des besoins — légitimes et
sacrés — de libération et de bonheur. Le drame, et par
conséquent la révélation de la conscience n'a pour
théâtre que le cœur du héros. L'héroïsme des foules,
s'il s'éveille aux mots tombés des lèvres des héros,
reconnaît des mobiles moins abstraits dont ils n'ont
fait que donner l'expression la plus haute. Dans la
masse du peuple allemand, il ne s'agissait pas de
revenir aux enseignements des apôtres, mais de
libérer le peuple allemand des puissances sociales
qui menaçaient d'écraser son essor.

Si l'Allemagne était prospère d'apparences, si sa
petite bourgeoisie artisane entassait lentement les
produits hétéroclites, mais innombrables, de son
industrie ouvrière, le peuple des campagnes souffrait.
Le clergé tenait le tiers du sol. Économiquement,
l'Allemagne était sous la domination de Rome. Et
Luther s'aperçut qu'il s'était trompé sur le sens
que la foule donnait à son action, le jour où, ayant
consenti à reconnaître, parce qu'il avait besoin d'elle,
l'autorité de la féodalité militaire qui le secondait
dans sa lutte contre la féodalité ecclésiastique, il dut
aider la noblesse protestante à écraser les misérables
que sa parole avait fanatisés. L'effroyable guerre des
paysans donnait à la Réforme sa signification réelle.
Une classe en remplaçait une autre dans la possession
du sol, elle allait étouffer la vie morale de l'Allemagne
qui avait pu, depuis deux siècles, se manifester à peu
près librement, grâce à l'antagonisme d'intérêts qui

354

les opposait l'une à l'autre. Le triomphe du protestantisme coïncida, dans toute l'Allemagne, avec l'abdication de sa pensée originale. Nuremberg s'éteignit.

V

Holbein à part, Holbein que la ruine des villes allemandes toucha aussi puisqu'il fut contraint par la misère de quitter Bâle à trente ans pour la cour d'Henri VIII, les grands peintres allemands, Cranach entre autres, sont du même temps que Dürer. Ses deux élèves, même, sont à peine plus jeunes que lui, Hans de Kulmbach qui le continue tant bien que mal avec une application sèche, Altdorfer, qui oublie la douleur du siècle dans les paysages précieux et miroitants où son dilettantisme un peu débile demande à

170. Lucas Cranach. Chasse au cerf, dessin (Musée du Louvre). *Ph. Hachette.*

la forêt germaine l'abri de ses frondaisons et se
réchauffe à l'incendie des crépuscules romantiques.
La brique des toits d'Allemagne, ses bois opaques
envoient une dernière fois le reflet terne du rouge
sombre et du vert presque noir aux toiles de Burgkmair
où agonise l'école d'Augsbourg qui n'entendra plus,
avec Christophe Amberger, qu'un écho presque éteint,   173
bien que pur, de la grande voix d'Holbein. Mathias
Grünewald, le maître d'Alsace, qui pend à la croix,
par ses deux bras presque arrachés, l'horrible corps
du Christ, broie ses deux pieds avec un clou, le meur-
trit, l'écorche, le souille, Mathias Grünewald, il est   175
vrai, est un peintre, et très supérieur comme peintre
à Dürer, à Holbein, même à Cranach. Il sait donner
à sa couleur l'accent du drame, émouvoir, déchirer,
terrifier par elle. Il est aussi tragique que trivial, il est
cruel, sinistre, enivré de force et d'horreur. Avec
Colins, un sculpteur mystérieux de la fin du siècle,   176
qui semble avoir passé sa vie presque entière à tailler
dans le marbre du tombeau de Maximilien une sorte
d'épopée romantique et guerrière trop grouillante et
surchargée, mais qu'un rythme puissant préserve
de la confusion — et qui d'ailleurs vient du pays flamand, — c'est le grand dramaturge de cette école
anarchique et méticuleuse, une d'esprit et pourtant
faite de pièces et de morceaux. Seulement il ne transmet pas à son élève Baldung Grien dont les nudités
s'allongent, s'arrondissent, s'idéalisent sur les conseils
désormais tyranniques des artistes italiens, le secret
de sa peinture épaisse, vulgaire, mais toute pénétrée
de matière et d'espace que rien n'annonçait en Allemagne avant lui et qui disparaîtra tout à fait avec lui...
Après Holbein, l'Allemagne fermera les yeux pour
mieux écouter monter du dedans d'elle la rumeur de

171

révolte qui éclatera sur la terre comme un appel d'amour intarissable, toujours renaissant dans les sanglots et roulant avec eux vers l'apaisement et le triomphe, le jour où Beethoven arrachera les symphonies de son cœur.

Maintenant, est-ce le césaropapisme qui tua l'art allemand, est-ce la décroissance de l'énergie dont l'art allemand avait été la manifestation suprême qui permit le césaropapisme? Le génie créateur n'était-il pas momentanément épuisé? Cinquante ans plus tôt, sans doute, les princes allemands n'auraient pu mettre la main sur le mouvement réformateur. C'est quand la force intérieure s'épuise que les forces extérieures reprennent le dessus, et la victoire politique d'une religion marque toujours l'affaissement de la foi désintéressée qui l'a formulée peu à peu. Tous les artistes allemands du début du XVIe siècle annoncent Luther et par conséquent, en même temps que l'apogée, le commencement du déclin des affirmations qu'il apporte. Depuis les cathédrales, l'idée morale dominait la plastique allemande qui, grâce précisément

Lucas Cranach. 171. La femme de Luther (Berlin). *Ph. Hanfstaengl-Giraudon.* — 172. Vénus et l'Amour piqué par une abeille (Collection privée). *Ph. Bulloz.*

M PVER ALVEOLO FVRATVR MELLA CVPIDO
RANTI DIGITVM CVSPITE FIXIT APIS
ETIAM NOBIS BREVIS ET PERITVRA VOLVPTAS
M PETIMVS TRISTI MIXTA DOLORE NOCET

173

à son impuissance à choisir dans la nature extérieure,
ne fût jamais parvenue à la réalisation des équilibres
de masses et des arabesques de lignes qui résolvent
le problème moral avec tous les autres en établissant
dans l'esprit ce sentiment de plénitude et de continuité
que nous appelons l'harmonie. On peut se représenter
Masaccio ou Michel-Ange luttant sans cesse contre
les entraînements de leur nature passionnée pour élever
leur caractère à la hauteur de leur esprit philosophique,
on ne peut s'imaginer Dürer que vivant sainement et
sans impossibles désirs et restant toute sa vie bon
ouvrier, bon fils, bon frère, bon époux, bon père,
bon citoyen. Ses quatre Évangélistes illustrent l'apos-
tolat de Luther. Et ce n'est pas la première fois qu'ils se
présentent en Allemagne avec une aussi simple fermeté.
En 1519, quand Luther engageait à peine la lutte, le
chaudronnier Pierre Vischer était sorti de sa forge
avec son tablier de cuir pour écouter le bruit du siècle.
Alors qu'autour de lui les sculpteurs de second ordre
épuisaient la formule du mysticisme sentimental de
l'école rhénane dont l'équivoque *Vierge de Nuremberg*

173. Christophe Amberger. Charles Quint (Musée de Lille). *Ph.
Giraudon.*

est l'aboutissant mondain, alors que Tillmann Rie-
menschneider, le maître nerveux de Würtzbourg, qu'inquiète une ombre d'ascétisme, cherchait à faire pénétrer quelque chose de la maigre élégance florentine en
ses images de femmes aux mains fines, aux tresses
lourdes, de figure étonnée et candide et de corps pur
sous les robes trop compliquées, Pierre Vischer demandait à son inflexible morale le secret des plans catégoriques et des volumes définis. Qu'il coulât dans le
métal des armures habitées, des guerriers droits et
sûrs comme la conscience, ou qu'il dressât autour d'un
tombeau des apôtres intransigeants, on eût dit qu'en
revenant avec les théoriciens de la Réforme au christianisme primitif qui condamnait cependant la Renaissance, il s'accordait sans le savoir avec la Renaissance
dans l'appel à l'espoir auquel Donatello donnait un
autre nom que lui.

   Avec Dürer, peut-être même avant Dürer, c'est
l'esprit le plus nettement conscient des forces qui
poussaient le Réformateur à l'action. La plupart
des autres artistes allaient à lui d'instinct, parce qu'ils
vont toujours à ce qui affirme avec éclat les puissances
de vie contre les puissances de mort. Sa violence, sa
joie ramassaient en elles tous les efforts dispersés vers
la lumière que chacun des travailleurs de l'Allemagne
tentait dans sa sphère obscure. Quand Lucas Cranach
faisait le portrait de Melanchton ou celui de Luther
avec le respect attendri que vous inspire une chose
qu'on comprend peu et qu'on sent profondément,
quand, à soixante-quinze ans, il devenait prisonnier
de l'Empire à Mühlberg, il n'exprimait certes pas le
désir de voir triompher les principes au nom desquels
le protestantisme organisé devait plus tard chasser
les images des temples, déchirer le poème des sens,

174. Altdorfer, Saint Georges (Pinacothèque, Munich). *Ph. Giraudon.*

condamner l'affirmation de la vie, substituer la sainteté d'un seul livre à la sainteté de tous les livres affirmée par la Renaissance, achever d'éteindre partout
en Allemagne les foyers d'insurrection dont Dürer et
Luther avaient été les plus grandes lueurs. C'est avec
une joie d'enfant qu'il avait aimé le moine batailleur
et sensuel de qui le verbe savoureux, le lyrisme toni-
truant, le rire et la verve l'enchantaient. Ses bois
confus, blonds, papillotants, où la passion saignait
au milieu d'un cortège bizarre de casaques à crevés,
de souliers à la poulaine, de caparaçons fastueux, de
crinières tressées, d'énormes panaches de plumes,
d'enroulements imprévus, semaient la propagande
dans le peuple avec une ardeur charmante. Il traduisait en bonnes images allemandes le vieux poème
humain que son ami traduisait en bonne prose allemande. Il eût consenti moins que tout autre, pour
assurer la domination d'une classe sous un prétexte
de religion ou de morale, à conter ses idylles gauches
dans la nature délicate et fleurie que le printemps des
campagnes saxonnes lui révélait. Moins que tout autre,
parce qu'il avait gardé de l'âme allemande et la garda
jusqu'à sa mort, cette fraîcheur de sentiment que Dürer
connut à peine. Le pessimisme allemand n'eut jamais
de prise sur son cœur, car, à l'encontre de tous les
maîtres de sa race, il sut choisir, et spontanément,
et beaucoup moins en savant qu'en artiste. Ce n'est
pas qu'il fût capable de s'élever à ces généralisations
puissantes qu'expriment les compositions rythmées
et nues, par qui les héros de l'art enferment dans l'architecture et le mouvement de la forme les sensations
éparses qui leur apprennent peu à peu que le monde est
continu. En plein XVIᵉ siècle, c'est encore un primitif,
mais ce primitif se trouve être ingénument le premier

175

coloriste après Grünewald et le plus sensible à la beauté formelle de tous les peintres allemands.

Il n'a pas, certes, le sens du ridicule. C'est souvent le meilleur moyen d'avouer sa vraie nature. Il peint des femmes nues qui ont gardé leur chapeau, des femmes fort gauches, avec des jambes maigres, et cagneuses, et de grands pieds, et de gros genoux.

Seulement leurs visages sont d'un charme extrême,
tout ronds, souriants, un peu malicieux, avec de belles
tresses blondes. Il les a surprises presque toutes à
l'heure de la nubilité, elles ont un petit ventre ferme,
une ondulation pure du buste et de la hanche, des
seins naissants, un air de corolle hésitante à s'ouvrir.
Sa sensualité candide promène son imagination en
des jardins tout frémissants de fleurs éparses, où des
nudités mythologiques mal bâties et délicieuses affir-
ment que le réformateur et ses amis ne sauraient être

176

rendus responsables des préoccupations malsaines
qui caractérisèrent l'action des sectes protestantes à
la suite de Calvin et des puritains anglais. De pesants
reîtres teutons ont beau s'y trouver près d'elles, leur
fraîcheur triomphe, et comme tout s'enveloppe d'un
espace blond que les rouges cendrés envahissent d'une
vapeur transparente, on n'a pas le courage de lui

175. Mathias Grünewald. Le Christ en croix (Karlsruhe Gemälde-
galerie). *Ph. Bruckmann-Giraudon.* — 176. Colins. Bas-relief, marbre
Tombeau de Maximilien à Innsbruck).

reprocher sa maladresse. Ce rustre vous livre une âme exquise, dont quatre-vingts ans de vie agissante n'épuisèrent pas l'innocence.

VI

Point de rapports à première vue entre cette sensibilité gauche et la volonté toujours grandissante qui permit au dernier des peintres allemands, mort à quarante-six ans, d'enfermer dans l'ondulation soutenue d'une ligne aussi sobre que l'intelligence latine, la complexité de l'âme allemande. De plus près, cependant, c'est la même race. Hans Holbein n'a scruté les dessins de Michel-Ange, de Vinci, de Raphaël, il n'a étudié les fresques de Venise, de Mantoue, de Padoue, de Florence peut-être où il dut aller depuis Bâle, que pour demander à la puissance éducatrice des maîtres italiens de lui aider à dégager de l'œuvre confuse de Cranach, de Dürer, de Grünewald, de Martin Schongauer, les éléments d'une définition plus claire et plus plastique de l'effort allemand. Un lien impossible à briser attache aux portraits nets, doux et sauvages de Cranach, aux portraits ligneux et compacts de Dürer, à tous les portraits de tous les Allemands, d'Aldegrever à Baldung Grien et de Barthélemy Bruyn à Christophe Amberger, les images incomparables où le maître de Bâle, dans un trait léger comme une lueur qui frise une surface charnue, décisif comme une arête osseuse, donne la sensation du bloc du visage vivant, esprit et muscles, os et sang, âme flottante et concentrée.

Il tenait de son père déjà, le vieux maître d'Augsbourg, ce trait gauche en apparence qui suit fidèlement

la ligne du visage, ne néglige aucun de ses accidents,
le restitue avec une conscience terrible dans les saillies
et les enfoncements inégaux, qui lui donne, par la
façon dont l'œil s'enchâsse dans l'orbite, dont le
menton et la pommette se profilent, dont le nez s'écrase
ou s'élance, dont le front ou les tempes se bossellent
ou s'élargissent, son accent particulier. Les Italiens
lui avaient conseillé d'appuyer un peu plus ici, un
peu moins là, de ne laisser subsister du visage que
ses sommets expressifs. Ils lui avaient aussi montré
la façon d'emplir un cadre, de s'arrêter à temps,
d'établir dans l'espace un volume défini. Mais c'est
bien tout. S'il choisit, comme eux, ce n'est pas pour
généraliser, c'est pour individualiser. Au lieu d'essayer
d'atteindre par la synthèse une vérité universelle, il
atteint par l'analyse une vérité particulière. L'instrument qu'il prend aux Italiens, il l'emploie à mieux
chercher en lui et autour de lui l'Allemagne, pour la
mieux définir. Quand il quittera Bâle pour Londres,
c'est encore en Allemand qu'il parlera des Anglais.
C'est en Allemand que dans ses grands portraits
sévères, moins achevés, peut-être, malgré leur minutie
grandiose, que ses esquisses au crayon, il accumulera
sur les murs, les tables, les rayons des meubles, les
cent objets aussi précis que le visage, encriers, mappe-
mondes, équerres, manuscrits, compas, loupes et
parchemins qui enfonceront l'un après l'autre en nous,
avec leurs pointes d'acier, leurs arêtes de cuivre, leurs
verres grossissants, leurs caractères lisibles, la certitude
de l'endroit où nous sommes et l'identité de l'être
devant qui nous nous trouvons.

Ce grand artiste apparaît d'abord comme un
grand savant. On dirait qu'en bon Allemand il s'est
donné pour mission de contrôler l'une après l'autre les

vérités intuitivement conquises par les Italiens ou les Flamands. A force de volonté, à force d'études, il a compris pourquoi deux ou trois couleurs associées, en éveillant en nous le sens de l'unité originelle des choses, en nous envahissant d'un sentiment irrésitible de plénitude et de volupté purifiante, nous renseignent davantage sur les choses et sur nous-mêmes, qu'un siècle de recherches entassées sans cohésion. Comme plus tard les penseurs allemands du XVIIIᵉ siècle et les savants allemands du XIXᵉ, il a retrouvé par la décomposition patiente et la reconstruction méthodique de tous les éléments, les harmonies que d'autres races saisissent d'un seul coup.

Mais comme sa science l'élève, dès qu'il la tient! Ces harmonies juxtaposées, et non plus pénétrées de cette atmosphère visible qui révèle aux Vénitiens et aux peintres des Pays-Bas l'universalité mouvante de la vie, sont comme un bloc pur de réalité intangible posé sur le souvenir. Ses rouges, ses orangés, ses noirs ne semblent pas frottés sur ses verts sombres, mais tissés dans leur matière même, faisant une substance pleine, comme pilée dans un mortier, avec les vêtements, avec le métal et le verre des outils et des bijoux, le bois des meubles, la peau des mains et des visages et la vitre opaque des yeux. Un éclat mat qui ne rayonne pas mais semble au contraire s'enfoncer jusqu'au centre de l'œuvre leur donne une profondeur froide, une épaisseur sous qui d'autres épaisseurs se devinent, comme une eau pure dont le fond ne se verrait pas. Dans ce sens-là, les toiles des primitifs de Bruges, dont le rouge et le noir sont comme du sang et de l'encre changés en pierres translucides, sont dépassées... L'âme, l'espace, la matière vivante ou morte se concentrent ensemble jusqu'à

177

atteindre, aux limites extrêmes de la condensation
moléculaire, la densité du diamant.

On comprend que cet homme si résolu à pénétrer
jusqu'au noyau central des choses ait été, de tous les
contemporains qui le tentèrent, celui qui sut le mieux
faire vivre éternellement dans une image l'esprit
le plus impartial de son siècle, l'homme presque

177. Hans Holbein. Le marchand Gisze (Berlin). *Ph. Hanfstaengl.*

tout à fait sage qui gardait au milieu du remous furieux
des appétits et des consciences où la lutte entre les
réformateurs et l'Église précipitait les hommes, la
pleine liberté du jugement. Aussi bien qu'Érasme,
certes, il avait vu les bûchers s'allumer, les tenailles
s'ouvrir au fond des cachots, la torche aux mains du
peuple et le fer aux mains du soldat. Mais son regard
impassible cherchait, dans le torrent brutal des passions
lâchées, les formes et les mouvements capables d'exprimer la passion qui l'entraînait à la recherche des réalités supérieures. Par lui, nous avons vu passer les
lances, voler les piques, et les reîtres, les bourreaux,
les lansquenets tendre leur force, mais la violence
est étudiée sans haine, ni sympathie, comme un phénomène humain propre à l'éclairer sur les hommes.
L'élégance nerveuse des formes en action, le roulement
des muscles sous les habits de cuir apparaissent dans

178

179

un tumulte sobre. C'est comme si l'acier des épées coulait dans les artères et vibrait dans les tendons pour obliger la vie jusqu'en ses plus sanglants désordres à suivre l'esprit impérieux d'un artiste qui semble, quand il demande au vin l'oubli de ses chagrins intimes, vouloir retrancher de lui-même tout ce qui n'est pas l'image que son œil imprime sur son cerveau. Les enroulements et volutes des maîtres allemands qui tordaient avant lui jusqu'aux membres humains comme des pampres, se concentrent et se stylisent dans le cadre vigoureux de fruits, de feuilles, d'enfants nus dont s'entourent ses gravures et ses dessins. A force de le vouloir, il a fait durer, lui vivant, l'ordre dans l'âme allemande. Il a imposé à sa puissance créatrice l'impartialité. Les visages qu'il a laissés — ces grands visages germaniques à la fois osseux et mous sous les chapeaux qui font ombre — sont certainement, dans toute la peinture, ceux qui nous ont transmis le plus scrupuleusement — et pourtant le plus sobrement — l'entière vérité sur les êtres qui passèrent devant lui. Jamais œil plus impitoyable — et par conséquent plus épris de ce qui survit aux illusions d'optique que notre complaisance pour nous-mêmes ou ceux que nous regardons nous inflige — jamais œil plus impitoyable ne se fixa sur nous. Jamais l'esprit qui sourd des yeux ouverts, des lèvres closes, des fronts silencieux, des mâchoires, jamais l'esprit ne s'incorpora de façon plus étroite aux os compacts qu'il sculpte et qui le sculptent dans un échange continu. Tantôt cette masse de vie pense, tantôt elle ne pense pas, rien d'elle ne flotte au dehors, rien d'elle ne se dérobe au dedans. Holbein n'emploie jamais sa piété d'artiste à dire de la nature et de son expression la plus haute, une tête d'homme ou de

Hans Holbein. 178. La femme de Luther (Galerie Corsini, Rome). *Ph. Anderson-Giraudon.* — 179. Sa femme et ses enfants (Musée de Bâle). *Ph. Hanfstaengl-Giraudon.*

femme, autre chose que ce qu'elles dictent à sa clair-voyance volontairement indifférente. Beaux ou laids, tous ces visages rayonnent d'une pureté singulière, qui est la marque insaisissable de sa propre dignité. Toute sa tendresse, il la met dans un front féminin penché sous une guimpe transparente, dans la figure triste et grave, et lourde d'humanité, d'une femme qui tient deux enfants entre ses genoux.

Bien que le sentimentalisme allemand soit invisible en lui, et sans doute à cause de cela, Holbein est le plus haut effort de la plastique allemande. Très allemand par sa précision scrupuleuse, sa force d'analyse et de reconstruction, il est le seul parmi les Allemands à avoir su choisir, le seul à n'avoir presque jamais confondu ce qui est beau et ce qui est étrange, ce qui est essentiel et ce qui est exact, ce qui est profond et ce qui est compliqué, le seul à avoir cherché à dégager du détail et de l'accident, dans la réalité concrète même et hors de toute idéalisation, la logique secrète de cette réalité. Il est le seul à avoir demandé, et non imposé à la forme, son éducation sentimentale. Une incroyable volonté lui fit lentement rejoindre et dépasser, sur quelques points, ceux qui n'ont qu'à ouvrir leur cœur pour y trouver le secret des grandes vérités plastiques. Il est naturel qu'il soit à la fois la conclusion de la peinture allemande et l'exception qui démontre son habituelle impuissance à donner au monde visible son sens architectural. Malgré lui et hors de lui la peinture allemande reste un grand murmure confus, frémissant de vie indistincte. Ce sont les musiciens qui saisiront un jour, avec des cris d'ivresse et le profond emportement d'un univers qui se découvre, l'arme éclatante qu'elle a laissé tomber.

DOSSIER

Élie Faure n'a jamais manifesté de sentiments extrêmes pour son *Art renaissant,* ni les remords de *L'Art antique,* ni l'enthousiasme de *L'Art médiéval.* Il a écrit, corrigé, augmenté ce troisième volume avec une aisance constante, et même une égalité d'humeur qui passerait presque pour de l'indifférence si la dédicace à sa mère, avec qui il a découvert l'Italie en 1906, et qui meurt quand il prépare son livre, ne surdéterminait le mot de *Renaissance* par l'allusion biographique, et si l'écriture, surtout, ne laissait transparaître un plaisir intense et communicatif.

Il décrit la Renaissance comme un moment tragique où l'unité médiévale s'effondre. L'art va passer, à travers elle, de la cathédrale à la peinture de chevalet, qui indiquent deux états différents de la société. La première exprime une collectivité cimentée par une foi commune, alors que la peinture exprime un individu qui finira, avec l'art contemporain, par devenir un individualiste sans aucune conscience de la place relative qu'il occupe dans un plan d'ensemble. Pour Élie Faure qui ne cesse de stigmatiser l'anarchie de son époque en appelant de ses vœux une nouvelle « mystique », la Renaissance est donc le commencement du malheur.

Mais elle en est aussi le dépassement, car les « grands individus » qui émergent des décombres recueillent l'héritage des foules médiévales pour le transmettre à l'avenir. Élie Faure fait d'eux des médiateurs entre le passé et le futur, par-delà le présent du monde moderne. Il écrit d'ailleurs son *Art renaissant* à la même époque que *Les Constructeurs,* où il demande à Lamarck, Michelet, Dostoïevski, Nietzsche et Cézanne, la révélation de l'avenir. Et quelques années plus tard, tout en préparant sa seconde édition, il attribuera à Napoléon, artiste de l'action comme les grands peintres ont été les héros de l'art, le même rôle unificateur.

Reste, au-delà de ces considérations sur le sens social de la peinture, « la passion des images » qu'Élie Faure se souvient d'avoir eue tout enfant, qui a fondé toute son évolution sur la plastique, et qui fait de ce livre un hymne à la peinture — quand bien même il en attende la fin.

1. *L'initiation vénitienne — première édition (1914)*

Élie Faure aimait raconter comment il avait échappé à son éducation de petit provincial initié à la peinture par les images du *Figaro-Salon*. Habitué aux seules reproductions des peintres pompiers, il découvrit le Louvre, à l'âge de quatorze ans, avec consternation :

> C'étaient donc là « le divin Raphaël », Titien « le peintre des rois », Poussin « le père de la peinture française »... ? J'y voyais des caricatures hideuses. [...] Un ahurissement profond, une confusion immense, où les formes et les couleurs bataillaient dans un comique et irréductible chaos, me restaient de toutes mes visites, et ont souvent manqué de me décourager. J'ai failli lâcher le Louvre, lâcher la peinture ou revenir à mes amours d'antan, et mal tourner. Delacroix m'a sauvé. Courbet ensuite. Les Vénitiens ont fait le reste.

Ce sont Delacroix et Courbet qui l'ont conduit « aux sources de la peinture », c'est-à-dire, d'abord, aux Vénitiens (1), par qui devrait commencer toute éducation esthétique :

> Si j'avais à enseigner la peinture aux jeunes gens, je ne commencerais jamais par les primitifs, ni par les modernes. Je ne donnerais aux enfants ni fruits verts, ni fruits pourris pour éveiller en eux le goût du fruit. L'accord mystérieux entre la sensualité, la sensibilité et l'intelligence, l'orchestration complexe où les couleurs, les formes, l'espace entrent comme naturellement, c'est tout cela qui donne le sens de la grande peinture, par quoi on peut désormais remonter la pente, découvrir peu à peu le charme de l'innocence et du caractère des vieilles écoles, ou, au contraire, en se laissant entraîner par le flot, aborder la puissance radieuse des maîtres épanouis, Rubens, Rembrandt, Velazquez. C'est le centre, et le seul, d'où l'on puisse rayonner. Je m'en suis aperçu à un autre phénomène. L'attrait sensuel des Vénitiens m'a conduit assez rapidement à les différencier de ceux qui les ont précédés et qui les ont suivis, mais il m'était tout d'abord impossible de distinguer les uns des autres Titien, Véronèse et Tintoret. Quand j'ai pu le faire, je me suis aperçu que j'en savais plus long que je ne me l'imaginais moi-même, car Raphaël et ses précurseurs, Rubens, Rembrandt, Velazquez, les petits maîtres hollandais, Poussin, Claude Lorrain, Watteau se classaient désormais tout seuls. Je n'ai jamais ouvert un livre didactique pour prendre contact avec eux.

Venise ouvre toutes les voies de la peinture, même si elle risque de les brouiller aussi dans une rêverie panthéiste où le jeune Élie Faure se laissait facilement aller (2) :

(1) « Memories of a self-taught man », *The Dial,* août 1925. Le texte français a été publié dans *Équivalences,* en 1951, sous le titre « Confession d'un autodidacte ». Cf. *Œuvres complètes,* éd. Jean-Jacques Pauvert, 1964, t. III, p. 767 (dans les notes suivantes, on désignera ce volume par l'abréviation *O.C.*).
(2) « Équivalences », *Verve,* n° 1, décembre 1937, et *O.C.,* pp. 771-772.

Les premières toiles vers qui j'allais après Delacroix et Courbet sont celles des Vénitiens. Ceux-là m'y conduisaient évidemment. La danse des reflets et des atomes, solidaires d'un angle à l'autre du tableau, la justesse des valeurs, la continuité des volumes, ce sont eux qui me les avaient apprises à mon insu. Je me trouvais toujours sans le savoir devant une conception panthéiste − ou si vous le voulez symphoniste du monde − et je crois même que ce n'est pas là assez dire − ou trop dire − devant une solidarité de conception et d'exécution propre à satisfaire non seulement à l'harmonie, mais à la logique, devant un raisonnement méthodique se déroulant d'un bout à l'autre de la toile et aboutissant à une démonstration claire et parfaitement conduite de l'unité de la scène et de la continuité de l'action. Plus tard, tout en restant fidèle aux Vénitiens, à Rubens, j'appris à me passer du panthéisme. Il brouille quelquefois les rapports les plus simples et sert souvent à des peintres médiocres à masquer leur insuffisance par l'empâtement de leurs fonds.

Et si *L'Art renaissant* n'accueille Venise qu'au troisième chapitre, c'est par elle en revanche qu'Élie Faure a commencé, le 27 mai 1908, le cycle de conférences qu'il devait consacrer à la Renaissance devant son public de l'Université populaire − mais qu'il n'a pas mené à son terme puisque, après un cours sur Florence le 17 juin, on ne le retrouve plus dans les programmes de la rentrée.

Rome fut d'un accès moins facile. Bien qu'Élie Faure ait proposé à sa jeune femme, en août 1899, de lui offrir une reproduction du *David* de Michel-Ange qu'elle aimait beaucoup, lui-même restait réticent devant la « passion furieuse (1) » d'un maître dont l'école a hérité trop de défauts (2). La visite de Rome, en avril 1906, aggrave

(1) « La Crise », *L'Aurore,* 19 novembre 1902.
(2) Lettre à sa femme, mai 1904, *O.C.,* p. 972 : « En sortant, Carrière me dit : ''L'école de Rodin sera quelque chose d'effrayant.'' C'est vrai. Ce sera comme celle de Michel-Ange. Aucune des qualités du maître et tous ses défauts. »

d'autant plus cette impression qu'Élie Faure revient de Grèce et a déjà la nostalgie de sa mesure :

> Vu encore Saint-Pierre, qui est monstrueux, comme il convient aux monuments de Rome, mais que je trouve parfaitement affreux, surtout en dedans. Vu aussi le *Moïse* de Michel-Ange. C'est d'une terrible énergie, mais ô combat des centaures et des lapithes, où es-tu? Où êtes-vous, petits temples grecs sur vos collines sobres (1)?

Il voit en Michel-Ange un désespéré, « prisonnier de rythmes que, malgré sa violence, il ne put pas briser (2) ».

Il faudra l'Italien Raphaël pour donner à Rome, devant ce voyageur réservé, un visage plus souriant :

> Hier, le Romain Michel-Ange m'a effrayé et gêné et je pensais toujours à ma petite Vénus grecque, mais l'Italien Raphaël m'a conquis. Quelle aisance et quelle grâce jeune et pure malgré une science consommée et une raison adulte. Celui-là est un Grec égaré en pays catholique et humanisant tout, le Paradis, l'Enfer, les ascètes et les inquisiteurs en les touchant du doigt. C'est le Mozart de la peinture, il a la même grâce puissante et discrète. Il est toujours si savant et reste toujours si jeune. Nous étions encore sous l'étreinte lourde des ruines de la Rome antique. Raphaël nous a rendu la liberté. J'ai respiré pour la première fois depuis notre arrivée à Rome (3).

Mais « dans le jardin charmant et un peu morbide de Florence (4) », où les sculpteurs de pendules et de nouilles déchaînent la verve d'Élie Faure, Michel-Ange finit par

---

(1) Lettre à sa femme, 22 avril 1906, *O.C.,* p. 280.
(2) « Rodin sculpteur chrétien », *Formes et Forces,* 1907 (*O.C.,* p. 910).
(3) Lettre à sa femme, 25 avril 1906, *O.C.,* p. 980.
(4) Lettre à sa femme, 30 avril 1906, *O.C.,* p. 981.

imposer le respect, même s'il n'apporte pas une aussi haute révélation que Giotto et Masaccio :

Chérie, nous voici donc à Florence depuis hier deux heures. Nous sommes arrivés par un temps menaçant, et effectivement vers cinq heures il est tombé des cataractes. Nous étions dehors. Maman et Mimi sont rentrées, mais j'ai stoïquement continué à vagabonder sur les quais de l'Arno et par les rues. Pendant le gros de l'averse, j'étais dans la Loggia dei Lanzi en compagnie de choses très célèbres et très médiocres dont la meilleure, à ma grande surprise, est encore le *Persée* de Benvenuto, sculpture de pendule mais si pleine d'énergie et de science qu'elle peut passer pour un chef-d'œuvre.

Dans l'après-midi, avant l'averse, nous avions vu le Dôme et la porte du Baptistère, un chef-d'œuvre à n'en pas douter. Mais c'est d'un art un peu petit et si peu sculptural. Tout ici d'ailleurs, sauf Donatello, par velléité. Et il est si nerveux et si fort, celui-là ! Autrement, des nouilles qui me rappellent les lourds sarcophages romains dont on est saturé à Rome, à Naples et jusqu'en Grèce. Ils avaient heureusement pour eux (les Florentins) un sentiment de la vie expressive que n'avaient pas les Romains. Mais cet art reste sentimental. La grande raison héroïque, la vaste sculpture grecque, rend difficile. [...]

Ici par exemple, on ne peut le nier, c'est la plus haute cime du sentiment et de la passion. Jamais on n'a chanté la vie avec plus de force expressive. J'ai fait ce matin plus ample connaissance avec Benozzo Gozzoli, qui est un miracle de sensibilité. Cet homme a l'âme fleurie comme un pré, il est irrésistible. Il se promène au milieu du jardin en fleurs avec des anges qui font des moissons de roses et de feuillages. Ces anges ont des ailes brodées comme le dos et les plumes des paons. Il y en a d'autres qui regardent perchés dans les jardins du ciel, dans les jardins d'azur noir et de pourpre et de rose. Et de beaux cavaliers vêtus d'or se promènent dans la campagne. Et les petites maisons blotties derrière les ifs et les pins parasols ! Oh ! le délicieux homme que ce Benozzo Gozzoli avec son nom d'oiseau ou de fleur. Je l'aime comme un vieil ami.

Vu aussi Michel-Ange, tombeau des Médicis. Celui-là ne vous attire pas comme Gozzoli. Il vous prend au collet et vous secoue jusqu'à ce qu'il ait fait tomber vos fruits mûrs d'indulgence, d'équité et de mesure. Mais quand même il parvient à vous vaincre.

Vu (!) aussi les Offices. C'est un admirable musée. Nous y avons passé 2 h 1/2 et n'en avons vu (mal) qu'une partie. J'ai peur que nous n'ayons pas le temps d'y revenir. Mais que d'admirables choses ! Les Vénitiens ont une salle où nous avons passé une heure et qui ressemble à un jardin d'automne ou à une énorme topaze. Les Florentins y règnent bien entendu, surtout par Botticelli et Filippino Lippi. Il faut deux mois pour avoir une idée de Florence (1).

Trois ans plus tard, en 1909, Élie Faure fait un voyage à travers l'Allemagne et la Hollande. Il avait déjà visité la Belgique en allant voir ses oncles Reclus à Bruxelles et en improvisant avec Eugène Carrière, sans doute en 1903, un pèlerinage inoubliable dans les musées. Mais toujours attentif au milieu qui détermine les œuvres d'art, il se souvenait plus, lorsqu'il rédigeait en 1907 son livre sur Carrière, des paysages traversés que des chefs-d'œuvre :

... il [Carrière] m'accompagna en Belgique pour une course de quelques jours, me fit voir Mons, le pays noir, Bruxelles, l'éveil puissant des fruits et des légumes sur le marché de la Grand-Place, dans le mystère du matin allumant petit à petit les vieux ors des façades gothiques, la plaine plantureuse, Anvers, Rubens, l'opale immense de l'Escaut. Tout le voyage, on se tenait dans le couloir du wagon, et il ne cessait pas de s'émerveiller au spectacle de l'ondulation des collines, de la force et de la paix des arbres, de l'infini défilé des champs, des maisons, des routes, des êtres, du passage insensible par qui l'on sort d'une apparence pour entrer dans une autre apparence... (2).

(1) Lettre inédite à sa femme, 28 avril 1906.
(2) *Eugène Carrière, peintre et lithographe,* Floury, Paris, 1908 ; *O.C.,* p. 930.

En 1909, donc, il commence un nouveau périple par l'Allemagne. Les pages qu'il lui consacre dans *L'Art renaissant,* centrées sur l'idée que les Allemands ont le génie de la musique mais ne sont pas plasticiens, gardent la trace d'une déception formulée bien plus péremptoirement dans une lettre du 4 octobre 1909 :

> Nous sommes rentrés avant-hier, en bon état et pas trop fatigués, après une randonnée formidable, très intéressés par l'Allemagne, enthousiasmés par la Hollande, mais très convaincus que les Allemands ne sont pas des civilisés. Nous en causerons. (Si votre mari se fâche, dites-lui qu'Andler, que j'ai vu hier, est de mon avis.) « I barbari », disent les Italiens. Il y a trois peuples civilisés, en dehors des Asiatiques qui le sont peut-être aussi, sous d'autres formes, ce sont les Anglais, les Italiens et les Français. Mon Dieu oui, les Français. J'ajouterai les Hollandais. Et je crois bien que c'est tout (1).

Il se souvient encore dans *La Sainte Face,* en 1916, d'avoir respiré plus librement dès son arrivée en Hollande, après les visions confuses que l'ordre artificiel de l'Allemagne ne parvenait pas plus à organiser dans toute sa civilisation que dans sa peinture (2).

---

(1) Lettre à Mme Dispan de Floran, *O.C.,* pp. 982-983. Charles Andler, germaniste réputé et spécialiste de Nietzsche, était un ami commun des Dispan de Floran et des Faure.

(2) *La Sainte Face, O.C.,* p. 104 :
Je me souviens d'un voyage en Allemagne d'où j'étais revenu plus riche de confiance en l'homme, étreint par une sensation de force inconnue de moi auparavant, hanté de visions confuses mais intenses, bateaux neufs et ventrus soufflant sur la mer et les fleuves, usines engouffrant les lourdes entrailles du globe pour en extraire, avec leurs muscles métalliques et leur respiration de flamme, le principe spirituel, gares aux aspects de cathédrales et de forts, cuirassées, bétonnées, couronnées de coupoles, surmontées de tours gigantesques, villes brossées, calamistrées, regorgeant de feuillage et de fleurs, musées somptueux où le professeur, à vrai

Du Louvre de 1887 à la Hollande de 1909, Élie Faure a donc mûri *L'Art renaissant* dans les plus grands musées d'Europe. Mais il est plus difficile de savoir quelles lectures ont complété cette éducation du regard qu'il tenait pour la seule valable, d'autant qu'il a toujours eu la coquetterie de dissimuler ses sources écrites. D'après ses notes ou l'inventaire de sa bibliothèque, on sait en tout cas qu'il connaît les traités italiens, Cennino Cennini, Alberti, Vinci (dont des *Textes choisis* sont publiés en 1908 avec une introduction de Péladan, ainsi que le *Traité de la Peinture*), les *Vies* de Vasari dans l'édition française de 1903, que Carrière mourant lit à l'hôpital, où Élie Faure le soigne, pour y retrouver « la vie des bons ouvriers de la peinture », les lettres de Michel-Ange, *Mémoires* de Cellini, l'*Histoire de la peinture en Italie* de l'abbé Lanzi, les *Dialogues* de Francisco de Hollanda. Il possède aussi *L'Art italien* (1854) d'Alfred Dumesnil, qui est de sa famille, les œuvres complètes de Mengs, les *Leçons de l'École du Louvre* de Louis Courajod. Il a lu Stendhal et partagé sa sympathie pour la passion italienne, même s'il n'a pas son enthousiasme devant les Bolonais ; il connaît bien Taine, il doit beaucoup à Burckhardt auquel l'a probablement initié Charles Andler. Walter Pater, dont *La*

dire, passe trop souvent sur la crasse des maîtres son racloir, mais enfin musées somptueux, confort puissant, baigné d'eau chaude, nourri de bière et de porc. D'où vient qu'en revenant, par la Hollande, de ce voyage congestionnant, et même avant de revoir les petites maisons peintes de vert et de bleu, ornées de géraniums et de tulipes, les moulins de bois aux ailes rouges, les villes de haillons et de brouillards illuminés, les canaux où la couleur danse, les troupeaux de vaches semés comme des diamants noirs sur les polders d'émeraude parcourus de voiles bleues, j'ai respiré plus librement ? Voici. Trois ou quatre hommes, à la gare frontière, étaient assis sur le quai même, les pieds sur le rail. J'ai dit, et je n'avais pas préparé ma phrase, je le jure : « Enfin ! nous voici donc en pays civilisé ! »

Renaissance n'est traduit qu'en 1917, et Gobineau, dont *La Fleur d'or* paraît chez un éditeur allemand en 1918, sont des découvertes postérieures à la première édition de son livre. Quant à Berenson, il semble ne l'avoir connu que par ouï-dire.

Les archives d'Élie Faure contiennent une première version manuscrite qui doit dater de 1910, puisque cet été-là il écrit à son cousin Maurice Reclus :

> Mes 2e et 3e volumes paraîtront d'ici 4 ou 5 mois. Je crois qu'en ce moment j'avance et que d'ici trois ou quatre ans, je pondrai quelque chose qui en vaudra la peine (1).

Mais pour des raisons qu'on ignore, la parution est retardée jusqu'en mars 1914, ce qui laisse à Élie Faure le loisir de refondre et d'allonger son texte initial, grâce surtout à un nouveau voyage qui en 1912 le mène, à travers l'Italie, jusqu'à Venise. C'est justement l'année où il prononce à Rouen, sous les auspices de la Société normande de Peinture moderne qui expose alors Marcel Duchamp, Marie Laurencin, Gleizes, Léger, Juan Gris, Picabia, Dufy et d'autres, une conférence intitulée « Classicisme et Primitivisme » où il indique que « l'anarchie sentimentale d'aujourd'hui est le dernier état d'une désorganisation séculaire provoquée par la Renaissance et que les classiques français n'ont retardée que d'un jour (2) ». L'art renaissant est le prologue de l'art moderne et forme avec lui un tout, auquel mettra fin le retour à des formes d'expression qui instaureront un autre Moyen Age. Le cycle de l'histoire de l'art, qu'Élie Faure décrira en 1927 dans *L'Esprit des Formes,* est donc dessiné longtemps auparavant.

(1) Lettre inédite à Maurice Reclus, Vichy, été 1910.
(2) *La Conquête, O.C.,* p. 73.

La guerre qui éclate peu après la parution du livre chez Floury ne lui laisse pas le temps de faire carrière. Il est pourtant salué par Félix Fénéon, qui recommande cette « neuve, lucide et ardente *Histoire de l'Art* » dont le troisième volume est, comme les précédents, « illustré de façon expressive (1) ». Et C.F. Ramuz l'apprécie dans la *Gazette de Lausanne :*

> Peu de faits, point de dates [...] L'anecdote n'apparaît jamais. Des innombrables personnages qui défilent devant nos yeux, nous ne connaissons que l'esprit, nous ne nous intéressons qu'au cœur. Ce ne sont pas eux qui sont au premier plan : ils ne sont jamais envisagés que comme les acteurs d'un grand drame [...] n'ayant, lui, ni commencement ni fin (2).

2. *Les leçons de la guerre − deuxième édition (1922)*

L'Europe entre en guerre au moment où paraît ce livre qui recueillait le dialogue de ses artistes pour tenter d'y déchiffrer les signes d'une unité future... Médecin sur le front, Élie Faure est au plus près de l'événement, mais le reportage qu'il en donne dans *La Sainte Face,* avec la vivacité d'une relation personnelle, n'empêche pas la distance critique de l'historien qui tire parti des circonstances pour continuer sa méditation sur les peuples de l'Europe. C'est ainsi qu'à Saint-Mihiel, dans la Meuse, sous la pluie et les bombes, il retrouve la *Mise au tombeau* de Ligier Richier, chez qui *L'Art renaissant* soupçonnait, en quelques lignes rapides, « la vigueur sèche et le tourment de Calvin » :

(1) *Bulletin* de la galerie Bernheim-Jeune, 14 mars 1914.
(2) « A propos de tout », *Gazette de Lausanne,* 26 avril 1914.

Je vais voir la *Mise au tombeau* de Ligier Richier, une œuvre sèche, nerveuse, où le drame est arrêté comme une démonstration, flamande par la plénitude, la densité, la forte ossature des masses, plus allemande encore par l'insistance, la profusion, la minutie du détail, très française par la mesure égale entre tous ces éléments et l'esprit qui l'anime. Comme à toutes les frontières, l'homme hésite, non dans l'orientation de son désir ni le choix de son expression, mais dans son maintien, son accent. [...] Ligier Richier, avec l'accent de sa frontière, c'est entendu, – et l'un des plus vilains de France dès qu'il n'a rien à conter – parle ma langue.

Mais c'est surtout l'art allemand qui sollicite la réflexion d'Élie Faure parce qu'il y voit le reflet de la nation entière qu'il faut alors comprendre pour la vaincre :

Sans doute, ils ont écrit la plus puissante épopée musicale du monde, retournant, derrière leurs héros, à cet art primitif, aveugle, sensuel, enivrant comme le rythme même de la marche et du cœur, capable de conduire un peuple à la conquête, mais incapable d'introduire dans l'âme diffuse d'un peuple cette mesure mystérieuse, cette harmonie qui flotte comme l'air entre les intelligences, ce fleurissement des élites en sagesse agissante et en aristocratisme-né qui est la civilisation, phénomène avant tout artiste, et aussi inconscient de l'ordre dont la modalité n'est qu'une de ses conséquences, qu'un arbre du volume de ses feuilles, du ruissellement de ses fleurs et du sucre chaud de ses fruits. La musique, langue intérieure, fermée aux architectures objectives, est un refuge héroïque qui préserve les âmes hautes des contacts extérieurs grossiers, – le monde « comme volonté » substitué au monde comme amour. C'est immense, mais ce n'est pas tout. Et j'y vois plutôt l'enivrement dont le pouvoir sensuel pousse à l'obéissance passive que la recherche libératrice dans les formes des ciels, des terres et des âmes, la pénétration active et réciproque des sensibilités et des esprits où se reconnaît partout un peuple civilisé.

L'art qui exprime la rencontre et l'accord de ce qui est
sensible dans le monde avec ce qui est raisonnant dans
l'esprit, l'art plastique, cette construction empruntée aux
choses par l'âme et renvoyée par l'âme dans les choses,
démontre l'impuissance allemande à introduire, dans l'instinct de l'enfant qui naît, cette aptitude moyenne à agir seul
où se reconnaît un peuple qui tend à la liberté. Dürer entasse
tous ses détails vivants, en fait une rumeur confuse, suit
son poinçon, comme l'horloger son voisin, dans les méandres du métal, ou comme le huchier son compère, dans le
cœur du mélèze apporté par le torrent. Holbein construit
un tableau en théorème irréfutable, range ses tons, coordonne ses lignes comme s'il voulait démontrer l'harmonie
et dicter le caractère.

Il y revient après la guerre dans une lettre à son neveu
Jacques Bisch :

> Ton appréciation de l'art allemand coïncide avec la
> mienne. Quand on a vu et compris l'art italien, il est impos-
> sible de juger autrement que tu ne le fais cette application
> ouvrière, qui est le contraire, à coup sûr, du génie plasti-
> que, mais finit quand même par produire une impression
> pseudo-musicale, comme un murmure immense de pas-
> sions, de savoir et de métiers. J'éprouve, tu le sais d'ail-
> leurs, pour les maîtres italiens une admiration bien plus heu-
> reuse et libératrice, et je vois avec plaisir que, là aussi, nous
> sommes d'accord. Je crois, pour le dire en passant, qu'un
> jour tu ne mettras pas Botticelli dans le même sac que Titien,
> car les Florentins sont plus près par l'esprit des Allemands
> que des Vénitiens, et Botticelli en particulier, que j'admire
> plus que je ne l'aime, me semble partir d'un apriorisme
> intellectuel assez éloigné des valeurs plastiques (1).

La Sainte Face situait déjà l'Italie — qu'Élie Faure
reconnaît comme sa « grande éducatrice » — aux antipo-
des de l'Allemagne.

(1) Lettre inédite à Jacques Bisch, 10 septembre 1922.

L'Italie entre en guerre. On rit. Moi j'ai envie de pleu-
rer. J'ignore ce que vaut l'Italie militaire. Il y en eut une,
voici vingt siècles, qui fonda l'Europe moderne. Mais je
sais ce que vaut l'Italie passionnelle. Et l'Italie passionnelle
est l'un des miracles humains. [...]

Bien que j'y connaisse des visages immobiles, comme tirés
en dedans, des mains fermées et des silences orageux, je
ne suis pas sans savoir que le ridicule dans le geste et la
mimique frappent infiniment plus chez les Italiens qu'ailleurs. C'est que ce peuple a de l'accent. Il frappe plus qu'ailleurs, aussi, par l'élan, par le caractère, l'énergie dévorante
et l'emportement passionné. Oui, cela donne envie de rire,
quand on entend tel chanteur milanais ou tel prédicateur
de Naples. Mais Jacopo della Quercia, Donatello, Monteverde, vous font passer cette envie. Oui, le mauvais goût
y crie, y grince. Mais Titien et Véronèse y ont fixé l'harmonie. Oui, les femmes et les amants s'y frappent plus fort
la poitrine et y poussent des soupirs plus bruyants qu'ailleurs.
Mais Michel-Ange n'a pas fait couler une larme. Oui, les ges-
ticulations des acteurs y sont grotesques. Mais les gestes des
pleureuses y sont sublimes, autour du Christ de Giotto.

Cette préférence détermine les changements de la
seconde édition, qu'Élie Faure commence à préparer en
1919. Elle est prête au printemps de 1920, mais les diffi-
cultés de Crès, son nouvel éditeur, dans la crise de l'après-
guerre, en reportent la parution au mois de mars 1922.
La seconde moitié du livre subit très peu de modifications.
Un seul ajout, sur Matthias Grünewald que la première
édition nommait sans commentaire, enrichit le chapitre
sur l'Allemagne ; quelques lignes, ici ou là, précisent « Le
cycle franco-flamand » ; de plus longs passages relancent
la réflexion sur l'art français, à propos de Jean Fouquet,
des portraitistes ou de Jean Goujon. Mais c'est surtout
l'Italie qui bénéficie d'additions importantes, et tout par-
ticulièrement Florence. Fra Angelico, Masaccio, Donatello, Paolo Uccello (alors mal connu, puisque la première

monographie qui lui sera consacrée sera écrite en 1928 par Philippe Soupault), Botticelli qu'Élie Faure juge moins sévèrement qu'en 1914, font l'objet des remaniements les plus notables. Des ajouts plus brefs et plus disséminés rallongent le chapitre « Rome et l'École », en insistant sur Sodoma, Signorelli et Luini. Enfin, Carpaccio, Tintoret et Véronèse inspirent de plus longs développements dans le chapitre sur Venise. Élie Faure n'en aura jamais fini avec la peinture italienne, sur laquelle il reviendra toute sa vie, mais il modifie son *Art renaissant* avec une aisance et un bonheur constants, sans se renier comme il le fait en corrigeant *L'Art antique.*

Il ajoute aussi une note préliminaire pour répondre au reproche qu'on lui a fait d'illustrer son livre par des reproductions de détails et non d'œuvres entières, ce qui était alors une innovation. Mais il a l'approbation de ses amis peintres, comme Bonnard et Signac qui lui écrivent pour l'en féliciter (1).

Paul Colin, fidèle lecteur d'Élie Faure et bientôt cofondateur de la revue *Europe,* fait son éloge dans *L'Art libre* (2) :

ÉLIE FAURE : l'ART RENAISSANT

Le dernier volume de l' « Histoire de l'Art » d'Élie Faure vient de paraître. L'ouvrage est aujourd'hui complet et il constitue sans nul doute le plus grand éloge et le plus ému qu'un homme ait jamais fait de l'activité tumultueuse mais largement rythmée des autres hommes. Je l'ai dit à propos des volumes précédents : j'aime ce livre pour son lyrisme et malgré lui, pour ses synthèses arbitraires et fécondes et malgré elles, pour ses claires intuitions et ses partis pris et

(1) Lettres inédites. Pierre Bonnard, 18 avril 1922 : « Très bonne idée de reproduire des fragments d'œuvres. » Paul Signac, 22 avril : « ...vous avez raison, il est bien préférable de donner un fragment qu'un ensemble où les rythmes trop réduits disparaissent ».
(2) *L'Art libre,* Bruxelles, avril 1922.

malgré eux, pour le mouvement, pour l'harmonie, pour la fièvre qui le possèdent et qui sont à la fois un défi et un hommage à l'érudition.

Florence, Rome, Venise, — et puis la Flandre jusqu'à Brueghel, la France jusqu'à Richier et Jean Goujon, l'Allemagne jusqu'à Holbein, ont leur place ici dans cette large fresque où Élie Faure a voulu montrer que « l'histoire est comme un cœur qui bat, comme un poing qui s'ouvre et se ferme ». Toute son œuvre, — j'en appelle à la préface des « Constructeurs » et à la « Danse sur le Feu et l'Eau » — se concentre autour de cette idée. Il l'exprime une fois encore ici magnifiquement en remuant pour notre joie la riche matière et les siècles d'épouvante et de gloire où l'Occident trouva cette heure d'équilibre, de plénitude et de force que notre souci des classifications a nommée la Renaissance.

Élie Faure joue avec les hommes et avec les œuvres. Il les assemble ou les sépare, les fait défiler très vite ou s'immobilise brusquement auprès de l'un d'entre eux, va jusqu'aux plus lointaines conclusions ou s'arrête à une revue sommaire d'une évolution. Aucune règle et aucun désir d'enseignement. Rien n'est systématisé et tout prend un relief inattendu.

Une illustration abondante accompagne le texte et le jalonne. Comme pour les autres volumes, elle n'est pas choisie dans un but pédagogique mais elle essaie simplement d'évoquer aux yeux du lecteur, les grands caractères généraux, les conquêtes ou les défaites, dont le texte propose la leçon à son cerveau. On y trouve peu d'œuvres très connues, mais, par contre, Élie Faure en a réuni beaucoup d'autres, qui ne sont pas moins significatives et dont les historiens ont cependant coutume de se détourner.

En résumé, livre considérable, écrit par un artiste pour les artistes : j'en connais peu d'aussi vivants.

Et Dominique Braga retrouve chez Élie Faure le même accord de la science et du lyrisme que chez les artistes renaissants (1) :

(1) *Le Crapouillot,* 16 avril 1922. L'article se poursuit par une longue citation de l'introduction.

Nous étions six à un bout de table, l'autre soir, au dernier dîner du *Crapouillot*. Six : deux littérateurs, deux peintres, un critique d'art et un amateur.

Lorsque je posai entre deux couverts le volume de l'*Histoire de l'Art* consacré par M. Élie Faure à « la Renaissance », le critique d'art poussa un cri déchirant :

– Enlevez cette machine, disait-il. Je ne saurais la voir. On appelle ça une *Histoire !* Aucune réalité, aucune vérité objective !

– L'art n'est-il pas une chose essentiellement subjective, interrompit mon confrère littérateur. Comment en parler autrement que subjectivement ?

– Mais vous avez raison, disais-je. Ceci n'est pas une histoire. C'est un poème. Je ne crois guère à l'histoire, même lorsqu'il s'agit des réalités les plus tangibles, économiques et militaires. Nous qui avons « fait de l'Histoire », comme on dit, pendant quatre ans, ne voyons-nous pas qu'on peut l'écrire de cent façons, et que ce qui passera pour être la vérité, en définitive, offrira peu de rapport avec ce que chacun aura senti. S'il ne reste qu'une vérité, d'ailleurs !... car autant de thèses de guerre que de nations.

Les Histoires, au plus approché, ne sont que des légendes utiles. Reportez-vous aux différentes versions de la Révolution française. Admirez comme l'historien bourgeois sait en retirer l'idée-force de l'individualisme. Mais làdessus, l'Histoire socialiste de Jaurès s'avise de trouver en 89 les germes déjà de l'égalitarisme communiste... A plus forte raison, l'esthétique, en ce qu'elle a d'intérieur, de profondément intime, de vivant et de mouvant, échappe-t-elle à la certitude. Il n'y a de classification et de logique possibles que dans le domaine de l'abstrait. Les deux sciences exactes sont la mathématique et la métaphysique. Dès que vous pénétrez dans le concret, vous ne trouvez plus qu'illusion et symbole. A peine quelques dates, quelques grossiers faits matériels, voilà à quoi se réduit le réel. Entre ces points de repère, à vous de découvrir un fil d'usage personnel.

Ainsi, suivant cette propension aux idées générales qui est la ruine de mon tempérament, je vaticinais allégrement, à quoi notre critique d'art rétorquait, d'ailleurs avec beaucoup de finesse, lorsqu'un geste du peintre notre voisin, nous arrêta.

Je le vois encore, cet homme gentil. En arrêt sur une page du livre, où l'image représentait quelque géant de Michel-Ange, quelque Suzanne du Tintoret, il admirait lèvres ouvertes. Il hochait la tête, sa main prenait à témoin d'une telle beauté, tout son air disait : voilà, il n'y a qu'à aimer, ici est un chant, vous chanterez aussi ou bien qu'aurez-vous à en dire ?

Tel est le sentiment qui se dégage de l'Histoire de M. Élie Faure. L'écrivain entra en communion avec des peuples, des artistes du passé. Il sentit quel flux lyrique devait les emporter, lorsqu'ils tendaient joyeusement ou désespérément à fixer leur trace sur le chemin vers la colline ou le chemin de nulle part. Ce lyrisme, il le restitue orgueilleusement, avec des mots aussi acharnés que la couleur. A mon avis, c'est la seule Histoire de l'Art qu'on puisse *lire*. Les autres servent de manuel d'école.

Pourtant la science totale de Vinci, la science passionnée de Michel-Ange, soutenaient leur art. La connaissance de M. Élie Faure est à la base de son lyrisme. Elle est assez vaste pour ne s'étaler point, pour s'oublier en l'éloquence. Son éloquence reste toujours lucide. Qu'un entraînement de rythme, qu'un prestige de mots, ne fassent pas négliger la possibilité pour l'auteur de démontrer ses métaphores avec cette rigueur documentaire qui satisfait on ne sait pourquoi les incrédules.

L'Histoire de l'Art est une symphonie plastique où les formes se conditionnent et s'entremêlent suivant des rythmes précipités, unanimes ou solitaires, mais perpétuels. Après le grand élan social, qui, au bout de dix-sept siècles de silence délivre l'âme collective en la Commune occidentale, la cathédrale française, les poèmes populaires de l'Allemagne et la Halle des Flamands, les peuples trébuchent dans leur foi expirante. Alors, accourent les grands individus qui « recueillent dans leur âme l'âme des foules disparues pour en transmettre l'espoir aux foules à venir ». La Renaissance fut surtout le siècle de la peinture, parce que la peinture est l'instrument plastique individuel par excellence. Ce n'était pas la première fois que le monde assistait à ce passage irrésistible, collectif ou personnel. D'implacables successions d'analyses ou de synthèses sont la condition de la vie de l'espèce, comme la systole et la diastole sont la condition de la vie du cœur. Mais jamais peut-être l'intervention de l'esprit critique, le doute, la volonté et l'ivresse désespérées qui caractérisent l'enquête individuelle, ne se manifestèrent avec une force plus révolutionnaire que pendant ce siècle où l'Italie ressuscitée impose à l'Europe sa conquête plastique.

Je ne peux résumer les paroles où M. Élie Faure définit en Mantegna, en Vinci, en Raphaël, en Michel-Ange, en le Titien, en le Tintoret, en Véronèse, et au Nord, en Peter Breughel, en l'unique Holbein, le frémissement d'une foi si périlleuse. Mais, s'il aime la Renaissance, si nous l'aimons avec lui, voici pourquoi : c'est qu'elle a su, se déchirant pour entrevoir la vérité, – et qu'importe que celle-ci ait fui, – placer son désir dans la connaissance tragique, et sa volonté dans l'action magnifique.

Deux études importantes, qui seront reprises dans *L'Arbre d'Éden* en août 1922, quelques mois après la réédition de *L'Art renaissant,* complètent celui-ci. La première formait le texte d'un volume publié aux éditions Ganymède (Munich et Dresde) et diffusé par Crès, *Albert Dürer. Paysages de la première époque,* avec les fac-similés de dix aquarelles :

I

Dürer, je le crois bien, est le représentant le plus mystérieux de la mystérieuse âme allemande. Comment expliquer la contradiction perpétuelle qui, en même temps, nous la livre et nous la dérobe ? La voici, dans la science et l'art. Elle ne parvient à la synthèse qu'en entassant, dans les cadres d'une toile comme dans l'existence d'un esprit, un énorme et confus amas d'analyses minutieuses. Elle accumule les détails sans s'occuper de l'ensemble, ou du moins sans le voir avec netteté, mais construit tout de même un ensemble imposant à son insu, précisément à cause de la patiente accumulation des détails. Elle n'aperçoit pas dans l'univers les lignes harmoniques qui en révèlent la splendeur aux Grecs, aux Italiens ou aux Français, mais après l'avoir absorbé par ses mille rumeurs errantes, elle le restitue quand même selon ces lignes harmoniques, par le moyen du son qui se trouve être, en même temps, le plus mathématique et le plus imprécis de tous. Plus ouvrière qu'artiste, plus savante que philosophe, elle travaille à même le concret avec le nez toujours baissé et des yeux grossissants de myope, cependant que la musique de l'abstrait chantonne dans sa tête invinciblement.

C'est d'ailleurs parce qu'elle est myope qu'elle chante, et qu'elle chante si bien. Il y a, dans le monde extérieur qu'elle scrute avec tant de passion, avec tant de patience, trop de faits contradictoires pour qu'elle l'embrasse d'un seul coup. Alors elle ferme les yeux, elle cesse de s'interroger, elle écoute les battements d'un cœur que cent mille sensations, cent mille images, cent mille sentiments emmagasinés peu à peu ont nourri de siècle en siècle, et elle se met à chanter. Sa volonté triomphe de son pessimisme en dominant par le moyen du rythme, et en exprimant par le moyen de la musique, la contradiction fondamentale qui l'empêchait de choisir.

Dürer est musicien. Sa peinture n'est pas plastique, moins encore que la peinture d'Holbein, moins surtout que la peinture de Grünewald ou de Cranach. La peinture allemande n'est pas plastique parce qu'elle juxtapose et les formes et les tons au lieu de les harmoniser d'instinct et ne saisit jamais dans l'univers cette interpénétration silencieuse et continue de tous les éléments qui en révèlent l'unité au sculpteur égyptien ou hellénique, au peintre d'Italie, de France, d'Espagne ou des Pays-Bas. La gravure pas davantage, et celle de Dürer bien moins encore que celle de Cranach ou d'Holbein. L'impuissance du choix s'y révèle dans chaque planche et semble s'aggraver à mesure que le maître vieillit. Il accumule le détail, il recherche l'accident, il cultive le pittoresque. Mais sa revanche est précisément là. Le détail est exprimé avec amour, l'accident est caractéristique, le pittoresque est d'un sentiment délicieux. Alors, de ce four-

millement confus de corps en action alourdis d'armures et
de panaches, d'arbres noueux dont se comptent toutes les
feuilles, de rochers découpés dont on voit toutes les pierres, toutes les mousses poussant entre les lézardes toutes
poursuivies et décrites, de maisons, de bois, de châteaux,
de tourelles sur les hauteurs, d'eaux courantes aux mille
rides à travers des prés dont toutes les fleurs apparaissent,
de cailloux semant le sol pêle-mêle avec des branches mortes, des os secs, des bestioles endormies ou rampantes, de
nuages parcourant un ciel où volent tous les oiseaux, tous
les papillons, tous les insectes ailés, monte une vie universelle murmurante, une rumeur indéterminée, tantôt triste
et tantôt joyeuse, mais poétique toujours. Si l'on y cherche une loi structurale, cet équilibre diversement exprimé
mais constant, cette continuité visible dans les formes par
quoi l'art méditerranéen exerce sur les intelligences un pouvoir si mérité mais aussi si redoutable, on ne l'y trouvera
pas. Par contre, ces gravures suggéreront une sorte d'atmosphère sentimentale faite d'attendrissement devant tous les
élans amoureux ou croyants de l'âme, de sympathie envers
tous les aspects familiers de la route, d'universel respect
pour tout ce qui se sent et tout ce qui se voit, une sorte
d'atmosphère sentimentale dont s'emparera la musique,
après deux ou trois siècles de recueillement et de souffrances, pour imposer à l'esprit de tous les hommes la signification spirituelle de l'homme allemand.

II

. On s'étonne — et on se félicite un peu trop, peut-être
— de ne pas trouver dans les aquarelles de la jeunesse de
Dürer cette adorable impuissance de choix qui nous le définit, et nous définit en même temps avec tant de charme
confus l'âme de sa race. En effet, elles en acquièrent une
valeur sinon plus générale, du moins plus plastique pour
nous, et à coup sûr moins spécifique, ce qui est quand même
quelque chose. Il y a moins de détails, certes, un peu moins,
mais aussi moins de confusion. Le détail, même quand il
abonde autant, est à sa place, ce qui est essentiel et peut-
être suffisant. L'ordre règne, et c'est là toute la plastique
et tout l'art aussi, à tel point qu'auprès de ces aquarelles,

les gravures de la maturité du maître semblent une orgie confuse de sensations indiscernées, et les peintures une discipline factice d'où tout abandon, tout enthousiasme, toute vie ont disparu. Mais si l'ordre était seul à les caractériser, ces aquarelles de jeunesse n'exerceraient pas sur nous une telle fascination. L'atmosphère sentimentale des gravures y est déjà, plus fraîche il est vrai, moins complexe, moins profonde, mais si puissante qu'elle suffit à faire de ces quelque vingt petits ouvrages une chose tout à fait unique, non seulement dans l'art allemand, mais dans l'art de l'Europe entière. Je ne sais guère que certaines œuvres japonaises, ou plus encore chinoises qui nous donnent, par des moyens très différents, une impression analogue, à la fois de volonté organisatrice très lucide et de pouvoir d'évocation poétique tout à fait exceptionnel. Je crois qu'on a déjà dénoncé cette parenté de structure entre l'esprit germanique et l'esprit de l'Extrême-Orient. Il ne faut pas oublier, en ce qui concerne Dürer, qu'une forte dose de sang hongrois coulait dans ses veines. Or, les hordes hongroises, au moment de leur irruption en Europe, traînaient certainement après elles des débris de tribus mongoliques. Et combien de Mongols, parmi tous les envahisseurs venus d'Asie qui avaient contribué à peupler les plaines du continent européen, de l'Adriatique à la Baltique et du Rhin à l'Oural!

Quatre ou cinq de ces aquarelles font de Dürer le plus grand, peut-être le seul peintre de montagne que nous connaissions. Les montagnes, du moins les montagnes du Nord, désordonnées, déchiquetées, couvertes de forêts et de brumes, ne sont pas plastiques. Ces pays, Forêt-Noire, Suisse, Tyrol, n'ont pas donné un seul grand peintre, et cela est très normal. Nulle forme harmonieuse et nette, nulle continuité de charpente entre leurs apparences chaotiques et les réalités logiques de l'esprit. Mais là encore Dürer triomphe, parce que cette contradiction fondamentale s'accorde avec les propriétés singulières de l'âme allemande, et de la sienne, qui résume l'âme allemande avec un bonheur exceptionnel. Il y a, dans les montagnes du Nord, une sorte de majesté intime, faite sans doute du contraste de leur désolation sauvage avec la présence de l'homme, et Dürer est le seul qui s'en soit aperçu. Le seul dans tous les cas qui l'ait su rendre, par des moyens aussi directs et aussi simples que possible, mais qui ne semblent pas plus appartenir à la peinture qu'à la musique et constituent une sorte de compromis entre la forme qu'il exprime avec exactitude et minutie par le jeu parfait des valeurs, et un flottement imprécis d'harmonie sentimentale et poétique échappant à toute espèce de langage et ayant sa source dans le cœur. Il est possible que l'aquarelle, par son peu de consistance et d'épaisseur, sa fluidité fuyante, la nécessité qu'elle exige, par sa résistance aux repentirs, d'un choix décisif dans l'organisation et d'une impression vivante dans l'exécution, constitue l'instrument rêvé de cette sorte d'expression. Encore convient-il de savoir s'en servir.

Voici donc la campagne allemande, celle du Sud montagneux, les grands arbres noirs à l'assaut des pentes, les hautes vallées fraîches où le bruit des torrents, des basses-cours, des bêlements, des beuglements, des roues grinçantes, des clochettes, met comme un murmure symphonique, lointain et en quelque sorte isolé dans le grand silence unanime, pour mieux pénétrer le cœur. Ce n'est qu'au premier abord qu'on prendrait ces œuvres ingénues et subtiles qui sont seules à nous l'exprimer, pour des relevés corrects et méticuleux d'architecte ou de cartographe. Si le détail existe, ce n'est que quand il le faut, et jamais il n'empiète sur l'expression d'un vaste ensemble où les plans les plus éloignés s'enfoncent dans le bleu progressivement saturé que l'épaississement des couches d'air interpose dans l'espace entre l'œil du peintre et le cercle de l'horizon. Sans doute, là comme plus tard en ses gravures les plus fouillées tout l'intéresse, et dans ses études de rochers, par exemple, la moindre craquelure, la moindre faille, la moindre fente, la manière insidieuse dont chaque racine, chaque brin d'arbuste, chaque touffe de mousse sort de leurs interstices et s'attache à leur paroi sont étudiées avec une passion exacte, une sorte d'amour de botaniste et de géologue pour le grain de la pierre, le tissu de la feuille, la direction de la tige et la forme de la fleur. Mais de cette sorte de griffonnage confus les valeurs, les plans, les volumes, les correspondances harmoniques surgissent comme malgré lui, et dans la variété infiniment nuancée des verts et des bleus, des rouges et des ocres, l'eau, les arbres, le ciel, l'amas des maisons qui fait les hameaux, les villages, l'ondulation lointaine des collines, tout se met à sa place avec une aisance admirable, comme si ce n'était pas du choix intellectuel mais de la conscience morale même que naissait la vérité. Je ne sais rien de plus émouvant que de revoir ces sites, tels aujourd'hui qu'il y a quatre cents ans, les masures blotties pour s'étayer l'une l'autre et hérissant ensemble leurs hauts faîtes contre la pluie, cette vie devinée sous eux toujours la même, douceur d'intimité, propreté domestique, chaude monotonie de la vie familiale, bons rapports de voisinage et contes le soir sous la lampe, harmonie de sentiment et d'échanges de sentiments d'où l'harmonie formelle se dégage sans qu'on sache trop pourquoi.

III

Le motif est insignifiant, et quelconque en apparence. Un rocher, je l'ai dit, le premier rocher rencontré au premier coude du chemin, le premier château sur la première hauteur, le premier hameau apparu dans le premier creux peuplé d'arbres, le premier ruisseau traversé. Et tout cela, semble-t-il, sans apprêts, comme un phénomène inconnu rencontré sur la route et noté scrupuleusement par une conscience attentive que tous les phénomènes, tous les objets et tous les faits nouveaux qui tombent sous les sens intéressent à un degré égal, c'est-à-dire passionnément. On le voit bien à la sympathie unanime qu'il éprouve pour tout ce qui est, à la manière dont il lie au vaste paysage les châteaux, les maisons, les bourgs, à l'évident souci de montrer comment ils continuent le rocher sur la colline qu'ils couronnent, comment ils se sont réfugiés dans telle courbe du fleuve et non dans telle autre, parce que tous les chemins, toutes les pentes y convergent et que c'est là qu'ils doivent être, comme un enfant entre des bras. La terre entière est décrite comme serait décrit un objet façonné de main d'ouvrier, et qu'une logique spirituelle modèlerait lentement. Il fait sentir la solidarité qu'il y a entre la direction des eaux et le mouvement des vallées dont les courbes enlacées se continuent et se répondent et qui précipitent leur déclivité pour descendre au fond des creux et remonter comme une vague. Il attache au sol les troncs d'arbre comme s'ils tenaient, par leurs racines, au cœur même de la terre, qui semble les accompagner tout au long des branches et monter avec eux dans les volumes sombres que la foule pressée des feuilles épanouit au-dessus des toits des villages et répand, comme un tapis noir, au flanc des monts. Il est singulier, et très instructif, qu'Albert Dürer ne montrât pas ces paysages, les premiers pourtant qu'on fît pour eux-mêmes, sans les peupler de mythologies ou d'aventures. S'il avait dû les montrer, sans doute seraient-ils plus stylisés, plus encombrés de personnages, moins restitués dans leur existence humble et exacte, car ils étaient pour lui un moyen plutôt qu'un but, un document plutôt qu'une œuvre. Disons le mot : c'est en savant, non en artiste, qu'il voulait et croyait les voir.

Cette apparition du paysage dans l'art n'est donc pas un événement artistique, du moins pour les contemporains. C'est une anticipation de l'esprit de recherche et d'analyse sur l'esprit de transposition réaliste ou lyrique qui prévaudra plus tard, avec Claude Lorrain d'abord, avec les Hollandais ensuite, surtout avec les Anglais, les romantiques et les impressionnistes français. C'est l'une des manifestations les plus caractéristiques du mouvement qui entraînait dans ces temps-là toutes les intelligences à s'installer dans la nature vraie pour un bail que les plus audacieuses d'entre elles, même, semblaient alors croire définitif. Montaigne n'est pas né. Shakespeare n'a pas encore dit : « Il y a plus de choses, Horatio, dans le ciel et sur la terre... » A peine si Vinci, tout seul, entrevoit, derrière les réalités premières, une réalité seconde qui ne peut pas s'épuiser. Et Michel-Ange, presque enfant, n'a pas encore trahi le désespoir qui va le prendre quand il sera parvenu au bord du gouffre de la connaissance et en aura soupçonné l'insondable profondeur.

Dürer, au moins à cette époque de sa vie, — car plus tard il doute et désespère, — est le vrai Renaissant. Il est de la race admirable de ces croyants nouveaux qui ne regardaient plus le ciel que pour y chercher le chemin des astres et y suivre leurs courbes enlacées avec la certitude qu'elles les conduiraient au but. Ces aquarelles, c'est ce qu'il rap-

porte de son passage à travers le Tyrol pour descendre en
Italie. Il les a faites toutes entre 1496 et 1500. Est-il indispensable de souligner ces dates et d'y relever la trace spirituelle des hommes qui marquaient cette époque d'une
empreinte aussi dure et aussi creusée qu'un sillon d'eau-
forte dans une plaque de métal ? Christophe Colomb découvre l'Amérique en 1492. Vasco de Gama explore les Indes
en 1498. Les Portugais abordent en Chine en 1514. Magellan, le premier, fait le tour du monde en 1520. Et c'est vers
1512 que Copernic, pour la première fois, a l'intuition qu'il
est possible d'enfermer le système du monde dans les limites de l'esprit.

De là le caractère des aquarelles de Dürer. Elles définissent la foi de la Renaissance elle-même. Une curiosité res-
pectueuse pour le phénomène extérieur remplace le tendre
amour des siècles précédents pour le phénomène intérieur.
C'est un besoin d'expliquer qui pointe, plutôt qu'un besoin
d'exprimer. Qui pointe seulement, chez cet homme-là du
moins, car s'il se croit et veut être un savant, il est aussi
et surtout, par bonheur, un poète qui s'ignore. Le symbolisme médiéval a disparu de l'œuvre, certes. Mais la soif
qu'elle trahit pour la connaissance exacte qui tourmente
les esprits lui donne, alors qu'elle tend à détruire la mystique ancienne, cette force mystique nouvelle d'où jaillira
un jour un monde d'intuitions fécondes, Descartes, Spinoza, Newton, le sensualisme anglais, Lamarck, le rationalisme vivant et le romantisme français, la musique allemande entière, la mer sans bornes du sentimentalisme russe,
l'universelle sympathie qui, même par le désespoir et la
guerre, nous mène à des destins que nous ne pouvons
mesurer.

Un second article, « La prescience de Tintoret », écrit
à la demande de Louis Vauxcelles, paraît dans *L'Amour
de l'Art* en octobre 1921. Une vision vertigineuse fait
reconnaître dans l'orientale Venise, où se recoupent décidément tous les chemins de l'art, la symphonie de la sculpture hindoue et le pressentiment du cinéma :

LA PRESCIENCE DE TINTORET

Un homme de génie qui adopte un programme le fait craquer aux entournures. Bien qu'influencé par les deux, celui-là n'a point eu, comme il en avait formulé la recette sur le mur de son atelier, « la couleur de Titien et le dessin de Michel-Ange ». C'est un être autonome, à part, à qui personne ne ressemble, qui ne ressemble à personne. Un monstre authentique : Tintoret.

On l'a tenu longtemps en assez dédaigneuse estime. Il reculait dans ses ombres tragiques, un peu en arrière des autres grands Vénitiens. Pourquoi ? Il dessinait mal, paraît-il. Ce formidable esprit, qui remue la lumière, ouvre et ferme la nuit, bouscule l'espace et la forme comme un dieu, fait retentir les murs qui enferment son rêve du plus pathé-tique tumulte que la peinture ait déchaîné, dessinait mal. On a bien dit que Shakespeare écrivait mal, que Bonaparte battait les Autrichiens ou les Prussiens contre toutes les règles. On n'a pas osé dire quel déplorable professeur de morale eût été Jésus-Christ. Mais saint Paul et Calvin ont dû le penser.

Voici donc le monstre au travail. Il est comme étouffé d'images, et quelle que soit la violence de l'éruption lyri-que qui lui jaillit incessamment du cœur, jamais soulagé. Il peint avec fureur, pour peindre, avec ou sans salaire, ivre de désespoir, de fatigue, de création. On lui commande, avec un délai de plusieurs mois, un carton de décoration, la décoration tout entière est en place huit jours après. Qu'on l'appelle ou le repousse il envahit les murs, et, comme il fait peur, on accepte. On s'est demandé s'il ne veut pas, dans cette orgie spirituelle qui l'épuise sans l'apaiser, oublier qu'il aime trop sa fille. Mais le fait d'aimer trop sa fille suppose déjà un être monstrueux. Il s'entoure de musiciens, qui ne jouent pas pour le distraire, mais pour porter sa force créatrice à son point le plus exaspéré. Il peint à la lueur des lampes. Des fruits, des fleurs, des femmes nues l'entou-rent. Dans l'intervalle fiévreux qui sépare un portrait de Doge ou quelque grande mythologie triviale qu'il peint pour se faire la main, de l'achèvement d'une fresque géante com-mencée quinze jours avant — cent personnages, montagnes, mers, forêts, palais, énorme ciel en mouvement —, il arrache à son violoncelle la plainte qui scie les entrailles, serre les gorges de pleurs.

Un romantique, alors? C'est bien possible. Il a, comme tous ceux qu'on a qualifiés de romantiques, ce don instinctif de faire avancer des saillies, de creuser des puits d'ombre, de forcer l'expression en la poussant du dedans au dehors, de déformer en un mot. C'est cette déformation qui est le vrai phénomène romantique, celui qui nous hante toujours et par qui nous sommes restés romantiques, ceux qui attaquent le romantisme les premiers, maniaques du romantisme même puisque nous ne déformons plus d'instinct, pour exprimer, mais volontairement, pour déformer, ou, ce qui est pareil, pour créer des formes nouvelles. Mais lui, il ne déforme pas pour déformer, et, s'il exprime, c'est sans jamais perdre de vue son univers circulaire, et complet, où quelles que soient ses audaces, les formes poussées par son cœur et tendues comme les cordes de la lyre se maintiennent fidèlement autour du centre invisible fixé par sa volonté. Comme je n'ai pas peur des mots, je verrai si l'on veut, en lui, le métaphysicien du romantisme, enfermant toujours, sans jamais un écœurement dans sa constante et colossale orgie, sans un faux-pas au milieu des pierres qui roulent, enfermant ses visions les plus tumultueuses, ses formes les plus disloquées dans l'espace géométrique le plus solidement équilibré. C'est le plus grand poète de l'espace que la peinture ait produit.

Non seulement il révèle, entre les formes, des espaces nouveaux, et sans cesse nouveaux, mais il crée la possibilité, pour tous les peintres à venir, d'en révéler à l'infini. Et il en montre le pouvoir avec une énergie et une continuité sans défaillance. Nul, avant lui, n'avait paru soupçonner que les formes n'existent qu'en fonction même de l'espace, tous au contraire organisant l'espace pour mettre les formes en valeur. Nul après lui, pas même Rubens, promenant à volonté partout son arabesque vivante, chargée de sang et de matière, chargée d'esprit, mais de rythme trop oratoire où les périodes tombent, poussées par un déclic, pas même Delacroix où, d'une forme à l'autre la mort s'élance, et le désir, comme des objets réels, mais dont la passion tord le rythme et le brise quelquefois, pas même Renoir dans l'espace de qui pourtant il semble que les oiseaux puissent voler, les fleurs répandre leur poussière, les haleines ternir, repolir l'éclat des bijoux. Nul n'a ouvert dans tous les sens, en profondeur, en hauteur, en surface, en diagonale, ces grands vides inattendus où les formes librement circulent, s'opposent, s'équilibrent miraculeusement sous tous les profils et selon tous les plans imaginables, ne semblant obéir, cependant, dans leur universel mouvement symphonique, qu'au seul souci de l'expression. Si expressives même, par l'attitude et la position relative qu'on devine ce qu'on n'en voit pas, qu'un doigt tendu conduit au dos caché, à son effort, une nuque à la face, à son effroi ou son délire, par la fureur ou la justesse ou la rapidité du grand mouvement continu qui, parti de la surface de la toile fuit, s'insinue ou plonge dans sa profondeur. Mais, par un surprenant paradoxe, plus elles semblent aptes à exprimer − , tellement que prises à part elles font songer à Greco, qui en sort et qui est, peut-être, et par l'intérieur, le plus expressif des peintres − moins on songe à ce que dit chacune d'elles isolément. Elles roulent dans l'étendue comme un tonnerre lointain. Pas de peintre qui ait abordé plus de sujets, usé de plus de mimique et de gestes. Aucun devant lequel on songe moins au sujet et dont la mimique et le geste vous laissent plus indifférents. On ne pense pas à ce que font les huit cents personnages (c'est, je crois, le chiffre des Guides) du *Paradis,* qui existent pourtant, en chair, en os, en muscles, en visages, liés à leur fonction vivante par le dessin nerveux et convulsif. On ne les voit même pas. On ne perçoit qu'un vaste ensemble, la symphonie globale des volumes colorés moutonnant comme des nuages, une musique visible qui ne commence pas, ne finit pas, une ondulation éternelle saisie mais non pas arrêtée par un esprit au moment où elle passe devant lui.

Voilà le sens, il me semble, de cette peinture extraordinaire où l'anecdote fourmille et où, pas une seule fois, on n'est frappé par l'anecdote, où l'histoire de Venise puissamment et véridiquement écrite se lit dans la légende sainte ou la fable hellénique et où, pas une seule fois on ne perd de vue, pour la suivre, le poème cosmique au milieu duquel elle vit. Qu'on me pardonne. Ou mieux. Qu'on me comprenne. Ce drame spatial permanent me fait songer au cinématographe, et plus encore qu'à ce qu'il est, à ce qu'il doit tendre à être. Sans cesse les fonds participent, et activement, au mouvement des formes, sans cesse le mouvement des formes entre dans la tragédie des fonds. Tintoret, bien évidemment ne cherche pas, — comme il est permis de le faire aujourd'hui à ceux qui ont *vu* le cinéma et ne se souviendront bientôt plus d'avoir assisté à sa naissance, ceux pour qui le cinéma est devenu un spectacle normal et presque quotidien comme celui de la rue — Tintoret ne cherche pas ces combinaisons de lignes et ces équilibres de mouvements que le film révèle et inspire aujourd'hui à quelques-uns pour en tirer, par une sorte de jeu spirituel, une arabesque mélodique. Il le *pressent,* ce qui est bien plus grandiose et en joue, avec déjà tous les éléments combinés que le Cinéma nous impose comme d'un innombrable orchestre visuel. Tintoret, ne disposant que de moyens immobiles, ébauche, trois cents ans avant le Cinéma, la symphonie *visible* que nous attendons de lui. Voyez ces paysages profonds où les clartés et les ombres alternent, les nuées d'orage, la poussière des couchants, l'écume et la vapeur des eaux interviennent sans arrêt dans l'idylle ou la tragédie, où, comme par hasard, des bêtes, des oiseaux, des groupes lointains traversent les taillis, où la mer s'ouvre en gémissant sous l'étrave des navires. Voyez cet unanime mouvement où la face invisible des formes devient soudain visible parce qu'elles agissent devant nous, où l'architecture mouvante des attitudes combinées se brise incessamment et se reforme sans que notre œil soit capable d'en saisir les transitions, où les valeurs et les contrastes sans cesse rompus, intervertis, changés, rétablis mais constamment solidaires, jouent dans toutes les dimensions du drame plastique, où tout s'organise à la fois autour d'un centre insaississable qu'on sent partout et qu'on n'aperçoit nulle part... Je ne vois guère, mais Tintoret ne les connaissait pas, que les sculpteurs dravidiens qui aient marché devant lui sur sa route, fouillant les montagnes de l'Inde avec du soleil et de l'ombre, mêlant les corps, les membres, les visages humains avec les bêtes et les fruits, ouvrant, refermant les forêts, éparpillant leurs fleurs, entrelaçant leurs lianes, pour faire changer, bouger, murmurer, respirer les parois rocheuses comme la masse des feuilles ou la surface des flots.

Tintoret accepte l'Asie, ce qui est aussi une victoire. Il est cet homme universel que nous pouvons espérer. L'élément rationnel et l'élément sensuel à leur plus haute tension vivent ensemble en lui, dans un équilibre poignant. La fièvre érotique et mystique de l'Inde l'habite, à son maximum d'âcreté et de saturation. Mais, quand on croit qu'il succombe, toujours, toujours il se relève, domine, soude à sa terrible arabesque qui n'est pas autre chose que la puissance de l'esprit circulant parmi la matière pour l'ordonner, l'immense afflux de sensations, de sentiments, de mouvements, de pensées, d'images, j'allais dire d'odeurs que l'Orient verse sur les quais de sa ville où les voiles des navires montent des sources du soleil. Une volonté inconcevable veille au centre de son vertige, et, quand ceux qui ne savent pas l'écouter s'imaginent qu'il délire, il tord sa propre force comme un géant arrache un chêne pour broyer le crâne de l'hydre qui lui mord les reins. Il est Bacchus. Il introduit le cortège brutal, où la femme ivre et la panthère déchirent le flanc des héros, dans la pensée de l'Europe victorieuse du désespoir.

3. *La renaissance littéraire.*
— *troisième et quatrième édition (1924-1926)*

A l'époque où il modifie son *Art renaissant* par une seconde puis une troisième édition, Élie Faure prolonge ses recherches dans la littérature. *Montaigne et ses trois premiers-nés,* qui paraîtra en 1925, est conçu dès le mois de décembre 1920 et occupe toutes ces années-là. Élie Faure y suit la genèse du monde moderne dans la pensée de Montaigne, Shakespeare, Cervantes et Pascal :

En résumé, le pessimisme de Montaigne à la base de la civilisation occidentale moderne − civilisation tragique parce qu'elle a dû se passer de dieu − et les plus grands créateurs échappant à ce pessimisme et essayant d'en délivrer les hommes : Montaigne lui-même par l'exaltation de sa propre intelligence, Shakespeare par son lyrisme, Cervantes par son idéalisme, Pascal, le plus mal partagé, par une tentative de sauvetage de sa foi (1).

L'Europe plastique de *L'Art renaissant* s'ouvre ainsi à l'Angleterre et à l'Espagne, qui concourent par le verbe à l'éclosion de la modernité.

Parallèlement, Élie Faure inaugure chez Crès une collection d'écrits sur l'art, « La Bibliothèque dionysienne », en éditant la *Vie de Benvenuto Cellini écrite par lui-même,* en 1922. La collection s'arrête en 1927 sans qu'il ait pu réaliser tous ses projets, mais l'on sait qu'il voulait y publier le *Journal de voyage* de Dürer et la *Vie de Michel-Ange* par Condivi.

C'est probablement de cette époque que date un manuscrit de quatre feuillets où il esquisse un roman situé en 1506. Le roman est une vieille tentation pour Élie Faure : il s'y est essayé dès 1892, à l'âge de dix-neuf ans, il en a publié un au sortir de la guerre, *La Roue,* et ses carnets indiquent qu'il en avait projeté d'autres. Sa conception de la Renaissance comme moment où émergent les grands individus, après l'anonymat du Moyen Age, explique qu'il ait eu envie d'en faire un vaste roman où les héros de la peinture auraient, par leurs dialogues, lancé l'histoire dans l'aventure des temps modernes. *Montaigne,* déjà, est une sorte de roman : « Je n'enseigne point, je raconte », − de même que *L'Art renaissant* où la mise

---

(1) Lettre à Paul Deschamps, 22 juin 1924, *O.C.,* p. 1050. Voir Martine Chatelain, « Le dernier-né », *Europe,* juin-juillet 1980.

en scène des artistes donne à l'analyse esthétique les séductions du récit : « J'ai tenté de raconter dans ce volume l'épopée de l'individu... » Il y est d'ailleurs incité par l'exemple de toutes les biographies, mémoires et dialogues plus ou moins imaginaires – de Francisco de Hollanda à Gobineau – qui composent sa documentation.

Après une première page où il calcule l'âge qu'avaient en 1506 les artistes du temps, ou depuis combien d'années ils étaient morts, il relève ces notes (1) :

Élèves de G. Bellini en 1506 : Titien, Lorenzo Lotto, Pordenone, Palma, Giorgione, Basaiti (Bonifazio).

Tintoret naît en 1512. Essayer de pousser le roman jusque-là.

Bramante (d'Urbin). Va à Rome en 1499. Jules II le prend à son service en 1503. En 1506 est à Bologne avec Jules II. La première pierre de St-Pierre est posée le 18 avril 1506, sous la direction de Bramante.

Charles VIII fait la conquête de Naples (1495) et recule devant coalition d'Autriche, Angleterre, Venise et Aragon. Peut échapper grâce à la victoire de Fornoue (1495) *(furia francese)*. Louis XII conquiert Gênes et le Milanais en 1500, mais est repoussé par Gonzalve de Cordoue. Bat les Vénitiens à Aignadel (1509). Ravenne (1512) : naissance de Tintoret.

L'Histoire de l'Italie de Guichardin va de 1490 à 1534.

Supplice de *Savonarole* (1498).

En 1489, réunion de Chypre à Venise, par renonciation de Catherine Cornaro, vénitienne et femme du roi Jacques (Lusignan ?).

Venise a 200 000 hab. en 1500. Beaucoup de Juifs s'y réfugient après prise de Grenade (1492). 300 vaisseaux. 45 navires de guerre avec 11 000 hommes.

En 1378, Marino Faliero exécuté par l'aristocratie pour

---

(1) Nous remercions M. Jean-Louis Faure, petit-fils de l'écrivain, de nous avoir transmis ce document.

avoir voulu s'appuyer sur le peuple. Depuis, le Doge est l'instrument de Conseil des X.

Giorgione (fils naturel de Jacopo Barbarella) : joue du luth (voir musique à Venise au début du XVIe). Très influencé par Vinci (?).

Giorgione peignit beaucoup les façades des maisons.

En janvier 1505, incendie de Fondaco de Tedeschi avec marchandises. Reconstruit. Peintes à fresque en 1508 par Giorgione (côté du canal) et Titien (côté du pont). Crainte qu'elle soit détruite par la mer exprimée par Palma (leur réponse). Sa peinture d'un homme vu de dos, dont la face se reflète dans une fontaine, le côté gauche dans une cuirasse et le droit dans un miroir. Suite d'un pari avec un sculpteur (?). En 1511 prend la peste de sa maîtresse.

Vinci. Anecdote des animaux pour tête de Méduse (Vasari). En 1494 va à Milan. Peint la Cène entre 1495 et 98. Son cheval de bronze détruit par les Français (arbalétriers [mot illisible]) vers 1500. Peint Mona Lisa vers 1500 (Femme de Francesco de Giocondo). L'entoure de chanteurs et de musiciens. En 1505, carton pour décorer la grande salle du Conseil (avec M. Ange).

Haine entre M. Ange et lui.

Sa force musculaire. Son élégance. Générosité. Musicien. Ingénieur.

M. A. Raimondi (31 ans en 1506). Finiguerra fait les premières gravures vers 1460. Mantegna en fait aussi. M. A. élève de Francia à Bologne. Se rend à Venise où il voit des gravures de Dürer exposées sur la place St-Marc et emploie tout son argent à les acheter. On peut supposer que + tard, en 1506, il y rencontre Dürer, qu'il avait longtemps imité et même plagié.

Alde Manuce, l'Ancien (1449-1515). Professe le latin et le grec à Venise et y fonde une imprimerie en 1494. Est en 1506 dans toute sa gloire.

Sebastian Veneziano [= del Piombo] est à l'atelier de Giovanni B. avec Giorgione (à 21 ans).

Liberale de Vérone, élève de Jacopo Bellini, travaille à Vérone et à Sienne.

Sodoma à Monte-Oliveto en 1505-06. Danses obscènes. Les moines l'appellent le Mattaccio (l'Extravagant).

Entouré de jouvenceaux. S'en fait gloire. Élève chez lui des animaux, blaireaux, écureuils, singes, petits ânes, geais, tourterelles, corbeaux. Paresseux et malpropre.

Lorenzo di Credi travaille à Florence.

Donatello, évocation de ses œuvres par Mantegna. Va à Padoue en 1444, alors que Mantegna a 13 ans. Il y a beaucoup travaillé. Y reste jusqu'en 1451, où Mantegna a 19 ans. Mettait son argent dans un panier pendu au plafond où tous ses élèves pouvaient puiser selon leurs besoins. Cosme puis Pierre de Médicis lui font une rente pour le laisser mourir en paix. « J'ai connu, pourrait dire Mantegna, Brunelleschi par procuration. Il vivait encore en 1444, quand Donatello arriva à Padoue, et je me souviens, un jour que Squarcione dînait chez mon père et y avait amené Donatello, qu'il parla de leur voyage à Rome. Il parla aussi de Masaccio qui avait été l'élève de Brunelleschi. Le voyage se fit en 1405, D. ayant 19 ans et Brunelleschi 26 ans (à vérifier). Poésie de ce voyage de fouilleurs et d'archéologues. Mantegna avoue l'influence qu'il eut sur lui. Il lui entendit aussi parler du congrès des architectes de Florence en 1420, où l'exposé du projet de Brunelleschi le fit prendre pour un fou — et du concours des portes du Baptistère. Donatello eût bien voulu participer au concours, mais il n'avait que 15 ans. Sa souffrance.

Verrochio va à Venise en 1480 pour y faire la statue de Colleoni. Fuit Venise quand apprend qu'on veut lui donner le cheval et la statue à Vellano de Padoue. Quitte Venise où on lui dit que s'il rentre il aura la tête tranchée. Dit qu'il n'y rentrera pas parce qu'on trouverait difficilt. une de cette valeur pour la lui recoller aux épaules. Cependant y revient avec la commande entière. S'y refroidit pendant la fonte et y meurt en 1488. A été connu de : Giorgione (10 ans), Carpaccio (28), Giovanni (60), Gentile (62), Mantegna [lacune par déchirure du manuscrit] père de Mantegna était notaire (57), Alde Manuce (39).

Botticelli. Au cours d'une conversation : « il vit encore, il n'est même pas très vieux, il n'a pas passé 60 ans ». — Cerveau alambiqué. Bohême. Vivait au jour le jour. Suit Savonarole et lâche la peinture. Tombe par suite dans la misère.

Titien (Vecelli) de famille noble, né à Cadore au pied des montagnes. Ne dessinait jamais, peignait directement. Giorgione, Palma, Pordenone ne dessinaient pas non plus. C'est en 1506 qu'il est chargé de peindre, avec Giorgione, le Fondaco dei Tedeschi. En 1507, travaille dans l'église San Marziliano à un tableau représentant Tobie et l'ange Raphaël. Se brouille avec Giorgione en 1506, parce que des gentilshommes disent à Giorgione que la partie la plus belle de son ouvrage est celle qui a été faite par Titien (sont de bonne foi, mais Giorgione est jaloux). Discussion sur le dessin entre Mantegna, Bellini et Carpaccio devant Giorgione, Titien et Palma.

Michel-Ange nourri à Settignano, près de Florence, par la femme d'un tailleur de pierre. Entre très jeune chez Ghirlandajo. L'assiste de sa décoration de S.M. Novella. Un jour, en son absence, dessine la scène : échafaudages, peintures commencées, élèves au travail, à la grande admiration de Ghirlandajo. (Récit d'un peintre ds l'atelier de Bellini, qui le tient de Botticelli.)

Reste dans la maison de Laurent de Médicis de 1488 à 1492, année où meurt Laurent.

Dessine beaucoup d'après Masaccio. A le nez cassé par Torrigiano. En 1494, va à Bologne et à Venise (où il peut rencontrer Carpaccio, alors âgé de 34 ans et travaillant à la vie de Ste Ursule, Cima de Conegliano, du même âge, Giovanni Bellini, âgé de 66 ans, Mantegna de 63, Gentile B., de 68, Fra Giocondo de 59, Lazzaro Sebastiani de 45, Crivelli mort la même année). Va à Rome en 1496 où il fait la *Pieta* de St.-Pierre. Revient à Florence en 1501 et y sculpte le David (mise en place en 1504). En 1504-05, travaille avec Léonard aux cartons de la guerre de Pise. Ne fut détruit (par Bandinelli), qu'en 1512. Appelé à Rome par Jules II en 1503. Commence le tombeau de Jules II. En 1506, travaille au Moïse. En 1506, fuit à Florence, irrité parce qu'il avait fait antichambre chez le pape. Va retrouver à Bologne le pape en novembre 1506. C'est là qu'il bâtonne un évêque qui dit au pape que ces « artistes sont des ignorants, bons à rien hors de leur partie ». En 1508, chapelle Sixtine.

Raphaël à Pérouse en 1499 (16 ans), y reste jusqu'en

1503-04. En 1504 à Sienne et Florence. En 1508 à Rome.

Palma, mollesse du dessin, amplitude des formes. Copain de L. Lotto (même âge). Violante, fille de Palma, fut la maîtresse de Titien.

L. Lotto, très lié avec Palma comme Titien avec Giorgione.

Fra Giocondo, architecte, séjourne à Rome dans sa jeunesse. En 1506 est à Paris, où [il construit le Pont No]tre-Dame.

Jacopo Bellini, élève de Gentile da Fabriano (appelle son fils Gentile pour cette cause). Vénitiens peignaient qqfois sur panneaux de sapin, amenés d'Allemagne par l'Adige.

Gentile a peint le miracle de la croix tombée dans le canal du haut du Pont de la Paille. L. Sebastiani a peint le même tableau.

Gentile et Giovanni peignirent l'Histoire de Venise ds la Salle du Grand Conseil (peintures incendiées en 1577). Les 2 frères restèrent toujours très liés.

Gentile alla à Constantinople, où il fut peintre du sultan Mehmed en 1480. Le sultan lui fit cadeau, à son départ, d'une chaîne d'or du poids de 250 ducats.

Gentile mort en 1507, enterré à San Giovanni e Paolo.

Giovanni a peint pour Malatesta à Rimini (une Pieta). A fait le portrait du général vénitien d'Alviano. Enterré ds le même tombeau que Gentile.

Mantegna, élève de Squarcione, qui l'adopta vers 1440. Squarcione eut 137 élèves. Il avait une collection très importante d'œuvres grecques et latines.

Peint aux Eremitani de Padoue de 1453 à 1459 avec Nicolo Pizzolo assassiné un jour qu'il revenait de son travail par jalousie.

Épouse la fille de Jacopo Bellini.

Squarcione ne lui pardonne pas ce mariage. Il lui reprochait de copier des statues et bas-reliefs antiques, ce qui est mauvais pour la peinture qui doit être + charnelle et + souple.

Peint à Mantoue le triomphe de César en 1488. Part la même année pour Rome travailler pour Innocent 8. La quitte en 1490.

Au com[mencemen]t du 33ᵉ chant de son poème, Arioste parle de Leonardo, Andrea Mantegna et Giovanni Bellini, comme les + grands peintres de son temps.

Donatello à Padoue en 1444. Il y reste jusqu'en 1451 où il va à Venise. Mantegna avait 20 ans. Il a donc dû l'y voir chez Squarcione qui en avait 57 à ce moment-là. C'est 2 ans après que Mantegna commence les fresques des Eremitani. Guattamelata commandé par son fils, de Marni. La paie 1 650 ducats d'or en 1453.

Signorelli (de Cortone) peint Monte-Oliveto entre 1497 et 98. En 99-1500 les fresques d'Orvieto : mort de son fils en 1506 (le peint mort). Fresques de M. Oliveto continuées par Sodoma. Sodoma, ds l'une de ses fresques, peint une danse obscène de femmes nues. Devant l'indignation des moines, les habille.

Carpaccio peint la vie de Ste Ursule en 93-95. Imaginer une partie chez les courtisans, avec Cima de Conegliano, Albert Dürer, Lorenzo Costa, Arioste(?), Palma (Titien (par orgueil) L. Lotto (par timidité) et Giorgione (par noblesse) refusent d'y aller). L'Arétin(?).

Pinturrichio peint la *Librairie* de Sienne en 1502. En 1506(?) y travaillait encore.

Ses fresques de Rome sont entre 1494 et 1500.

De 1481 à 1483, fresques de la Sixtine par : Pérugin, *Pinturrichio, Botticelli, Piero di Cosimo, Cosimo Rosselli, Signorelli,* Ghirlandajo (les soulignés vivent encore en 1506) − 2 seulement sont morts. Michel-Ange commence les siennes en 1508. − On peut supposer un voyage de l'un d'eux à Venise ou d'un des Bellini à Rome(?).

Pérugin « élevé dans la misère et la souffrance ». Élève de Verrochio à Florence. Travaille à Florence toute sa jeunesse, puis travaille à Sienne. Travaille à Rome de 1481 à 1483, où il a de 34 à 35 ans. Peignit au fond de la Sixtine l'Assomption de la Vierge, remplacée depuis par le Jugement dernier de M. A. (Sujet de conversation pour peintres, que ce vandalisme constructif.) Rentre à Pérouse après ces travaux et s'y installe. En 1493-96, travaille à Florence. Jaloux de Michel-Ange, qui le traite de ganache, tous 2 comparaissent devant le tribunal des Huit. Revient à Pérouse. Mécréant − ne croit pas à l'immortalité de l'âme. Avide.

Proprié[tai]re d'immeubles à Florence et Pérouse. Pinturrichio et Raphaël sont ses élèves.

Francia (de Bologne). Orfèvre et médailleur, puis peintre sur le conseil de Mantegna. C'est vers 1506 que Francia et Raphaël qui est à Rome s'écrivent. Raphaël fit encore, à Bologne, un tableau de Ste Cécile destiné à une chapelle de Bologne. On dit qu'il mourut de chagrin de voir la supériorité de Raphaël.

Piero di Cosimo, élève de Cosimo Rosselli (d'où son nom grâce à leur amitié et gratitude). Aide Rosselli à Rome. Imagination fantastique et macabre. Travaille à des masques carnavalesques avec squelette (noir sur blanc) et têtes de mort. Peint la mort, les monstres, etc. Peint incendies, catastrophes, dragons, Bacchanales, etc.

Fouquet en Italie (Rome) vers 1443. Gentile avait 17 ans. Il a pu en entendre parler à ce moment-là par son père. Giovanni ne s'en souvient pas.

Uccello, mort en 1475. A pu être connu par Mantegna, Gentile, Giovanni. Malade de perspective. Exprimer le drame d'un homme prodigieusement doué et s'efforçant de projeter ds l'espace ses magnifiques visions. « Ta perspective, lui disait Donatello, te fait laisser le certain pour l'incertain. » Appelé Uccello à cause de son amour pour les oiseaux. Emmené à Padoue par Donatello. Vasari dit que Mantegna faisait grand cas d'une fresque représentant des géants peints par Uccello à l'entrée de la M[ai]son des Vitali à Padoue. Y peint aussi les 4 éléments, terre (taupe), eau (poisson), feu (salamandre), air (caméléon), mais trompé par l'analogie de nom, en fait un chameau.

Ghiberti. Orfèvre d'origine. Concurrents pour les portes du Baptistère : Ghiberti, Brunelleschi. J. della Quercia, Nicolo d'Arezzo, Valdambrino, Simone da Colle. On a conservé les morceaux de concours de Brunelleschi et de Ghiberti. – Aidé ds son œuvre par Brunelleschi, Masolino, Uccello, Pollaiuolo, Antonio Filarète.

Della Francesca. Géométrie et perspective dès sa jeunesse. Fresques d'Arezzo en [lacune]. Devient aveugle à 60 ans. Compose des traités de géométrie. Maître de Signorelli.

Fra Angelico pleurait en peignant Jésus en Croix. Décore le couvent de St-Marc à partir de 1443.

Antonello de Messine se fixe à Venise vers 1475, retour de Flandre et renouvelant peinture à l'huile. Meurt en 93. A cette époque. Carpaccio avait 33 ans, Francia 43, Cima 33, Giovanni 65, Gentile 67, Mantegna 62, Lazzaro Sebastiani 44. P[eintu]re à l'huile connue de tout temps et probab[lemen]t même des anciens (discussion où prennent part tous les Vénitiens, fanatiques du procédé à cause de ses ressources).

Filippo Lippi. L'enlèvement de Lucrezia est de 1456 et Filippino naît en 1457. Sa sœur Spinetta et 3 autres suivent son exemple. (Lucrezia et Spinetta étaient les filles de Francesco Buti, courtier en soieries de Florence). Filippino meurt en 1504. Spinetta était la maîtresse d'un notaire de Prato. Filippo épouse Lucrezia, qui lui donne une fille, Alexandra, en 1465. Filippino marie sa sœur en 1487.

Gozzoli peint le C.S. [Campo Santo] de Pise de 1469 à 1485.

Lorenzo Costa. Va étudier la peinture à Florence, puis retourne à Ferrare, puis Ravenne, Bologne, Mantoue.

Basaïti de famille grecque.

Squarcione avait voyagé en Grèce où il dessine et ramasse des statues, bas-reliefs, etc. Mantegna fut le fils d'élection de Squarcione. Se brouille avec lui quand il épouse la fille de J. Bellini.

Dürer à Venise dit de *Giovanni Bellini :* « Sa réputation de galant homme m'enchante. Et malgré sa vieillesse, il est le premier peintre de Venise. »

S. del Piombo très épris du génie de Giorgione.

Pordenone dit son intention de faire des fresques ds le Frioul, son pays natal. Ne put + tard sentir Titien. Dès sa jeunesse est jaloux de lui.

Venise coloniale et orientale. Animaux, voyageurs, étoffes (Pisanello). Parthénon connu. Indes entrevues (Voyages de Marco Polo, etc.).

Titien (suite) compare la composition à une grappe de raisin, formant un tout sphérique mais avec des vides allégeant l'ensemble, tandis que la lumière et les ombres fixent les détails. En 1506 avait peint la *Vierge aux cerises,* la *Vierge au parapet, St Marc triomphant,* le portrait de *Catherine Cornaro* (1506). Le *Concert* est de 1510 (infl[uence] de Giorgione) : on peut supposer des Études. (Ou Giorgione lui-même.) Catherine Cornaro était reine de Chypre.

Le père de Tintoret était teinturier à Venise (Robusti).

Uccello malade de perspective. Obsession.

P[eintu]re à l'huile. Le moine Théophile en parle ds un manuscrit du XIe. On peut dire seulement que le procédé était perdu ou oublié, qu'il fut repris par Jean van Eyck. Antonello de Messine porte le procédé en Italie (à Venise ?). Giunta de Pise et ses contemporains peignaient à la cire.

Ghirlandajo, peintre facile.

Rosselli rehausse d'or ses peintures de la Sixtine, ce qui plaît beaucoup au pape. Le rapprocher de Pinturrichio.

Gravure sur bois. La première connue est un *St Christophe* allemand de 1423. Mais on en a sans doute fait déjà aux Pays-Bas. Une des premières applications fut les cartes à jouer. Finiguerra invente la gravure sur cuivre vers 1450. Mantegna est l'un des premiers et des plus grands graveurs.

On voit qu'Élie Faure suit divers informateurs, notamment Vasari, et qu'il n'invente rien en dehors des dialogues. A lire ces bribes pittoresques, on mesure mieux le travail de transposition de *L'Art renaissant,* où les éléments biographiques, s'ils sont retenus, perdent leur aspect anecdotique parce qu'ils sont subordonnés au sens général de l'œuvre.

On remarque aussi l'attention qu'Élie Faure porte aux dates, alors qu'il en indique si peu dans son *Histoire de l'Art* que le lecteur risque de s'y perdre. Mais les tableaux synoptiques qu'il a − le premier − imaginé de dresser dès la première édition, devaient dispenser l'historien de se soumettre à une chronologie minutieuse bonne pour les grammairiens de l'art (1).

(1) Il s'en explique dans la préface de 1921 à *L'Art antique.*

La chronologie n'est d'ailleurs pas une science sûre lorsqu'on prétend découper des ensembles dans une succession de dates. Élie Faure en est bien convaincu, lui qui a mis la Chine ou le Japon sous le titre de l'*Art médiéval,* et il en fait à nouveau l'expérience quand il choisit de reporter certains passages de *L'Art renaissant* à *L'Art moderne.* Il prend cette décision entre le 21 janvier 1923, où il annonce à Walter Pach, son traducteur, une réédition peu modifiée, et le 4 mars où il lui écrit qu'il a changé la fin des chapitres sur l'Italie et rédigé une nouvelle préface. Datées de 1923 dans l'ouvrage, ces modifications ne deviennent effectives qu'avec la parution au début du printemps 1924. Les trois dernières pages de « Rome et l'École », sur l'art baroque et les jardins, et les passages de « Venise » sur Tiepolo, Canaletto et Guardi, qui se trouvaient dans ce volume, sont alors déplacés dans *L'Art moderne.* A leur place, Élie Faure écrit de nouvelles conclusions. Cette hésitation entre l'art renaissant et l'art moderne montre une fois de plus qu'il ne les séparait pas totalement, et qu'il les percevait comme un ensemble.

La dernière édition, en 1926, ne contient qu'un ajout remarquable, une page sur Piero della Francesca dont Élie Faure a vu les fresques d'Arezzo en août 1924, et à qui il s'est alors reproché de n'avoir pas donné assez d'importance.

4. *L'Italie de la maturité*

Les études de psychologie des peuples, réunies dans *Découverte de l'Archipel* en 1932, ramènent Élie Faure à l'art renaissant. Il revient à l'Allemagne dans le chapitre, commencé en décembre 1927, publié dans *La Grande Revue* en septembre 1928 et intitulé « L'âme allemande ou l'annexion du temps ». Il insiste une fois de plus sur l'absence de synthèse qui caractérise son art :

> On ne peut s'imaginer l'effet que produit un musée purement allemand, ce hérissement confus et torturé d'objets sans unité dans l'ensemble ni en eux-mêmes, d'où l'idée de subordination à une architecture formelle quelconque est absente et où l'homme et le caillou, le nuage et la plante, l'animal et la maison, l'outil et le cours d'eau, l'ossement et le livre, expriment tout ce que sait et ce que sent l'artiste dans la même œuvre et dans le même temps. Chez Holbein lui-même, si mâle, pur et compact comme un diamant, l'harmonie est la conclusion d'une pensée appliquée à *juxtaposer* des couleurs dont les rapports entrent dans un accord parfait, non à mêler des tons que leur interpénétration rende étroitement solidaires, comme jaillis d'un même centre pour constituer un même organisme vivant. Chez Dürer, si frémissant de vie unanime, d'ailleurs, tout concourt à suggérer un sentiment moral ou une idée métaphysique par l'entassement sur un même espace réduit des objets les plus hétéroclites, mais tous propres à évoquer cette idée ou ce sentiment. Je ne dis pas, il s'en faut de beaucoup, qu'une poésie puissante, bien que confuse, ne tende à se dégager à la longue de cet art-là, depuis les huchiers et bronziers, denteliers de bois et ferronniers du Moyen Age jusqu'aux grands peintres de la Renaissance dont Cranach, le moins philosophe, me semble aussi le plus humain. Mais jamais on n'y suivra des yeux ces courbes nues et fermes par lesquelles Italiens et Français unissent les sommets expressifs de l'intelligence plastique : les Allemands les brisent d'angles, les renflent de nœuds, les encombrent sans cesse d'incidentes et d'accidents. Ils en méconnaissent, ou plutôt en ignorent, l'idéale continuité.

Mais cette méconnaissance de la forme plastique a pour contrepartie un pouvoir d'évocation musicale où se révèle le vrai génie de l'âme allemande :

J'ai fait à plusieurs reprises allusion à la musicalité de l'âme germanique. C'est que là, en effet, est la clé du problème, comme elle est, dès qu'on étudie l'âme française, dans la mise en évidence de son caractère architectural. La plastique allemande, celle qui compte, celle du quinzième, surtout du seizième siècle, – Dürer, Grünewald, Cranach au premier rang, – vaut avant tout par sa puissance de suggestion musicale, non par la disposition des lignes mélodiques comme chez les Florentins ou les Français, ou des masses symphoniques comme chez les Vénitiens ou les peintres des Pays-Bas. L'Allemand réserve pour sa musique ces qualités éminentes, mais justement par ce qui est le moins musical dans la peinture, l'objet en soi, qu'il tente, là comme dans sa littérature ou sa science, d'y annexer. C'est par l'accumulation des objets sur un espace restreint, qu'il parvient à donner au tableau une atmosphère musicale. Rapports confus des vents qu'accuse la course des nuages, de l'ondulation des forêts, du friselis des rides à la surface des rivières et de l'inclinaison des herbes, prés en fleurs, jeunes filles à tresses blondes, châteaux et tours sur les hauteurs où claquent des banderoles, casques aux plumes ondoyantes, je ne sais quel murmure universel s'en élève, tout flotte, tout frémit et tremble, un souffle panthéiste anime et accorde tout, même si les lignes se heurtent, même si les valeurs hésitent, même si les tons, qui jamais ne s'interpénètrent, sont minutieusement juxtaposés. Les peintres, qui sont des savants avant d'être des artistes, s'hypnotisent à tel point sur l'objet, sur le fait en soi, qu'ils ne s'aperçoivent jamais que la musique reprend ses droits dans leur cœur en dépit d'eux-mêmes. On dirait des musiciens errant autour de la forme pour en incorporer des fragments à cet informe indéterminé, poétique, immense, qui leur emplit le cerveau. On comprend que la Réforme, en révélant aux Allemands leur génie musical unanime par le choral de Luther et en substituant du même coup l'individu à la société, la conscience à la règle, le sentiment religieux à la foi, la liberté à l'autorité, ait produit sur leurs recherches plastiques l'effet que l'on sait, désastreux pour leur peinture seule, mais décisif pour la révélation de leur véritable pouvoir.

« L'âme italienne », qui paraît dans *La Grande Revue* en 1930, oppose à la musique allemande le « continuel souci plastique » d'une Italie qui ne peut s'exprimer que par des formes tangibles, que l'arabesque relie dans une « unité architectonique visible ». Une partie de ce chapitre est formée d'un extrait de *The Italian Renaissance,* petit volume de 56 pages que la revue anglaise *The Studio* a commandé à Élie Faure en octobre 1928. Le texte original, retrouvé dans ses manuscrits, n'a pas été publié en France de son vivant (1), mais d'importants fragments devaient en être détachés pour compléter la dernière édition de l'*Histoire de l'Art,* qu'Élie Faure a préparée en 1935. *L'Art renaissant* ne bénéficie pourtant pas d'ajouts aussi longs que *L'Art médiéval,* où sont reportés plusieurs chapitres de *La Renaissance italienne :* ce texte ne fournit qu'une seule addition au troisième volume, le paragraphe sur la leçon de Masaccio (« Florence », III). Élie Faure a d'abord laissé de côté le quatrième chapitre, dont le début forme une note complémentaire de *L'Art médiéval,* et qui continue ainsi sur la sculpture de la Renaissance :

> On a en effet regardé trop longtemps l'auteur des portes de bronze du baptistère de Florence comme le premier en date des grands sculpteurs italiens. L'incomparable métropole artistique de la Toscane a ainsi longtemps accaparé à son profit la gloire de ces petites écoles locales d'architecture, de sculpture et de peinture, Pise, Lucques, Sienne surtout où la véritable Renaissance, si l'on veut bien exprimer par ce mot l'apparition de l'individualisme, s'était manifestée plus de cinquante ans avant qu'elle s'annonçât chez elle. Évidemment, Lorenzo Ghiberti, le rival et l'ami

---

(1) Jean-Pierre Faure a recueilli une partie de ce texte dans *Équivalences,* 1951. Retrouvée plus tard parmi les manuscrits, la version originale complète a été publiée en 1964 dans *Varia, O.C.,* p. 817.

de Jacopo della Quercia et de Brunelleschi, est arrivé au bon moment, alors que la route était déblayée, que quatre ou cinq générations d'artisans avaient mis au point la technique difficile de la pierre, du marbre, du bronze, alors que la peinture, déjà née, commençait à assouplir et à enthousiasmer les esprits et aussi que la commune et la fabrique de Florence, prises d'un zèle stimulé par l'enrichissement de la ville, entreprenaient de grands travaux. Il en a profité, et n'en a pas été indigne. Il est difficile d'imaginer chose plus animée que ces petits bas-reliefs qui ressemblent plus à un travail d'orfèvrerie qu'à un ouvrage de sculpture, et couvrent ces portes massives d'une foule d'êtres gracieux, vivant dans les salles de fête ou les appartements privés d'alors, circulant ou stationnant dans les rues, causant, combattant, se livrant aux travaux des champs ou de la maison et participant avec aisance, sur le même plan et dans le même cadre, à des événements simultanés ou successifs. Difficile de comprendre, aussi, pourquoi on se trouve là en présence d'une œuvre épanouie, alors que la grande peinture sommeille encore dans le crâne de Masaccio qui vient de naître et que l'imagerie gothique n'a pas même trouvé son expression suprême dans l'œuvre de Fra Angelico enfant. Mais cela démontre d'autant mieux que la sculpture a déjà défini l'individu émergé de la foule tandis que la peinture, appelée à l'en détacher, balbutie encore, et pourquoi cette sculpture-là est déjà trop adroite, de modelé très subtil certes, mais un peu mou, œuvre d'artiste répandu, non d'artisan. La réaction de Donatello la sauvera, sans doute, au moins temporairement. Mais ce n'est quand même pas Florence qui pourra revendiquer le premier effort en ce sens, alors qu'elle peut s'accuser d'avoir, par le caractère déjà mondanisant de sa culture, provoqué l'apparition de cette demi-déchéance avant même que sa tâche fût achevée. La grande sculpture italienne va de della Quercia de Sienne à Michel-Ange, Donatello en occupant le centre. Elle encadre un Florentin entre un homme qui n'était pas de Florence et un homme qui a vécu et qui est mort hors de Florence comme si — et c'est là, je crois, la vérité — Florence n'avait jamais été, entre le christianisme d'Ombrie et de haute Toscane et le paganisme romain qu'un lieu de passage. Le plus grand sculpteur italien avec Donatello — peut-être avant Donatello — et Michel-Ange, c'est Jacopo della Quercia.

Je ne dirai pas *avant* Michel-Ange, la puissance morale de celui-ci emportant tout, sujet, métier, technique, virtuosité, intelligence même, pour le porter, dans son éclair, au-dessus des mesures et des jugements habituels. Et cependant, on est forcé de constater, quand on étudie les statues de Sienne et les bas-reliefs de Bologne, que Michel-Ange a emprunté à Jacopo non seulement la plupart — en tout cas les plus émouvants — de ses motifs, mais les mouvements qui traduisent leur vie intérieure, et que le modelé de Jacopo est plus sculptural que celui de Michel-Ange, parce qu'il fait prédominer sur le plan musculaire, forcément plus minutieux et moins soucieux des ensembles, un large plan expressif. Il est singulier que le rayonnement de Florence, de Rome et de Venise ait si longtemps noyé et noie encore dans sa lumière ce sculpteur imposant comme les constructions cyclopéennes, sauvage comme l'esprit des prophètes d'Israël, tragique comme une page d'Eschyle, véhément, vaste, crispant sur l'inquiétude des enfants les mains anxieuses des mères, érigeant les têtes sur les cous comme une pierre sur la fronde, transposant dans la pierre le poème de la Genèse avec sa même grâce et sa même énergie, — le mystère sacré de la première aurore et de la première naissance, l'innocence du premier péché, l'horreur du premier châtiment qui ne peut être compris, la sainte résignation devant le premier travail. On a l'impression, en présence de cette œuvre, que le drame italien approche de sa cime, non certes encore tout à fait éclairée par la conscience, comme chez Michel-Ange où le problème se pose entre l'intelligence et la spiritualité, mais hantée par la lutte entre le christianisme et le monde moderne encore mêlés l'un à l'autre, qui animent les formes d'une agitation passionnée. Il est impossible de dire, devant les œuvres de Jacopo della Quercia, si l'Europe est encore enfoncée dans le symbole ou si elle a résolument abordé la forme pour en tirer sa propre signification, et c'est ce qui fait sa grandeur.

Le drame florentin, plus poignant encore peut-être, me

semble à la vérité plus confus, justement parce que la culture florentine est plus aiguë, les violences de la rue plus constantes et qu'il y a bien assez de conciliations à chercher entre l'écartèlement quotidien des intérêts matériels, civiques ou même vitaux et du jugement critique, pour accorder une attention réelle aux questions plus secrètes dont cet écartèlement est le signe. Dans Donatello, cependant si dramatique, la crise ne me paraît pas aussi marquée qu'elle le sera dans la ligne spirituelle allant de Jacopo à Michel-Ange. Il est à coup sûr moins profond, pris comme il se trouve, je pense, dans le bruit des ateliers, des rues, des fêtes, la fièvre de recherches qui brûle tous les cerveaux, la passion révolutionnaire qu'il a sans doute héritée de son père, expulsé de Florence après le tumulte des Ciompi. En revanche il est plus tendre, comme s'il cherchait, sans les trouver, les raisons de son angoisse. Le mouvement des formes, chez lui, est peu marqué, mais une vibration secrète les habite, qui fait frémir les surfaces de la pierre et du métal. Il est à mi-chemin entre les grands plans du Siennois et le modelé musculaire où se reconnaît Michel-Ange, ou plutôt il semble être passé entre l'un et l'autre et les avoir frôlés sans posséder la grandeur spirituelle qu'il faut pour user du premier, ni l'âme impérieuse sans laquelle on se laisse dominer par le second. Il est entre l'architecture et l'anatomie, se passant de l'une et de l'autre, parfois faisant à l'une d'elles un appel brusque, dressant ses silhouettes terribles avec une énergie de fer. Il dépasse sans cesse et force son métier, comme s'il avait hâte d'exprimer n'importe comment la maladie morale de sa ville, exaspérée de politique et de savoir, menant de front l'intérêt le plus vil, l'amour, la science, une houle furieuse et déferlante d'appétits, d'intelligence, d'apostolats et d'impiété, et qu'il fait passer, comme un seul jet de bronze bouillonnant au moule, dans les fronts ravagés de ses prophètes, la peau de ses ascètes que la fièvre et l'anémie dessèchent, les jeux violents de ses enfants, les visages de ses guerriers durcis par la bataille, et ses vierges meurtrières aux pieds crispés dans le sang. C'est la vraie âme de Florence, que ses nombreux disciples sentiront aussi, car une technique comme la sienne, toujours secouée du dedans par l'ardeur, l'anxiété, des éclairs de grâce et de tendresse, la fermeté du caractère dans le danger et le malheur ne se transmet que bien peu. Elle est commune aux peintres ses contemporains, Uccello, Andrea del Castagno, Filippo Lippi, elle se retrouve dans les madones et les enfants de ses élèves, Desiderio da Settignano, Benedetto da Majano, Mino da Fiesole, mères hagardes, enfants tristes, qui ouvrent des bras suppliants sur la porte des hôpitaux, dansent le front couronné de roses, avec une espèce de douleur, une frénésie trépidante, un visage inquiet. Elle teint de bleus et de verts crus les faïences des della Robbia, où l'énervement et le charme le disputent au mauvais goût et à l'ostentation, la grâce à l'afféterie. Elle porte à l'extrême la tension nerveuse des uns, Desiderio, Benedetto, Verrocchio surtout, qui dresse des effigies de la force guerrière, Colleone, David, tantôt brutales et tantôt équivoques, la mièvrerie torturée des autres, Pollaiuolo, Mino, Agostino di Duccio, qui trouve le moyen de tordre dans la pierre des figures aussi maniérées que celles de Botticelli. On comprend que Michel-Ange ait fui ce milieu convulsif de qui Léonard, dont il haïssait l'âme double, s'efforçait d'exprimer les contradictions permanentes au moment où achevaient leur carrière les derniers élèves de Donatello et où il commençait la sienne auprès de Ghirlandajo. On comprend qu'il ait lui-même tenté de les résoudre dans son œuvre triple où la peinture, quels que soient la puissance du statuaire et son souci d'y transporter les procédés et les enseignements de la sculpture, tient quand même la première place par l'immensité des surfaces couvertes et la complexité des sentiments exprimés. Mais on ne doit pas, malgré l'évidence de ces déchirements intimes, perdre de vue l'ensemble de ce mouvement, qui dégage quand même de ces conflits enchevêtrés, et plus évidemment que la peinture, puisque la statue s'isole dans l'espace, cette image que les sculpteurs italiens cherchaient depuis trois siècles avec une passion furieuse : un idéalisme formel qui trouvera son expression chez les peintres du seizième siècle, Raphaël et Titien au premier rang. Je veux dire l'instinct de tirer des expériences répétées dans mille existences d'artisans et de praticiens, puis résumées par une opération intuitive de l'âme, une figure imaginaire bien que

vraie, et synthétisant, par la lente élimination des imperfections, des déformations, des accidents de la forme, une
réalité moyenne et supérieure où l'espèce puisse reconnaître la représentation éternelle de son plus profond désir.
Une fois trouvée, je le sais bien, cette femme trop belle cor-
rompra les peuples barbares, qui n'étaient plus assez forts
pour opposer à son image la leur propre. Mais ce n'est pas
la faute de l'Italie qui elle-même, avec son Bandinelli, son
Cellini, son Sansovino, son immigré Jean Bologne dévoyait
sa virilité dans un idéalisme factice, bientôt prisonnier d'un
métier de plus en plus vain.

Après le chapitre V, en grande partie reporté dans le
second volume, les chapitres VI, VII et VIII forment une
admirable synthèse de *L'Art renaissant,* en un style beaucoup plus ramassé parce que Élie Faure maîtrise si bien
son sujet qu'il a pu écrire ce livre en dix jours sans aucune
note, mais aussi parce que après de longues années de travail sur son chef-d'œuvre, *L'Esprit des Formes* paru en
1927, il a conquis les qualités d'expression de sa maturité :

VI. *Florence*
Le quattrocento de la peinture va se dérouler presque
entièrement à Florence, dont l'action conjuguée avec celle
de Sienne éveille pourtant, en Ombrie, patrie de saint François et leur voisine un admirable écho, cependant que par
Padoue, Ferrare, bientôt Venise, le versant nord adriatique de la péninsule entre dans le mouvement d'ascension
de ses provinces du Centre. La dictature des Médicis à Florence et les troubles qui l'ensanglantent entre Cosme et Laurent, joueront leur rôle ordinaire dans cette rude floraison,
appuyée d'une part sur l'humanisme qu'ils protègent, les
fêtes qu'ils président, la richesse qu'ils développent, d'autre
part sur le drame des passions en lutte que la sculpture de
Donatello révèle si fortement. Son extrême tension caractérise également la peinture qui s'organise dans le même
moment qu'il œuvre et dont sa longue vie peut contempler
le déroulement convulsif puisque, à l'heure où il meurt, Léo-

nard enfant a pu quelquefois le croiser sur la place de la Seigneurie.

Tandis qu'Angelico, amoureux de la Vierge mère, couvre les murs de son couvent de ses enluminures agrandies, fresques suaves où la délicieuse légende fleurit dans l'hosanna des roses, des blancs, des bleus pâles, des lilas, des mauves, le jeune Masaccio s'enferme dans sa chapelle, seul devant ses pauvres surfaces, chichement éclairées par en haut. Il semble oublier tout ce qu'on sait, à tout le moins en peinture, car son regard se fixe évidemment sur l'œuvre des sculpteurs au travail autour de lui, Ghiberti, Donatello, surtout della Quercia. Il ne prêtera pas la moindre attention à l'œuvre charmante que le tendre moine poursuit de l'autre côté de l'Arno, épanouissement discret de la dernière fleur gothique, un peu pâle et languissant, mais heureux d'ensevelir sous les caresses du pinceau, sous les ors, sous les corolles répandues, sous les feux d'orfèvrerie, parfois sous la pourpre sainte dont le sang des martyrs éclabousse les prairies, l'épouse immaculée de Dieu. Images innocentes, où l'esprit le plus chaste flotte, et pareilles à un bouquet champêtre au milieu des riches offrandes jetées sur l'autel de la Vierge par les fils de saint François. Revendication si touchante de l'amour contre l'ascétisme, que Savonarole lui-même la respectera. Cette exquise imagerie est loin derrière Masaccio. Ses sombres figures, presque monochromes, semblent surgir de la muraille dont la pénombre, peu à peu, succède aux demi-teintes qui les accusent en profondeur, les font tourner dans l'espace qui se dessine, dressant hors des ténèbres les visages grandioses de la foi et du désespoir. Il semble qu'avant cette œuvre-là nul, pas même Giotto, n'avait encore soupçonné le mystère de la peinture, que Vinci accusera trop et qui s'épanouira si magnifiquement chez les Vénitiens, Rubens, surtout Velazquez et Rembrandt : son pouvoir de substituer à l'espace réel des sculpteurs l'espace sensuel de l'esprit, de le suggérer sur la toile, de l'enfoncer entre les formes émergeant de lui comme les planètes naissantes hors du chaos. Oeuvre sublime, surtout si l'on songe que Masaccio est mort à vingt-sept ans et qu'il eût pu se borner à imiter la décoration commencée par Masolino — dont il ne serait pas juste de méconnaître l'influence sur son modelé naissant, sa monochromie ou son attention à passionner, individuer, caractériser les visages. Elle exigeait un ascétisme d'âme intransigeant, quand on songe à l'effort qu'elle représente, l'enseignement des sculpteurs à transporter vivant dans la peinture sans préjugé, ni petitesse, une anatomie approximative et sacrifiée résolument aux plans et aux volumes expressifs, le renoncement volontaire à la séduction de la couleur, le mépris du succès qui veut satisfaire aux exigences des sens, joies des arbres, des paysages, des eaux dans la lumière, papillotement des jolis tons. En outre, oubli total du flamboiement sorti des pages du missel où l'Angelico radieux se complaisait à cette heure et que son élève Gozzoli, sur les murs du Palais Ruccelai et du Campo Santo de Pise allait faire irradier dans la peinture profane, paons déployant leurs queues, pourpres brochées des rois en marche, ailes ocellées des anges, fruits d'or dans la verdure noire, vin ruisselant des grappes écrasées, villas sur les hauteurs fleuries que dore le crépuscule aux nuées teintes de sang. On a peine à s'imaginer entre ces deux œuvres charmantes cet adolescent héroïque dressant ses figures échappées au monde vivant pour entrer dans le monde éternel par la porte de la pensée, et on le devine mourant de la mort des tout-puissants, dans la solitude. Mais on ne s'étonnera pas d'apprendre que deux tiers de siècle après, Léonard déjà âgé, Michel-Ange et Raphaël presque enfants se rencontraient au pied de ces murailles pour leur demander des leçons.

Suit ici le passage sur Mantegna repris dans l'édition posthume de *L'Art renaissant* (« Florence », III). Puis le texte continue :

Ce désir passionné des maîtres florentins d'arracher la forme au symbole pour l'introniser dans la vie, a donné à leur art son caractère. Nous nous sommes déjà expliqués là-dessus. Tous étaient en même temps des savants et des artistes, essayant une synthèse qu'ils ne réussirent pas mais donnant ainsi à leur langage cet accent dramatique qui ne le quittera qu'au début de son agonie. Cennino Cennini,

Brunelleschi, Ghiberti, Uccello, L. B. Alberti, Piero della Francesca, plus tard Vinci, Signorelli, Michel-Ange, Cellini, Vasari, tous géomètres, créent ou mettent au point la perspective linéaire dans une ferveur d'enthousiasme qui n'empêche pas certains d'entre eux de poursuivre d'autres recherches sur l'architecture, la fresque, la fonte, l'hydraulique, la géologie, l'anatomie, la botanique, ou même le vol des oiseaux. Le double caractère de l'art florentin, linéaire et intellectuel, parfois jusqu'à l'abstraction, tient de ce rigide esprit, énervé et sophistiqué par la culture platonicienne qui dévoiera les successeurs d'Uccello et contre laquelle Vinci réagira trop tard. L'atmosphère de Florence, transparente, sans vapeurs, où les formes tranchées des collines et des cyprès se dessinent comme au diamant, accentuera cette sorte de sécheresse qui fait vibrer comme une corde de bronze la ligne sinueuse de ses dessinateurs. Dans la tension violente de Verrocchio, sculpteur et peintre, la fièvre morbide de Pollaiuolo, surtout les formes trépidantes, ondulant en langues de flamme de Botticelli, cette anxiété s'aggravera. Le moine Filippo Lippi, dévoré de fureur sensuelle, coupant des draps pour s'évader la nuit, assaillant les couvents de femmes, ivre de peinture d'ailleurs, passionné de Masaccio, est après Donatello et plus directement que lui le principal initiateur de cet art singulier dont les défauts s'accroîtront chaque jour dans l'atmosphère intellectuelle décomposée où vivent ses successeurs. A ses débuts d'une virilité sans égale, l'art florentin, malgré Vinci, peut-être grâce à lui tournera court. Il n'aboutira ailleurs que par Raphaël et Michel-Ange, entrant aussi, pour une grande part, dans l'ossature de la forme païenne épanouie qui permettra à Venise de donner sa conclusion au grand effort italien.

Filippo Lippi marque donc l'avènement de cette dynastie spécifiquement florentine, dont la ligne serpente et tressaille de tous les mouvements secrets qu'éveille en eux le caractère ardent de la cité. Avènement aussi, d'une esthétique qui a fait bien des victimes — comme toute grande chose — et produit dans les écoles de peinture des mouvements célèbres, le préraphaélisme anglais par exemple, le nazaréisme allemand, et sans doute, pour une grande part, le symbolisme français. Pourtant, l'idée platonicienne n'avait pas dû toucher beaucoup Lippi, ses mœurs furieuses et simples en témoignent, et c'est dans tous les cas un fresquiste prestigieux dont la *Danse de Salomé,* entre autres œuvres, est une composition puissante, tourmentée certes, mais faisant frémir le mur de son modelé sinueux, tournant, qui l'anime et l'enlève avec une force enivrée. Il commence à torturer le geste de ses personnages hagards, les plis des vêtements, jusqu'à la forme des fleurs. Ses trois principaux élèves, son fils Filippino, Ghirlandajo, Botticelli constitueront le corps de cette école dont la virilité et la morbidesse, le charme un peu frelaté, la poésie plus littéraire que plastique répondent si parfaitement à l'esprit encore violent, mais relâché et déjà aveuli de leur illustre patrie. Ghirlandajo, le plus paisible, le plus fécond aussi, est le peintre de ses mœurs moyennes, de la vie tout de même inquiète de ses intérieurs aisés, de ses jeunes hommes graves, de ses gracieuses femmes aux cheveux enguirlandés qu'on croise encore dans ses rues, de ses paysages vigoureux mais pleins d'élégance, villas blanches ou roses, buis et cyprès, pigeons traversant le ciel, – harmoniste d'ailleurs robuste, prêt à « couvrir tous les murs de Florence » de sa peinture fraîche dont les tons multiplient la variété et la richesse comme pour rapprocher la fresque de la tapisserie. Le règne de la peinture de chevalet et de l'anecdote s'annonce, le grand esprit monumental se meurt. Botticelli ne contribuera pas à le sauver malgré ses fresques étonnantes, plus sobres, apparitions lointaines, comme effacées dans le souvenir et plus graves qu'on ne pense, presque austères, d'une mélancolie de l'intelligence confinant au désespoir. Déesses nues ou à demi voilées qui tordent leurs formes maigres pour exprimer ses propres sentiments anxieux, visages souffrants, flétris, cheveux livides, pleins de fleurs et de parfums, tentatives exaspérées d'un chrétien débauché pour redonner la vie à la mythologie païenne à qui nul élan du cœur ne l'attache, mais que le virus littéraire le persuade d'adorer. C'est une œuvre où la noblesse, la dévotion, l'intelligence, la vigueur du dessin, la sécheresse de la matière se déchirent entre elles pour aboutir à un grandiose avortement. On croit qu'il a brûlé des livres, lacéré ses propres tableaux pour complaire à Savonarole. Ce serait une fin logique pour ce poète empoisonné. Grande œuvre, grand homme quand même, sans lequel Léonard n'eût pas été ce qu'il fut.

Il est impossible d'imaginer conclusion plus naturelle que celle qu'apporte cet homme exceptionnel à ce mélange suspect de christianisme et de paganisme, de volupté et de virilité, de cruauté et de tendresse, de symbolisme et de réalisme, de brutalité et de raffinement, de science exacte et de littérature qu'était, depuis deux siècles, le foyer florentin. Toute l'équivoque de son art, si longuement calculé, si attentif d'exécution, si précis mais si fuyant, est dans cette mêlée confuse pour tous mais pour lui claire de sentiments et de volontés opposés qu'il ramène, par un effort secret, aux cadences de l'intelligence la plus maîtresse d'elle-même qui fut peut-être jamais. Équivoque partout, et qui ne cesse pas, jusque dans ses dessins de fleurs, de plantes, de terrains, de nuages, de machines où l'intention muette qui toujours existe ne se dévoile jamais grâce à la minutie et à la rigueur du trait, dans ses visages et ses nus où la vie intérieure affleure, comme une marée murmurante, aux surfaces les plus fermes qui se puissent imaginer, surfaces de lave et de bronze, sans que soient une seconde compromises ni la solidité des uns ni la subtilité de l'autre. Équivoque dans l'exécution elle-même qui nous interdit de savoir si la perspective, chez lui, qui était d'abord une science, n'est pas déjà devenue un instinct, si la couleur est une conquête de l'œil ou un ordre de la volonté, et jusque dans le sujet qui n'existe qu'en fonction de sous-entendus trop informulés pour que nous les puissions saisir : car nous ne connaîtrons jamais ses conclusions philosophiques, ni même s'il a voulu les exprimer, ni s'il en a d'ailleurs, puisque nous le devinons assez sceptique pour renoncer à en avoir. Alors que les formes vivantes sont pour Giotto le prétexte d'y découvrir la ligne organique qui trace leur spiritualité commune, pour Raphaël celle qui unit leurs mouvements et leurs volumes, nous ne savons même pas si l'arabesque de sa *Cène,* qui pourrait se réclamer des deux tendances, n'est pas par surcroît, ou uniquement au contraire, un exercice de psychologie formelle, tendant à contraindre même les apparences à n'être qu'un jeu de l'esprit. Et c'est peut-être en fin de compte ce que signifient les sourires de ses visages, et ces doigts montrant un point invisible et toute cette science immense et ces recherches inlassables aboutissant à l'œuvre la plus désabusée de la peinture. Après lui, Florence livrée au despotisme par son individualisme anarchique, peut mourir. Piero di Cosimo n'est qu'un primitif attardé, Fra Bartolomeo, André del Sarte, des rhéteurs sincères certes, mais trop balourds, ou trop adroits, Bronzino un bon portraitiste, vigoureux mais superficiel. L'auteur de la *Joconde* a stérilisé sa ville pour jamais. Par contre, sa science et son feu secret ont éveillé en Lombardie un mouvement remarquable, trop en dehors certes chez Borgognone, ou da Sesto, ou les deux Solari qui croient, en reproduisant « l'énigmatique » sourire, recommencer le peintre le moins facile à imiter, mais plus profond et plus durable chez Bernardino Luini, puissante et charmante nature, poète des travaux et des plaisirs champêtres, modelant ses nus sensuels comme de tièdes colonnes, établissant avec une ferme tendresse ses architectures humaines, réaliste dit-on, en tout cas humain, épris des épaisseurs concrètes de la vie, et assurant à ses compositions une forte et large statique. Heureux, curieux, spirituel, et peut-être le premier en date des peintres tout à fait modernes, au sens non pas anecdotique mais psychologique et humain de ce mot, et encore artisan de fresque accompli à une époque où les Romains sont acculés, pour en conserver les principes, à l'énergie du désespoir. Ce n'est pas le moindre service que le génie florentin ait rendu, en mourant, à la peinture, que d'animer cette œuvre-là.

VII. *Rome*

L'effort florentin a conquis l'espace géométrique à la peinture. Qu'épuisé par cet effort même il ne l'ait pas aménagé, c'est un fait. Mais un autre fait, c'est qu'il ait délégué à Rome Michel-Ange pour participer à cette tâche et que Michel-Ange se soit rencontré là avec des hommes qui tous, ou presque tous, avaient étudié à Florence la chapelle des Brancacci et les fresques d'Uccello. Il est aujourd'hui constant que Piero della Francesca, Pérugin, Signorelli,

Raphaël, Sodoma ont fait le pèlerinage de Florence, et il serait surprenant que Pinturicchio n'y fût jamais passé. Tous ces peintres étaient d'Ombrie, sauf Sodoma né à Sienne et Raphaël à Urbin, de l'autre côté de la montagne. Tous en tout cas du vieux pays étrusque ou de son voisinage immédiat. D'autre part, durant les deux siècles précédents, Florence avait couvert ces régions-là de missionnaires qui y répandaient son esprit. Giotto et ses élèves, Bernardo Rossellino avaient travaillé à Assise, Taddeo Gaddi, Buffalmaco, Gozzoli, Botticelli, Ghirlandajo à Pise, Donatello, Ghirlandajo à Sienne, Buffalmaco, Gozzoli, Ghirlandajo à San-Gimignano, Taddeo Gaddi, Ghiberti, Filippo Lippi, Antonio Pollaiuolo, Benedetto da Majano à Arezzo, Filippo Lippi à Prato, à Pistoie, Buffalmaco et Filippo Lippi à Pérouse, Ghirlandajo et Filippino à Lucques, Botticelli à Empoli, Donatello à Montepulciano, Paolo Uccello à Urbin. Giotto, Angelico, Masaccio lui-même, Donatello, Filippino Lippi, Gozzoli, Mino da Fiesole, Verrocchio, Ghirlandajo, Pollaiuolo, Cosimo Rosselli, Pierro di Cosimo, Botticelli avaient poussé jusqu'à Rome. Il ne faut pas oublier qu'à la fin du quatorzième siècle, les papes y étaient rentrés, que leur cour y développait une culture et une richesse croissantes, qu'elle devenait un centre de plus en plus attractif. Toute l'Ombrie y descendit de ses montagnes avec d'autant plus d'empressement qu'elle était pauvre et que, lorsque la peinture y naquit vers le milieu du quattrocento, Florence, en pleine activité, pouvait se passer de ses services. Pérugin, Pinturicchio, Signorelli, appelés par Sixte IV, y décorèrent sa chapelle en collaboration avec Botticelli, Ghirlandajo, Rosselli, Piero di Cosimo, ce qui acheva de mêler les deux courants d'Étrurie. D'autres, d'ailleurs, les y avaient précédés. Un amoureux des beaux cortèges et des beaux atours, Gentile da Fabriano, y était venu de Sienne un demi-siècle auparavant. Enfin, quelques années plus tôt, Piero della Francesca.

Ici, il faut s'arrêter, c'est une date illustre. Non seulement c'est le lien le plus fort entre la statique spatiale de Florence et le dynamisme qu'y ont introduit les Romains, mais c'est une œuvre en elle-même immense, trop longtemps méconnue, de l'un des plus grands entre les peintres italiens. Pour la première fois, en lui, la perspective est un personnage en action et non, comme chez Uccello et les Florentins, y compris même Léonard, un procédé visible, extérieur à l'émotion vivante, qu'il ne diminue certes pas, mais semble enchaîner. En outre le grand style monumental, peu à peu délaissé, ou affaibli, ou méconnu depuis Giotto, se rétablit d'un seul coup et complètement dans ses fresques, qui semblent une assemblée de géants descendus parmi les hommes pour leur donner l'exemple de la décision, de la dignité des attitudes, de la grandeur des sentiments. Ces crânes ronds, ces faces calmes, ces cous, ces bras pareils à des colonnes, ces épaules puissantes, ces agenouillements majestueux, les mouvements lents et superbes de ces personnages paisibles jusque dans la guerre parce que portant avec eux, et en eux, la sécurité, semblent déterminés par le calcul, tracés par la géométrie. Et cependant une vie extraordinaire, surnaturelle émane d'eux. Le drame florentin s'est stabilisé dans une grande âme pour qu'elle le puisse transmettre, accepté avec ses antagonismes déchirants, stylisé jusque dans ses contradictions, à un avenir infini, où Raphaël et Michel-Ange l'introduiront, avec le calme de la force et la fureur du désespoir. C'est là le centre vivant de tout ce qu'il y a dans l'âme italienne de plus noble, et de définitif, de plus assuré de survivre à tout ce qui viendra plus tard. L'assemblée des dieux d'Arezzo paraît avoir dicté la loi aux hommes.

Il est impossible que Michel-Ange, sinon Raphaël, ne se soit pas trouvé quelque jour en présence de cette œuvre-là. Au reste, on dirait que Piero della Francesca avait envoyé les fils de son esprit au-devant d'eux. Melozzo da Forli, Signorelli surtout, ses élèves, qui tous les deux ont travaillé à Rome — et celui-ci à Monte-Oliveto, à Orvieto, sur la route du Florentin — semblent la préfiguration des peintres du Vatican. Là une grâce irrésistible, une jeunesse qui paraît triompher du doute sans efforts, ici une force tragique dont rien ne peut détourner l'élan de son but. Des écorchés vivants qui se débattent entre les griffes des démons, une fureur de pensée ne reculant, pour se manifester, devant aucun motif, fût-il même répugnant, une violence d'images qui symbolise les excès de l'individualisme italien à ses pires heures. Et, pour exprimer tout cela un dessin d'anatomiste, dur, tendu comme un gril, labouré dans les chairs saignantes à la pointe du scalpel, frémissant dans sa stabilité farouche comme une lyre de fer. Quand son fils meurt, il le déshabille et le dessine sans broncher. « La peinture d'Italie, dit Michel-Ange songeant aux Flamands, ne fera jamais verser une larme. » Mot profond, que sa propre œuvre justifie, et qui résume bien cette mission intellectuelle inexorable dont les maîtres italiens se sont chargés.

Raphaël, venant d'Urbin, était passé par Pérouse, où il avait séjourné dans l'atelier de Pérugin, et par Sienne où Pinturicchio, élève du même maître, l'employa aux travaux de décoration de la cathédrale et où il dut connaître Sodoma. Trois influences capitales, sans oublier celle de Masaccio, dont il étudia l'œuvre à son passage à Florence avant de se rendre à Rome où l'appelaient Jules II et Bramante et où Michel-Ange vivait depuis trois ans. La rondeur pleine de Pérugin, la finesse de son dessin perceptible surtout dans les fonds et les paysages, la fraîcheur blonde et pulpée de ses visages de femmes, sa couleur quelque peu confite, l'allure dansante de ses personnages, même immobiles, se retrouveront plus tard dans les plus belles œuvres de son élève, lequel se gardera bien d'y introduire la symétrie pesante qui gâte les tableaux de cet inventeur brutal et sournois de la peinture de piété. De Pinturicchio, il restera longtemps impressionné par l'aigre grâce, la notation aiguë et mièvre des sites traversés, je ne sais quelle imagination romantique et féerique que Gentile da Fabriano avait importée de cette Venise, dont Sébastien del Piombo, installé à Rome, lui révélait alors la largeur et la chaleur du modelé. De Sodoma, dont il a refusé d'effacer à la Farnésine les fresques du *Mariage d'Alexandre et de Roxane,* il ne put jamais oublier la jeunesse héroïque et malade, cette virilité conquérante qui se cache sous le voile de la langueur, cette densité de statuaire où hésite une âme trouble, ce mélange indécis d'hellénisme, de christianisme, de platonisme dans la forme épanouie d'un contemporain de Giorgione, cette poésie mâle de volupté et d'adolescence invincible que gâte comme malgré lui le sourire équivoque de Léonard. On est bien obligé, à propos de Raphaël, de prononcer tous ces noms, de remonter plus haut, à Giotto même, de regarder à ses côtés le décorateur de la *Sixtine,* puisqu'il les a assimilés tout à tour ou simultanément, qu'il a résumé l'Italie même dans cette continuité structurale que dénoncent ses ondulations mamelonnées, ses cités liées aux collines comme des pierres à des pierres, cette harmonie martelée de sa langue, ce balancement de lignes et de volumes à quoi ses grands peintres ont réduit les luttes de l'intelligence et du cœur. On ne peut lui tenir rigueur de sa facilité miraculeuse, de cette science de l'espace arrêtée par della Francesca et passée dans son instinct même, de cette aisance dans l'action qui dénote une assimilation totale de l'agitation florentine, réduite jusqu'à lui à des contorsions trépidantes pour exprimer le mouvement, de cette densité dans la couleur qu'il tient des maîtres de Sienne et qui lui a permis de bâtir les portraits les plus mâles de l'Italie, avec leur limpidité de laque et leur dureté de silex. Il résume la seconde Renaissance comme Giotto la première, avec moins de candeur, certes, ou plutôt plus de *métier,* mais une intelligence égale, une sensibilité égale, une faculté égale d'embrasser les grands ensembles et de n'exprimer qu'eux, une tendance grandissante — il ne faut jamais oublier qu'il est mort à trente-sept ans — à éliminer comme lui ce qui est accident, exception, ce qui n'est pas le centre et l'essentiel du souvenir et de l'objet. Il en résulte une vertu incomparable, qu'il a seul, avec Giotto précisément, à ce degré : le sens, l'instinct de cette arabesque enveloppant toute une scène pour l'unifier, l'organiser sur le plan même de la vie unanime, c'est-à-dire réunir ses contradictions dans l'esprit. L'anarchie italienne, anarchie de la rue, visible jusque dans les églises où tous se promènent, ou causent, assis ou debout, ou à genoux, ou couchés, ou tournant le dos à l'autel, anarchie des passions en lutte, anarchie des consciences, exige de la clairvoyance des maîtres ce lien puissant, seul apte à remplacer la solidarité sociale absente, et à réunir, dans une main virile, le troupeau. Grâce, jeunesse, héroïsme des formes pleines, rondeur subtile des contours, lyrisme contenu des nus olympiens et des concerts célestes entre leurs guirlandes fleuries, rien de tout cela ne se voit plus à l'exclusion du reste, parce que tout est à sa place dès qu'on a découvert cette grande ligne ondulante qui en rassemble le faisceau. Les élèves de Raphaël, Jules Romain, Jean d'Udine, Daniel de Volterre ne le sauront que trop, et la néfaste école, qui a dévoyé la plupart des peintres d'Europe pendant trois siècles, sortira de leur adresse à calomnier son génie. Car Raphaël est un des calomniés de l'histoire, et par ses thuriféraires, parce qu'ils ont déguisé en éloquence son lyrisme formel.

L'influence qu'a exercée sur lui Michel-Ange n'a rien qui doive surprendre, étant donné son âme ouverte à tous les grands courants qui le pénétraient sans rencontrer d'obstacle et qu'il incorporait à sa nature sans qu'elle parût en être modifiée. C'est il est vrai le sens du dynamisme de l'espace qui entrait définitivement en lui avec Michel-Ange, comme il avait, par l'étude de tous les autres maîtres italiens, de Giotto à Pérugin en passant par Masaccio, par della Francesca, par Vinci, par Sodoma, animé ses trois dimensions des rapports naturels et proportionnés entre les formes qui le peuplent. L'œuvre entière de Michel-Ange, peinture, sculpture, architecture, poésie même, révèle une puissance unique à précipiter le mouvement et le sentiment de la vie dans les cadres inflexibles d'une science et d'une raison qui ne peuvent pas abdiquer, malgré le dédain qu'elles s'inspirent à elles-mêmes, et l'ascension d'une grande âme vers une religiosité sans cesse accrue. Le motif central de la *Sixtine,* ce monument spirituel sans analogue au monde, où la voix des prophètes d'Israël, plus haute encore, parce que multipliée par le désespoir d'assister à l'écroulement de l'édifice moral qu'ils rêvaient, le motif central de la *Sixtine* suffirait, s'il ne restait de lui que cette œuvre extraordinaire, à reconstituer le sens de sa mission parmi nous. On pourrait perdre le souvenir des cinquante-trois mois qu'il a passés dans l'énorme vaisseau, couché sur ses échafaudages, seul avec son pain, sa cruche d'eau, et dont il est sorti à demi aveugle, chancelant, ivre de pensée et de fatigue. On pourrait ignorer le drame surhumain qui s'y déroule, dieu rôdant parmi les astres qui semblent ruisseler dans la couleur blonde et argentée de la voûte, dieu abritant dans les plis de sa robe, soulevés par le vent des solitudes, les forces élémentaires qui vont jeter dans le chaos

une harmonie sans cesse en marche, dieu tirant l'homme
du limon, la femme de l'homme, la colère de dieu tombant,
avec les cataractes du déluge, sur sa création, les sibylles
ouvrant le livre du destin, les prophètes tonnant au bord
de l'abîme, les grandes femmes en qui la fatalité subjugue
même l'amour égorgeant, pour la gloire de l'idéal, les héros
qu'elles avilissent. On pourrait oublier l'*Aurore,* le *Jour,*
le *Crépuscule,* la *Nuit* même, l'horreur ou l'oubli de vivre
montant ou s'apaisant avec l'éveil ou le sommeil de la conscience, et l'ivresse de Bacchus, et le courage de la Vierge
que mord au sein l'enfant-dieu. Il resterait le premier drame
humain, l'homme et la femme chassés du paradis pour avoir
désobéi à Dieu en obéissant à ce qu'il a voulu qu'ils fussent, le châtiment tapi dans l'innocence même, la connaissance condamnée à subir le supplice de sa propre crucifixion, et recréant l'espoir après l'avoir détruit, et assignant
en fin de compte au doute même qu'elle éveille la tâche
inexorable d'arracher de lui le lyrisme. Contraste continu,
et qui donne une haute idée de l'homme, que ces athlètes
au crâne étroit exprimant les plus nobles élans de son âme,
que ces muscles hypertrophiés où circule son seul esprit,
et que, en fin de compte, un génie penché sur le néant inexorable de la forme, parvienne à y retrouver dieu.

VIII. *Venise*

L'art de colorer les surfaces, entré à Venise par les
mosaïstes byzantins, y a longtemps, pour cette raison, pié-
tiné sur place. Aux temps de Cimabue, même de Duccio
et de Giotto, on n'y soupçonne pas la peinture. Ce n'est
qu'un demi-siècle après qu'Altichieri, de Vérone, travaille
dans la région et que la république des eaux délègue sur
la terre ferme Antonio Veneziano, qui va étudier à Florence
les résultats acquis. Mais, en réalité, Venise n'a pas de primitifs. Elle pénètre dans la grande peinture de son pas de
conquérant. Les Vivarini de Murano, Crivelli n'apparaissent qu'à la fin du Quattrocento – peintres maigres, qui
sont loin de faire prévoir l'épanouissement si proche, celui
d'un fruit, qui mûrit soudain en quelques heures. Pisanello,
de Vérone, est en réalité un Florentin, puisqu'il reçoit les
leçons d'Andrea del Castagno, et ses merveilleuses médail-

les, frappées du dedans, si frémissantes dans l'intérieur de leurs fermes contours ont relégué au second plan ses dessins, si étonnants d'esprit, d'accent, et son incisive peinture. Gentile da Fabriano est un nomade, né dans les Marches, travaillant tantôt à Venise, tantôt à Sienne, tantôt à Florence, tantôt à Rome, courtier spirituel entre ces grands foyers d'art. Jacopo Bellini n'est que son élève, qui révèle Sienne à Venise, comme elle connaît Florence par Pisanello. Quant à Squarcione, le peintre collectionneur de Padoue, ville de science et de méthode, il introduit dans la lagune les rêches peintres ferrarais, Cosimo Tura, Ercole Roberti, Francesco Cossa, qui détonnent dans ce milieu de volupté et de négoce mais qui pourtant, avec Jacopo, forment l'ossature réelle de l'art vénitien que Mantegna, gendre de Jacopo, revêtira de muscles à qui Gentile et Giovanni, ses deux fils, fourniront leur nourriture. Chacun, ici, semble avoir sa tâche réglée, dans un ensemble moins incertain qu'à Florence et à Sienne, qui ont accompli le plus grand et le plus nécessaire effort.

Le dessin de Mantegna, quelque peu pédant, surchargé d'influences allemandes, de réminiscences antiques, mais sévère, mâle, attentif, donnant le poids du bronze à ses groupes sculpturaux, cependant qu'une transparence adamantine révèle ses paysages d'une dureté de cristal, arbres, châteaux, cités sur les hauteurs, est vraiment la chair de Venise, si solide, si tannée par le vent de mer et les cicatrices des batailles que les parvenus du siècle suivant y pourront, sans faiblir, faire circuler la chaleur de la volupté, la caresse de l'ambre, les reflets de la soie et la pulvérulence de la mer. La découverte de l'atmosphère matérielle, de sa vapeur d'eau suspendue, de la masse du sang, de la pulpe de la peau, de son duvet, de sa tiédeur, seront le fait de Giovanni, tandis que Gentile commencera d'apercevoir le va-et-vient des promeneurs sur les ponts et les places, la circulation des gondoles, l'animation de la vie vénitienne, le système nerveux que la nouvelle forme attend. Il ne faut pas négliger, parallèlement à l'effort des deux frères, celui de Lorenzo Sebastiani, apercevant cette vapeur de pourpre qui flotte dans les crépuscules pour caresser les façades satinées de moisissures, envelopper les foules et les cortèges, ni celui de Cima de Conegliano, qui donne leur droit de cité aux paysages des environs jusqu'au pied des montagnes, forêts, lacs, tours et campaniles, ni celui d'Antonello de Messine, auteur de vigoureux portraits et sans doute rénovateur de cette peinture à l'huile, si bien faite pour l'âme brillante, fastueuse, subtile, corrompue des Vénitiens. Quand Carpaccio aura élargi démesurément leur royaume pittoresque en y annexant la Venise lointaine, palmiers des rivages d'Orient, lions, éléphants, dromadaires que les navires débarquent sur le quai des Esclavons, nègres et Turcs, pirates, coffrets de rubis et de perles, et l'atmosphère de légende qui entre avec tout cela, dragons, chevaux ailés, parfums des oasis et des déserts, saints et chevaliers de la fable, et que son imagination aventureuse aura jeté pêle-mêle dans la ville de ciel et d'eau, la ville rouge et or où les multitudes circulent, où flottent les bannières et les banderoles, ce trésor inouï dont useront, sans l'épuiser, Giorgione, Titien, Tintoret, Véronèse, la grande peinture vénitienne, initiatrice de la peinture européenne classique pourra surgir : ses éléments polyphoniques sont réunis. Car Venise inaugure la symphonie visuelle, l'orchestration géante des couleurs, des lignes, des formes, de l'atmosphère et des reflets.

Avant de mourir, en effet, Carpaccio aura pu voir en naître la première floraison. Il a encore vécu douze ans après la mort de Giorgione, disparu, il est vrai, à trente-trois ans. Mais tous les autres élèves de Giovanni Bellini, cette extraordinaire génération dont Giorgione est le héraut, – Basaïti, Palma, Bonifazio, Pordenone, Lorenzo Lotto, Titien sont, quand meurt Carpaccio, en pleine force, et, dans le plus bel ensemble qu'on ait peut-être jamais vu, apportent à Venise qui triomphe à ce moment-là sur toutes les mers, ses plus décisives conquêtes. Les victoires qu'elle remporte, les trésors matériels immenses qu'elle amasse, les trésors imaginaires accumulés par les expéditions lointaines, la mer et son mystère, les flottes chargées de voiles, d'étendards qui entrent et sortent, tout cela fleurit à la fois sa peinture triomphale, non plus seulement, comme chez Carpaccio, par la vivacité, la verve, le pittoresque du récit, mais par la profondeur de la substance peinte. Et, dans un tumulte

lyrique où les trois siècles du grand effort italien montent
de son intérieur même, tout cela éclate et se répand dans
les formes et les couleurs. Formes, couleurs transfigurées
par l'esprit même de Venise, qui intronise dans le monde
la véritable peinture, et parce qu'elle a recueilli les expériences antérieures des écoles d'Italie lui apportant l'espace,
le volume, l'arabesque, le mouvement, et parce qu'elle
arrive au sommet de sa puissance économique au moment
où l'intelligence moderne se développe avec les grands États
qui s'unifient, et parce que sa nature physique, ivre de sensualité, l'exige impérieusement. Qui n'est pas entré dans
la lagune en venant de la terre ferme ne le comprendra pas.
C'est une opale qui s'ouvre et soudain se ferme sur vous.
Vapeur d'eau suspendue où la lumière joue, et qui fait danser des féeries multicolores entre la moire des canaux et les
nuées rouges, ou roses, ou argentées, ou d'or et d'ambre
qui processionnent dans le ciel, reflets qui sautent dans les
vagues, sur les façades vert-de-gris des palais déjà couverts
de fresques, sur les riches étoffes pendant aux fenêtres ou
traînant, à l'arrière des gondoles, dans les eaux phospho-
rescentes, marchés des fruits et des poissons dont les sonorités et les miroitements se mêlent aux échanges colorés de
l'atmosphère et des flots. Tout cela passe dans l'orchestre
de Giorgione et de Titien et par eux baignera, jusqu'à la
mort de Venise, sa peinture et tout l'Occident. On comprendra désormais la solidarité universelle, et que pas une
fleur ne puisse laisser tomber dans les plus noires profondeurs d'une rivière le ton le plus subtil que la lumière cueille
sur sa plus craintive corolle, pas un nuage ne puisse ren-
voyer au sein d'une femme la caresse la plus douce que le
crépuscule lui consent, pas un joyau dormant sur une poitrine dorée ne puisse trembler sur la vitre d'une fenêtre,
pas un des mille reflets qui se pénètrent et s'entrecroisent
ne se puisse retrouver à la surface de toutes les formes, dans
la substance de toutes les couleurs qui peuplent le plus vaste
ensemble. La couleur elle-même est faite des reflets qui cri-
blent le ton local et le transforment. L'ombre est faite des
couleurs qui traversent sa transparence. Tout participe à
former les mille instruments de l'immense polychromie
qu'est le monde lui-même et que le peintre orchestrera.

Grâce à ce resplendissement unanime, une chaleur indicible pénètre les formes épanouies. Ce sera la tâche de Giorgione non d'arrêter, mais d'indiquer toutes les ressources de l'orchestre, de saturer la pulpe et la masse même des choses d'une pluie d'atomes lumineux, de les rendre ainsi substantielles, de leur restituer cette dignité physique que le monde, avec le christianisme, avait oubliée. Ce n'est pas seulement en substituant peu à peu les « sujets » païens aux « sujets » chrétiens, en les mêlant les uns aux autres, en installant les saints dans les salles de fête, les femmes nues dans les églises, que les peintres vénitiens ont décidément engagé l'Europe sur des voies nouvelles, c'est en paganisant la forme, en même temps qu'ils cherchaient, pour obéir au christianisme, à en animer les profondeurs. C'est par ce double effort de spiritualisation de la matière et de matérialisation de l'esprit. Dans Giorgione, tout participe à la gloire universelle de la nature et de Dieu même, les deux éléments opposés semblent se réconcilier. Ces courtisanes nues étendues sous l'ombre des feuilles et qu'alourdit d'un éclat sourd la complicité de la lumière, ces arbres, ces maisons baignées dans la buée errante que dore le crépuscule, cette sonorité de violoncelle qui monte de tout l'univers, sont le consentement de Dieu à ce que l'homme, en s'emparant de lui, y désigne sa propre place avant de l'asservir. Le camarade de Giorgione, Titien, sera désigné par sa longue existence, pour propager dans l'Europe entière, non pas l'œuvre la plus originale, ni la plus profonde, mais la plus essentielle de la peinture symphonique, cette accession de la matière aux constructions de l'esprit. Paysages de terre et de mer, nus dont la splendeur physique ne sera pas dépassée, portraits d'une largeur et d'une décision qui seront à peine égalées, fêtes, drames de la légende et de l'histoire, universalité des motifs, symbolisme naturiste si constant qu'on se demande où est la limite entre l'objet et le sujet confondus dans un lyrisme unanime, règne de la pourpre vénitienne flottant dans les cieux, dans les eaux, sur les toits et les maisons de la lagune, désormais saturant le monde, images de la force morale et physique, de la volupté, de l'autorité et même de la sainteté – l'esprit tragique de son *Christ aux Épines* en témoigne –, il a tout ramassé de la vieille peinture, tout pressenti de la nouvelle, couvé dans ses entrailles, chaudes jusqu'à cent ans, Rubens, Rembrandt, Poussin, Velazquez, Watteau, Reynolds, Constable, Delacroix, l'impressionnisme même et restera le type et le modèle du peintre complet. Grande vie, œuvre immense, même quand on en a relevé les faiblesses, l'exécution parfois hâtive, mollesse de la forme, matière trop spongieuse, accords souvent hasardeux ou criards, mais d'une vaste et noble intelligence, d'une sensualité généreuse, abondante, ouvrant à la peinture tous les chemins de la technique, de la sensation, et même de l'esprit. Les derniers peintres de la Renaissance vénitienne, Calcar, Pâris Bordone, Bassan, Schiavone, Palma le Jeune ne seront que sa monnaie. Tintoret, Véronèse suivront les avenues triomphales dont il leur ouvre les portes à deux battants. Greco, par lui, animera l'Espagne. Les derniers peintres de l'Italie lombarde, Moretto, Moroni, ne feront que prolonger dans leurs bons portraits attentifs sa manière bien plus puissante d'attirer sur les traits l'âme cachée, de caractériser l'homme, la fonction, la race, l'époque avec cette poésie pénétrante que le consentement à toutes choses donne seul. Corrège, le peintre de Parme, sera le médiateur entre ses enseignements et ceux de Rome, d'un côté forme plus dense, arabesque plus voulue, de l'autre vision plus sensuelle des demi-teintes et des passages, fuite des contours plus subtils dans les ombres colorées.

Tintoret, Véronèse ont étendu à la grande décoration la peinture à l'huile concentrée le plus souvent par Giorgione et Titien dans le tableau de chevalet, et sécularisé la fresque que les Florentins et les Siennois réservaient généralement aux églises auxquelles elle convenait mieux par sa matière plus abstraite. Rubens, les dix-septième et dix-huitième siècles français seront inconcevables sans les Vénitiens. La profusion, la fastuosité, l'imagination grandioses du décor ne seront plus dépassées. On ne peut rêver lyrisme plus vaste que ces grandes déesses renversées sur un lit d'étoiles pour l'amour, agenouillées ou debout dans les cieux pour la soumission ou le règne, cette cendre d'astres errants, l'argent de ces embruns refluant des mers domptées jusque dans les salles de fête, ces planètes que bercent dans l'éther les harmonies captées de l'atmosphère, du crépuscule et de la nuit. Pour teindre un bras, un visage, une épaule, Véronèse a non seulement incorporé dans les irisations de l'atmosphère de Venise les atomes tourbillonnants, les lueurs qui traînent ou bondissent sur les vagues de ses canaux, les phosphorescences qui miroitent sur les murs de ses palais, les soies, les satins, les velours dont ses femmes à cheveux d'or balaient les grandes dalles incendiées par le couchant, mais il a écrasé tous les écrins tapis au creux des vagues dans les cavernes de corail et les carcasses des navires et dont les feux se retrouvent dans le tissu même du ciel. Et cela répandu dans des assemblées immenses, où cent pourpoints, cent robes se croisent, où la musique résonne dans les verres de cristal, où les fleurs et les fruits inondent les tables servies, où les féeries de l'air entrent à flots par les balcons et les galeries ouverts sur le dehors. L'orchestre chromatique s'élargit de telle façon qu'il réunit les plus invisibles échos de l'espace à la trame la plus intime des paysages et des êtres, tout en maintenant dans le tumulte un ordre harmonique inflexible qui semble réduire aux dimensions d'un petit tableau le décor le plus gigantesque et assure aux fastes humains sa complicité.

Environnez maintenant cette pompe de ciels d'orage que des lueurs sulfureuses traversent et où la pourpre vénitienne participe à assombrir les mers, à mêler aux horizons en feu les tragédies humaines, et le cycle de la grande peinture sera sinon fermé, du moins doté, avec Tintoret, de tous ses éléments expressifs. Le drame qui habite l'homme peut désormais faire appel à toutes les voix extérieures pour devenir sensible à l'unanimité des êtres et introduire l'individu dans les nouvelles harmonies que l'Europe prépare au milieu des conflits du doute, de la foi, du pessimisme et de la volonté. Dans ces fresques immenses, la même force dramatique circule de bout en bout, tordant les formes comme un métal en fusion, secouant comme des torches les couleurs pour les incorporer brûlantes les unes et les autres à un esprit bouleversé par toutes les passions en lutte, passions sensuelles, intellectuelles, passion de comprendre et de jouir, passion de dominer et de livrer son âme à toutes les tortures afin de rendre solidaires l'univers et notre cœur. Les lumières, les ombres montent, baissent comme des voix, s'enfoncent entre les formes pour les faire saillir, les voiler, les contourner, les animer d'un élan si furieux qu'on le *voit* aboutir à leurs régions invisibles. Comme dans la sculpture hindoue, le cinématographe est pressenti, dépassé sur quelques points même, car nul de ceux qui l'utilisent n'est encore parvenu à exprimer avec autant de force le mouvement universel que Tintoret *suggère* avec des moyens beaucoup plus restreints. Le monde total, intérieur, extérieur, l'être panthée est le seul drame. Ainsi se présente le fruit que le génie italien a mûri. Après avoir, avec Masaccio et Uccello, découvert, puis décrit l'espace, après l'avoir stabilisé avec Piero della Francesca, après avoir, par Raphaël et Michel-Ange, établi le dynamisme qu'y introduit la forme circulaire, en empruntant à Giotto son arabesque enveloppante, un effort, le dernier, restait à accomplir : Giorgione, Titien, Véronèse qui possédaient, à l'état d'instinct, cet espace *géométrique,* l'ont solidarisé avec l'atmosphère même où les reflets et les atomes baignent tout ce qu'il contient, pour laisser à Tintoret la tâche d'en dégager le dynamisme total − , espace *aérien* désormais, dont la forme, la géométrie, l'arabesque sont les articulations qu'il nourrit, et transmet à l'état vivant aux forces indéterminées. Panthéisme sensuel, où l'esprit circule, et qui précède la grande musique et le transformisme des philosophes et où l'Europe pénétrée par le christianisme, mais libérée de ses dogmes, cherche de nouvelles raisons d'être, et par cela même, d'agir.

5. *Dernières séductions (1934-1936)*

Au début des années 30, on pourrait croire qu'Élie Faure en a fini avec la peinture : il lui prépare un constat de décès en plusieurs articles retentissants et, laissant là la foire parisienne, il part faire le tour du monde en guettant les signes d'un art futur où le cinéma, la machine, l'architecture et la fresque concourront à une expression collective qui détrônera la peinture, manifestation de l'individu.

Mais après un détour de cinq ans, depuis la parution de *The Italian Renaissance* jusqu'en 1934, il revient à la Renaissance et lui consacre six articles en deux ans, sans compter celui qui ouvre la série en décembre 1933, « Montaigne, poète tragique (1) », où il relit le prologue du drame intellectuel de l'Occident.

Trois de ces articles explorent l'art renaissant de Flandre, sur lequel Élie Faure n'avait jamais écrit en dehors de son troisième volume. « Le drame de l'art flamand » reprend dans *Ombres solides,* en septembre 1934, une conférence prononcée à l'exposition d'Anvers. Après avoir évoqué la peinture opulente de Jordaens et de Rubens, il lui oppose celle du XVe siècle, avec les accents tragiques des Brugeois et de Van der Weyden :

> Or, regardez bien les œuvres des peintres du quinzième siècle flamand, spécialement ceux de Bruges, Petrus Cristus, Van Ouwater, Dierick Bouts, Memling, Gérard David, ou du Bruxellois Rogier van der Weyden. Une chose vous frappe tout de suite, si vous les comparez aux œuvres qui les suivent, non seulement Jordaens et Rubens mais même Quentin Matsys, les romanisants, Jérôme Bosch et surtout Brueghel, ce grand poète, le plus grand poète du paysage et de la vie familière des petits bourgeois et des paysans, des enfants, des pauvres gens, cet esprit mâle et généreux qu'on a appelé « le drôle », je ne sais vraiment pourquoi, et aussi aux œuvres qui les précèdent, je veux dire les Van Eyck et, avant les Van Eyck, la grande architecture flamande, Bruges, Tournai, Malines, les formidables Halles d'Ypres. Ces peintres sont tourmentés, désaxés, malheureux. On dirait qu'une fatalité pèse sur leur peinture dont

(1) « Montaigne, poète tragique », *Hippocrate,* décembre 1933, puis *Équivalences* et *O.C.,* p. 776.

la joie s'est retirée. Et remarquez-le tout de suite : ce qu'elle
traduit, cette peinture, même quand il ne s'agit pas d'une
scène dramatique, ce n'est pas, comme chez les Florentins,
une souffrance d'ordre intellectuel, ou d'ordre spirituel
comme chez ceux d'Espagne. C'est une souffrance morale,
celle d'un homme qui était fait pour être heureux, qui ne
comprend pas et ne veut pas comprendre, qui demande en
vain à Dieu que la joie lui soit rendue, et la paix dans la
prospérité et la puissance, ce qui est sa raison de vivre et
surtout de travailler. Ici, c'est la splendeur de la matière
qui, sans être voilée, ni même diminuée, s'acharne à exprimer des scènes douloureuses et des visages tourmentés, tandis que là — je veux dire à Florence, ou en Espagne — c'est
soit l'élan saccadé de l'arabesque linéaire, soit les contrastes dramatiques de la couleur qui marquent le drame intérieur. Voyez les personnages comprimés de Dierick Bouts,
ses figures étirées ou aplaties qui encombrent les chemins
du ciel même, ses vierges chlorotiques, ses suppliciés cachec-
tiques et ses bourreaux répugnants. Même quand de jolis
paysages dont le sang des martyrs nourrit et fleurit les herbes s'enfoncent dans ses tableaux, une chose triste et étri-
quée y plane, qu'on n'eût jamais soupçonnée chez Jean van
Eyck. Qu'il n'y ait guère chez lui que des scènes de supplice, des hommes crucifiés, tirés à quatre chevaux,
des intestins dévidés sur un treuil, cela n'importerait guère
s'il était Jordaens, ou même Quentin Matsys. Rubens
s'embarrasserait moins encore de cette minutieuse bouche-
rie. Il l'entraînerait joyeusement, j'ose le dire, dans le
tumulte des carnations éblouissantes, des cheveux de
flamme qui volent, du lait ruisselant des mamelles, de la
pourpre des veines répondant, pour la nécessité de ses
harmonies victorieuses, à la pourpre des crépuscules. Les
tenailles qui déchirent ce sein ne sont qu'un prétexte à en
montrer l'élasticité et la fraîcheur, et cette langue arrachée
souillant cette poitrine blonde sème des coquelicots dans
les blés.

Là, au contraire, chez l'homme du quinzième siècle, la
vie flamande est comme arrêtée en chemin. La grande
symphonie qui naissait avec les Van Eyck se fige en joailleries méticuleuses. Memling s'enferme comme pour soi-

gner, loin du siècle, dans un atelier bien clos, ses exquises mélodies. Il les choie, il les borde dans leur châsse comme un malade dans son lit, il leur prépare et leur distribue des potions et des tisanes d'une engageante douceur. Sa plainte est aussi mélodieuse que celle de Bouts est grinçante, mais elle est une plainte aussi, comme celle de Jean Malouel qui fuit sa Flandre natale pour exhaler ses gémissements souffreteux dans une France tout aussi mal en point que les pays pressurés par le Bourguignon et ses amis d'Angleterre. Et bien que Van der Weyden, le plus mâle d'entre eux, prenne parmi ces maîtres mélancoliques une allure de révolté, la plupart de ses toiles n'ont plus pour cadres que des fonds de vitraux et d'églises, des crucifix au pied desquels des corps s'affaissent et se convulsent, toute une mise en scène où le désespoir, mais aussi la fureur éclatent. Penez-y garde en effet. Dans l'unanime dépression qui paraît atteindre Bruges au quinzième siècle, c'est ce Bruxellois qui maintient intacte l'énergie morale des pays flamands. Les visages ont beau souffrir, les bras et les mains se tordre, les torses se renverser, les femmes tomber à genoux. Le drame est devenu conscient, il passe du sentiment dans l'esprit même, il circule de forme en forme, il sculpte les courbes nécessaires et les saillies d'expression. Van der Weyden, qui a vu l'Italie, a compris le sens intellectuel de l'arabesque. Mais il y a ajouté quelque chose que ne soupçonnent pas souvent les Italiens, acharnés à poursuivre et à imposer par le moyen de cette arabesque ondulante une idée plastique ou psychologique avant tout. Dans l'arabesque du Flamand vivent les os, les muscles, les épaisseurs sanguines, la fermentation des humeurs, mêlant au drame spirituel le drame sensuel qui l'incarne. Le sang des Flandres, après avoir somnolé dans les veines de Bouts, de Van Ouwater, de Memling, de Petrus Cristus, bout dans les artères de Rogier de la Pasture pour passer de ses groupes dramatiques, montant et descendant comme la voix des foules, dans les vivants volumes de Rubens. Arabesque intérieure, et par là tragique, dont les romanistes emprunteront sans succès l'apparence aux Italiens, parce qu'ils n'en auront vu que l'harmonie superficielle et dont seul, avant Rubens, et après Van der Weyden, Quentin Matsys aura soupçonné la valeur morale, ce rôle de dénonciatrice et pour ainsi dire de dessinatrice du drame, qui est le sien en vérité.

Mais dans cette Flandre épuisée dont Memling, Bouts ou Rogier van der Weyden partagent la détresse, d'autres peintres préparent l'avènement de Rubens :

En ces temps désolés, ce qui a sauvé la Flandre et lui a permis de jeter les trésors inouïs et pantelants de son Moyen Age dans le monde moderne par le grand geste de Rubens, c'est le refuge hors des villes misérables de sa saine sensualité. Certains, il est vrai, Jérôme Bosch entre autres, malgré son admirable sens de la fraîche et vivante nature, usaient d'un autre refuge, celui du fantastique, voire même du burlesque, ce qui n'est pas rare aux époques meurtrières et marque tant de grands esprits, Rabelais par exemple, ou le Shakespeare de *La Tempête* et du *Songe d'une Nuit d'été,* ou Cervantes, ou Jacques Callot, ou Bacon, ou Érasme, ou plus tard Swift et Goya. Ces peintres-là, pour protéger la Flandre, la cachèrent. Mais ce sont ceux qui fuyaient les villes pour les champs qui l'ont pratiquement sauvée. Pol de Limbourg, Hugo van der Goes, le jeune Patinir et plus tard, je ne saurais trop le redire avec toute la piété possible, le grand Pierre Brueghel, ont transmis le paysage gras, tout brillant de couleurs vives et de matière sanglante que leur laissait Jean van Eyck, au poème profond arraché par Rubens aux arbres ruisselant de feu et tordus dans la lumière, aux brumes où traîne l'argent des irisations solaires, aux cataractes de rayons qui traversent le tumulte des eaux, des foules, des nuages en mouvement. Il y a chez eux, quand on les compare aux artistes souffrants de Bruges, comme un renversement de la valeur psychologique des deux éléments essentiels du tableau flamand, le paysage et l'homme. Alors que ceux-là ne s'évadent du drame humain qu'en cachette et semblent s'excuser d'apercevoir par la fenêtre ouverte ou par la percée d'un corridor une fine et maigre échappée, un ciel décoloré, quelques arbres craintifs et les premiers vallonnements de ces plaines plantureuses qui ondulent comme la haute mer sous les brouillards nourriciers de la Lys et de l'Escaut, Van der Goes, Patinir, Brueghel, parfois Jérôme Bosch s'enfoncent avec leurs gros souliers dans les labours, les moissons, les futaies, les pâturages. Le drame, encore présent, recule au second plan, et quand le peintre ne peut le passer sous silence, les corps et les visages prennent chez lui, même s'il s'agit de martyrs, une santé, une ampleur, une plénitude soudaines. Ils ne sauraient ne pas répondre, en particulier chez Van der Goes et Patinir, à la puissante majesté des terres et des ciels de ces pays voisins d'un océan huileux, où de grands fleuves prodiguent des alluvions qu'une brume humide fait luire, toute cette unité brillante faite d'échanges incessants entre un ciel parcouru de nuées où se retrouvent le mauve, le rose, la pourpre des arbres en fleur, une terre opulente où les moissons se balancent, une abondance d'eaux mobiles où se réfléchit la lumière et qui saturent le sol. Encore un pas : Brueghel, avec la simplicité et la sainteté d'un petit enfant donnera, dans ses miraculeux poèmes où fourmille confondue, quoique si précise, la vie des êtres et des choses, la transcendance même de la vision sentimentale des travaux de l'homme sur la terre, et dans la sérénité conquise par l'amour sur une époque tragique, l'acceptation de l'humble tâche qu'il a reçue de Dieu. Le drame va finir, Rubens approche à grands pas. Il est bon que le plus génial de tous ceux qui le précédèrent, apporte au héros qui va résumer et magnifier l'âme des Flandres, son consentement aux souffrances qu'elle a accumulées en même temps que ses richesses, dont elles furent la rançon.

Tel fut le drame de l'art flamand, qui est celui de la Flandre. D'abord domination instinctive sur le malheur nécessaire des temps par l'ascension des forces matérielles et morales d'une race montant à la vie pleine et large, et ce sont les halles d'Ypres, de Bruges que surmonte le beffroi, alors qu'en France le clocher sur l'église règne et en Italie la tour seigneuriale menaçant les autres tours qui hérissent la cité. Dans une seconde période, domination du désespoir, fléchissement des courages et des consciences, sang du cœur non plus employé à cimenter des murs victorieux, des ghildes puissantes, à teindre des robes de pourpre pour le faste et l'apparat, mais recueilli à toutes les veines ouvertes pour colorier les plaies du Christ et des martyrs, l'émail et les joyaux des reliquaires. Enfin, dans une troisième et brève et superbe période, domination de l'esprit sur les éléments du drame qui ne sont plus, dans l'orchestre géant de l'héroïsme intellectuel, que des instruments à ses ordres. L'horreur, la haine, la tristesse n'arrivent plus à surmonter l'ensemble symphonique qui verse pour toujours la joie panthéiste de la Flandre à notre commun trésor.

En juillet 1935, un nouvel article (1) propose aux lecteurs d'*Art et Médecine* un guide rapide des « Musées, galeries, trésors belges » qu'Élie Faure avait découverts dans sa jeunesse avec Carrière. Cette année-là, à l'occasion de l'Exposition universelle de Bruxelles où sont montrés les chefs-d'œuvre flamands (« Cinq siècles d'art », mai-octobre 1935), une exposition complémentaire, « De Van Eyck à Breughel », s'ouvre en novembre au musée de l'Orangerie. Élie Faure dit à Walter Pach son inlassable plaisir :

> Nous avons ici en ce moment une admirable exposition des primitifs flamands où triomphent avant tous les autres Jean Van Eyck et surtout le vieux Brueghel par des toiles que vous connaissez. J'ai été émerveillé une fois de plus par le *Dénombrement de Bethléem* et suis revenu le voir plusieurs fois, ainsi que la *Chute d'Icare*. Incomparables merveilles (2).

C'est l'occasion d'un dernier article, « Mœurs et paysages », qui paraît dans *Art et Médecine* en janvier 1936 :

MŒURS ET PAYSAGES

> Aussi sincère, aussi profond que soit le mysticisme des peintures de Gand et de Bruges, et même parfois aussi morbide – ici je ne songe pas aux Van Eyck, encore moins

(1) Article repris dans *Équivalences* et *O.C.,* p. 801.
(2) Lettre du 29 novembre 1935, *O.C.,* p. 1122.

à Brueghel, mais à Memling, à Dierick Bouts, à Gérard David, au grand Rogier van der Weyden, à tous ceux qui vécurent les terribles années du drame guerrier de la Flandre — il ne manque presque jamais de s'évader de lui-même. Le Flamand est né pour être heureux. Il souffre par accident, non par constitution morale comme le Méditerranéen en qui le christianisme, éveillant la vie intérieure, fait apparaître un contraste si dramatique entre l'harmonie des aspects du monde et les déchirements du cœur. Dépassez du regard ces visages livides, ces yeux rougis, ces plaies saignantes qui constituent le motif, ou plutôt le prétexte, de presque tous leurs tableaux et qui indignaient Michel-Ange dont le génie intellectuel fuyait et méprisait les larmes. Vous foulez immédiatement des paysages plantureux, toujours calmes, ignorant la fureur des hommes, où le peintre s'enfonce avec une ivresse évidente, découvrant les moutons qui broutent, les cygnes qui flottent, les humbles petites cabanes blotties dans les creux, perchées sur les pentes, les labours humides, le cuivre chaud des blés qui se marie au bleu, au vert changeant des arbres dévalant au loin, des pâturages, des rivières, des ciels que parcourent lentement les grands nuages pâles ou à peine rosés qu'emporte le vent de la mer. Poésie profonde des Flandres, comme imbibée de vapeur d'eau, gonflée de sucs terrestres et recélant dans ses flancs gras le sang des fruits, l'or des moissons, la lave impatiente des printemps et des étés, la pesanteur sensuelle des automnes et cette mélancolie si riche des hivers où les fourrures sortent des armoires, où les patineurs engoncés glissent sur la glace craquante, où les soleils couchants répandent un feu liquide sur les façades embrasées. Van der Goes, Patinir et les mystiques eux-mêmes sont délivrés par la force de leur pays. Le paysage maintient en elle-même la vraie Flandre entre Jean van Eyck et Rubens, et réunit les joailleries méticuleuses du vieux peintre de Gand aux emportements panthéistes du maître d'Anvers par l'amour commun des belles matières, de la lumière et du sol.

J'espère pour vous que vous avez lu les pages inondées de feu que Michelet a consacrées à l'*Agneau mystique*. Sinon, vous risquerez de ne pas franchir tout à fait le rutilant écran de pierreries que les Van Eyck disposent, au pre-

mier plan de leurs toiles, entre notre sensibilité à la peinture et leur secret. C'est l'écho de la poussière lumineuse
tamisée par les brumes et dispersée sur le corail des toits,
sur l'émeraude des clochers qui pointent, sur la turquoise
des murailles et l'opale des eaux vives, c'est tout l'empire
du soleil que vous retrouverez dans les robes teintes de pourpre, les colliers d'or tressés de perles, les tentures épaisses
où la soie incarnadine s'entrelace aux broderies d'argent.
Fourmillement de gemmes et de gouttes de rosée, dont la
flamme universelle qui baigne les objets et réchauffe les sentiments joue pour ouvrir à nos ténèbres intérieures l'éclat
des fleurs, le sang des lèvres, le rayonnement des regards...
La même année où Masaccio tirait des murs gris et nus de
la chapelle des Brancacci la révélation du contour des volumes en action, Jean van Eyck arrachait aux pénombres de
Saint-Bavon la révélation de la lumière. Double miracle en
vérité, d'où allait sortir ce qu'on a appelé la « Renaissance »
d'un bien mauvais mot, car rien ne renaît, tout naît, tout
meurt sans cesse. Cependant, un homme nouveau qui
renonçait au symbole pour pénétrer dans son propre
mystère que son aventure terrestre suffit à éterniser.

Cet homme-là, nul ne le réalise plus complètement que
Brueghel. Brueghel le Vieux, qu'on a aussi nommé « le
drôle » sans doute à cause de son unanime tendresse, si ridicule aux yeux de tous. Le contraste puissant qui éclate chez
les Van Eyck entre leur technique de miniaturiste et leur
vision émerveillée et lumineuse du monde, il le transporte
sans effort dans un nouveau plan de l'esprit. On ne peut
épuiser l'imagination, la saveur, le charme des anecdotes
dont fourmille chacun de ses tableaux, parce que l'harmonie générale où elles disparaissent les réunit au point qu'il
faut faire effort pour parvenir à les apercevoir − et je crois
bien qu'il est le seul, dans l'histoire de la peinture, à pré-
senter une variété d'action que l'unité de conception agrège
avec tant d'aisance. C'est l'humilité des pauvres gens, des
pauvres métiers, des pauvres choses, des chaumières, des
rues, des villages, des murmures du ruisseau familier où
les ménagères lavent leur linge, des jeux des petits si tou-
chants dans les loques rapetassées du grand frère ou des
parents qu'on ajuste tant bien que mal à leur taille, qui

accueille la présence universelle et réelle de la saison, des vents qui soufflent, des pluies qui tombent, des arbres qui craquent de gel ou qui frémissent de sève, de l'éternel frisson des eaux estivales qui coulent ou des aiguilles de glace qui s'égouttent au bord des toits. Comme nous voici loin des paysages abstraits et généralisés d'Italie ou d'Espagne que le drame humain n'anime guère, l'attention passionnée du peintre restant fixée sur lui seul ! Tout remue, tout vit, et non pas de la vie de l'intelligence, mais de la vie sans épithète où la besogne quotidienne de l'homme et l'aspect quotidien des choses participent l'un de l'autre avec candeur, où les étangs gelés accueillent les glissades des enfants, où leur lueur bleuâtre donne au blanc de la neige et au rose des murs de brique cet éclat sourd et silencieux qui définit l'hiver, où le choc des cognées dans les bois fait participer le bûcheron aux harmonies sonores de l'automne, où le souffle chaud des étés murmure dans les épis qui semblent partager avec le moissonneur l'accablement du bien-être ou de la fatigue. Tous certes, et Patinir et Van der Goes au premier rang, ont ce sens du drame terrestre comme l'avait déjà le vieux Jérôme Bosch, le maître funambulesque et truculent de Brueghel. Mais chez celui-ci tout fleurit. La sensation s'élève ou plutôt s'étale à un lyrisme si paisible, si parfumé d'herbes séchées et de poussières volantes, si pénétré de soirs évanouis, d'aubes fraîches, de lumière ardente ou glacée, si parent de l'émoi des sources, de la rumeur des feuillages, du chant des oiseaux, des sentiments les plus ordinaires de l'homme et des joies et des misères les plus constantes de l'enfant, qu'on le dirait absent de sa propre œuvre, perdu en elle, comme une pauvre voix du monde aussi noyée que les autres dans une harmonie indifférente qui jamais ne manque à la tâche d'organiser pour la délectation de nos regards la vie éparse des plantes et des bêtes et des travaux du genre humain. Voilà un homme si profond qu'il n'a pas besoin de nous le démontrer et qu'on n'a pas besoin de nous le dire. On ne le croirait pas spectateur de la scène, mais acteur invisible au milieu des autres. La plus grande aventure passe inaperçue de tous, et de lui-même dirait-on. Icare tombe à la mer, mais le pêcheur du rivage ne lève pas la tête, ni le laboureur derrière lui, ni le matelot qui hisse sa voile. Le Christ passe portant sa croix à deux pas de ces marmots qui jouent, de ces commères qui jacassent, de ce paysan qui pose culottes avec la béatitude normale que procure cette occupation. Personne ne se doute que cette misérable femme qui traverse la ruelle juchée sur un âne devant ces pauvres échoppes dont les ménagères balayent le sol et parmi la foule affairée des vendeurs, des acheteurs, des ouvriers, des écoliers, porte le Sauveur dans son sein.

Une autre école, longtemps négligée par l'histoire de l'art − et par Élie Faure lui-même qu'éblouissait trop la Renaissance italienne −, est rappelée à son attention par l'éditeur Albert Skira, qui publie les *Trésors de la peinture française* en novembre 1934. Élie Faure participe à la rédaction du premier volume, sur les primitifs français, avec J.-É. Blanche, Maurice Raynal et E. Tériade :

Son dix-huitième siècle à part, et point du tout par ses meilleures inspirations, la peinture française entière se résignait, il n'y a pas quarante ans, à n'être pas de la peinture. Il a fallu l'action de l'école du dix-neuvième dont on n'a découvert que depuis quelques lustres l'originalité, la puissance et, nous pouvons le dire aujourd'hui, la supériorité écrasante sur toute la production européenne du même temps qu'elle a bel et bien éclipsée, pour qu'on donnât droit de cité aux peintres de France. Cette découverte effectuée, on n'a pu se dispenser de rechercher les quartiers de noblesse d'un art qui, contrairement aux idées courantes, n'a pas subi depuis huit cents ans de défaillance sérieuse. C'est alors qu'on a découvert, réfugiés dans l'ombre de la sculpture romane, gothique et italianisante, des maîtres profonds et charmants. Pas beaucoup à vrai dire, en tout cas bien peu dont quelque épave ait pu survivre au grand naufrage provoqué par la brusque entrée en scène des Renaissants italiens. Œuvres souvent dissimulées dans les recoins obscurs et les voûtes enténébrées de telle église ou cloître de village, presque effacées en général, ou même enduites d'un crépi qu'on a dû gratter pour en sauver quelques traces. Songez aux fresques frémissantes du Palais des Papes, où l'âme vigoureuse et candide du Moyen Age laïque survit encore dans les scènes de chasse et de pêche — frondaisons vertes, toutes bourdonnantes d'oiseaux, étangs poissonneux, apparitions vivantes, entre les branches et les feuilles, d'humbles figures populaires resurgissant de six siècles d'oubli.

Ce sont là les vrais primitifs de la France, dont on trouverait les ascendants dès le onzième siècle, au moins dans nos provinces du Midi et du Centre, en inventoriant les fantômes des peintures murales issues des influences de Byzance et des mosaïstes romains et en tenant compte de l'apport des ouvriers du vitrail. Car on hésite à désigner de ce nom touchant, mais quelque peu dédaigneux, non seulement les Clouet ou Corneille de Lyon, contemporains des élèves de Titien, de Vinci et de Michel-Ange en qui pointe déjà la décadence de la grande peinture d'Italie, mais même les vieux artisans du quinzième siècle, si objectifs déjà, et possédant toutes les finesses sinon toutes les ressources d'un métier sûr et d'une vision pénétrante. Les robustes praticiens de la cour du roi René, peintre lui-même, Pierre Villatte, Enguerrand Charonton, surtout Nicolas Froment et l'auteur génial de la *Pietà* semblent presque aussi évolués que Paolo Uccello ou Gozzoli, qui ne sont déjà plus des « primitifs ». Il faudrait remonter au Nord pour trouver encore chez des peintres, d'ailleurs à demi entraînés dans le cycle franco-flamand ou parfois même issus de lui — comme Jean Malouel ou Pol de Limbourg — cette hésitation émouvante de la forme, cette organisation du drame autour d'un sentiment moral par quoi se définit la peinture primitive, et renoncer à recueillir les témoignages de la genèse plastique qui caractérise, à Avignon aussi bien qu'à Florence ou Rome, les artisans d'une époque qui commence à s'épanouir. Je songe à Simon Marmion, à Jean Bourdichon, à Henri Bellechose, à Jean Perréal (le maître de Moulins ?) dont la peinture est tiraillée entre les influences de la décoration monumentale, des documents venus de Flandre et de Bourgogne et le goût des belles histoires issues des manuscrits enluminés où des lueurs de joyaux brillent, où les prés, les labours chatoient, où des tons vifs et délicats ponctuent les arbres en fleurs, où les émaux et les ors des églises se teignent de la pourpre des fêtes et des horizons. Mais avec Jean Fouquet qui a fait, il est vrai, le voyage d'Italie et tire de l'enluminure, précisément, le parti le plus décisif, haussant l'illustration au niveau de la peinture par son génie du sacrifice, de la hiérarchie formelle, de la composition et du portrait, il ne saurait plus guère être question d'art primitif. A certains points de vue — essentiels dès qu'il s'agit de la grande peinture — , notion des plans, intuition des perspectives, goût des larges surfaces colorées où le soupçon des reflets s'annonce, équilibre puissant des éléments plastiques, découverte passionnée des drames de l'espace illuminant les toits, les murs, les donjons au crépuscule et où pointe l'âme enchantée de Corot, il est aussi adulte que son contemporain Piero della Francesca. Et il paraît à bien des égards en avance sur les Clouet, venus cent ans après lui, qui colorient leur dessin magistral avec un soin méticuleux d'orfèvre et ignorent ce que Fouquet pressent si bien, que le génie de la peinture consiste à attirer des profondeurs de la forme et du monde vers les volumes expressifs, les passages qui modèlent ces volumes — plutôt qu'à les plaquer sur eux.

Au fond, pris entre la sculpture puissamment éducatrice des cathédrales et l'invasion de l'Italie dont l'école de Fontainebleau n'est que la consécration mondaine et l'œuvre de Jean Cousin l'effort d'imitation d'un humaniste honnête — et si l'on fait abstraction des peintures murales presque toutes anéanties — le primitivisme français a été bref, à peu près mûr d'emblée dans le Midi avec son grand dessin sévère et son sentiment sobre et pur du tragique de la vie, quelque peu inféodé dans le Nord à l'influence souffreteuse d'un art impuissant à s'arracher aux violences atroces qui ravageaient les Flandres et le bassin séquanien, et disposé à se concentrer sur la Loire, à l'ombre d'une monarchie convalescente qui rassemblait ses ressources, dans le génie du dernier des enlumineurs qui fut aussi le premier des grands peintres individualisés. Qu'on ne s'y trompe pas, d'ailleurs. Si l'influence italienne prédomine au sud, l'influence flamande au nord, il y a quelque chose de commun entre les deux « écoles », et que ne connaissent dans cet ordre de qualité ni les Italiens ni les Flamands. Un sens psychologique pénétrant et absolument original de l'attitude et du visage humains, qu'on retrouve jusqu'à Degas et Toulouse-Lautrec en passant par Lagneau, Demonstier, Perronneau, Quentin de La Tour, David, Ingres, dans toute la lignée des portraitistes français, Fouquet lui-même et les Clouet au premier rang. Une simplicité immuable, plus nerveuse, plus distante aussi, et quelque peu préoccupée de rhétorique plastique dans le Sud, plus entachée de sentimentalisme dans le Nord mais prête, avec Fouquet à mi-chemin des deux, à montrer la voie au réalisme robuste des Le Nain, des Georges de la Tour, des Chardin, des David, des Ingres, des Courbet, des Impressionnistes. Un souci, chez les maîtres du Nord, d'accorder au ton local et aux thèmes mélodiques une prédominance d'ailleurs discrètement avouée sur la richesse orchestrale, souci qu'on retrouve chez Poussin, chez Claude Lorrain, chez Le Sueur, chez Ingres, chez Corot et qui pourtant, toujours grâce à Fouquet si épris en même temps des taches vives et brillantes qui relèvent çà et là l'harmonie un peu pâle des peintres français, autorisera Watteau, Gros, Géricault, Delacroix, Cézanne, Matisse à rivaliser sur ce terrain, tout en gardant plus de mesure et une préoccupation d'architecture plus constante, avec les maîtres symphonistes de Venise et des Pays-Bas. Une bonhomie quelque peu narquoise, mais pénétrée de tendresse pour les humbles besognes du pain quotidien, de l'ouvrage « bien faite » et des menus travaux de la maison, si savoureuse dans les enluminures de Fouquet et qui suit une filière ininterrompue à travers les Le Nain et Georges de la Tour, Chardin et les illustrateurs du dix-huitième, Boilly, Daumier, Renoir, Bonnard. Toujours Fouquet, au confluent précis des initiateurs ingénus et savants de la peinture française et de son épanouissement humain, qui devait s'engager résolument avec Poussin dans les voies modernes pour atteindre, par les maîtres du dix-neuvième siècle, l'un des aspects les plus émouvants de l'esprit.

Mais si les Flamands ou les Français, à qui *L'Art renaissant* n'accordait qu'une place relative, qui n'avaient presque pas mérité d'additions lors des remaniements des années 20 et n'avaient pas inspiré de texte nouveau, trouvent une compensation dans les articles des années 30, l'Italie n'en est pas pour autant oubliée. Élie Faure la retrouve à l'exposition d'art italien qui s'ouvre au Petit-Palais le 17 mai 1935, et rend compte de sa visite dans *L'Humanité* du 31 mai, en un texte d'autant plus intéressant que son éloge de la peinture italienne s'accompagne d'une sévère critique de la muséologie française :

A L'EXPOSITION D'ART ITALIEN AU PETIT-PALAIS

Le grand écrivain et critique d'art Élie Faure a écrit pour L'Humanité *le feuilleton ci-dessous sur l'exposition d'art italien au Grand-Palais.*

Nous ne pouvons que regretter avec lui que l'accès d'une exposition de ce genre soit pratiquement interdit aux travailleurs et à la classe moyenne appauvrie, à cause du prix prohibitif de son droit d'entrée : dix francs ! Plus qu'une journée d'allocation de chômage ! Cela donne la mesure de l'intérêt que le gouvernement porte à la culture des masses en France. Il faut obtenir qu'au moins un jour par semaine l'accès de l'exposition soit gratuit.

Au premier abord, vous êtes déçu. Toutes les toiles se touchent. Aucun souci d'aérer la peinture, d'assurer entre les tableaux ces intervalles de silence qui permettent de les aborder avec le respect qu'on leur doit, d'entrer librement dans le microcosme que chacun d'eux représente. Ce qui produit de criantes cacophonies, des gammes disparates de couleurs et de valeurs, si proches les unes des autres qu'elles semblent se contredire. Dans les musées de France, on ne sait pas placer la peinture. On s'obstine à la regarder sous l'angle de son développement historique, et non de l'harmonie globale que ses œuvres vivantes ont fait entrer dans notre esprit. Le souci d'école domine. L'époque la plus contestable de l'art italien, par exemple, ce XVIIe siècle savant mais peu sensible, éloquent mais tapageur, toute la ruée louche des Bolonais et des Napolitains s'étale ici dans sa gloire, si encombrante qu'elle écrase, sous ses toiles tintamaresques, l'ample symphonie vénitienne, la nerveuse mélodie florentine, la pureté ardente des primitifs siennois ou toscans. Celui qui ignore « l'école italienne » pourra donc la suivre pas à pas, son catalogue à la main. Mais il en sortira à peine plus avancé qu'auparavant sur la qualité du tribut que l'âme italienne a versé à l'Europe pour éveiller sa fièvre par la vertu de ses enchantements. Les images se brouilleront dans sa tête. Il ne comprendra pas que tant de militaires veillent à l'extérieur pour interdire l'accès d'une exposition où déferle une foule éperdue de snobisme. Le bluff n'ajoute rien à la grandeur. Il en interdit les approches.

Il y a là d'admirables œuvres, c'est entendu. Si la peinture nous avait été présentée avec la même discrétion que la sculpture, où la violence tendue et désespérée de Donatello, la vigueur équivoque de Verrocchio, la force tragique de Jacopo della Quercia s'imposent avec une si sobre évidence, nous pourrions aisément confronter au trésor de nos souvenirs un nombre suffisant d'œuvres célèbres, peut-être même pas assez célèbres. Je n'entends certes pas ranger dans cette catégorie les portraits de Raphaël, ou telles de ses petites toiles d'une adorable qualité que submerge l'avalanche, ni la discutable *Sainte Famille,* de Michel-Ange. Je songe aux sourdes et somptueuses batailles de Paolo Uccello dont une toile, presque inconnue du grand public, la *Profanation de l'Hostie,* a été envoyée d'Urbin, où les touristes ne vont guère, pour l'une des plus fortes joies que puisse éprouver un esprit sensible aux belles choses. Je songe à cette *Flagellation* de Signorelli, translucide comme un diamant, dessinée comme à l'eau forte. Je songe à l'incomparable série des Mantegna dont le triptyque, qui semble ciselé par la lumière, est enfin réuni, alors qu'en temps normal il faut faire la navette entre Tours et Paris pour le voir, grâce à l'imbécile esprit de propriété privée qui règne dans les musées. Nous pourrions même élever à cette occasion d'un degré dans notre culte quelques œuvres d'une école jusqu'ici bien négligée, parce que trop dure peut-être, tendue comme une corde d'arc ou une corde de harpe, mais parfois animée d'une vivacité de coloration singulièrement attirante, comme chez Lorenzo Costa, ou d'une sonorité dramatique profonde, comme dans la petite *Pietà* de Roberti. Nous pourrions aussi mettre à leur vraie place les toiles de Piero di Cosimo, dont la qualité transparente, l'imagination tourmentée et parfois burlesque nous fait songer à un Jérôme Bosch égaré parmi les mythes et les paysages du Sud. Nous pourrions enfin reconnaître que nous devons à Moroni des portraits fort élégants.

Il faut bien se persuader, même quand on visite la salle des primitifs où se ferait péniblement sentir l'absence du polyptyque sur lequel Duccio a retracé les scènes de la Passion si quelques belles œuvres, comme le *Christ* de Giotto ou la *Descente de Croix* d'Angelico ne nous invitaient au voyage, il faut bien se persuader que les Italiens − Venise à part − sont d'abord des peintres de fresque, que là seulement ils ont déployé toutes les vertus d'un esprit à la fois mystique et humain, d'un métier si serré qu'il rend plus nerveux leur lyrisme, d'un génie mélodique sobre de tons et pur de ligne qui épouse l'austérité des murs dans la fièvre de l'adoration. Certes, on ne pouvait transporter ici les peintures murales d'Assise ou d'Arezzo, de Padoue ou de Sienne, d'Orvieto ou de Florence. Mais je crains que leur souvenir n'affaiblisse l'impression que nous retirons des tableaux de Filippo Lippi, de Ghirlandajo, de Botticelli qui semblent, surtout ces derniers, s'effacer lentement de la famille des chefs-d'œuvre. Il n'en demeure guère que ce dessin convulsif, cette harmonie restée criarde bien qu'aux trois quarts évanouie, cet esprit plus littéraire que plastique qui a perdu tant d'âmes compliquées. La *Naissance de Vénus* est un tableau mort qu'on eût mieux fait de laisser à son musée florentin où sa valeur s'accroît de son isolement dans l'atmosphère natale. S'il n'y avait Uccello, Masaccio, Signorelli, Piero della Francesca, on sortirait de là avec un doute assez proche de l'angoisse. La matière des Italiens, surtout des Florentins, c'est leur muraille. Elle manque à leurs toiles peintes. Venise est nécessaire pour nous le faire oublier.

Or, il faut avouer que Venise, ici, se dérobe. N'était sa *Suzanne* malheureusement usée et surtout son esquisse du *Paradis* qu'a prêtée le Louvre − symphonie annonciatrice du cinéma, où la peinture et la musique se rencontrent dans un déferlement d'harmonie sans objet qui roule entre deux infinis, Tintoret paraîtrait absent. Véronèse est comme oublié. Je sais bien qu'il eût fallu, pour représenter dignement l'un et l'autre, vider la National Gallery comme il eût fallu, pour que Titien établît son règne légitime, transporter ici la salle entière où il apparaît, au *Prado,* comme le vrai père de la peinture. Et je n'ignore pas que ni Madrid ni Londres n'ont marché. Mais ces abstentions affaiblissent fâcheusement la puissance de l'orchestre que nous espérions entendre entre la mélodie trop maigre de Florence et la fanfare trop bruyante des Bolonais. Les Titiens sont beaux, mais trop rares − et d'ailleurs le plus magnifique ne reste-t-il pas la *Laure Dianti* du Louvre, qui prend ici un éclat, un accent, une fraîcheur que nous ne lui connaissions plus, peut-être grâce à un éclairage meilleur ou à un nettoyage réussi ? Et les Giorgione rassemblés exhalent cette chaleur profonde de fruits mûrs, cette accumulation dans la forme humaine des tons, des sucs, des parfums de l'automne par quoi Venise ouvrit la fête universelle des matières et des lumières qu'a reprise la musique allemande pour annoncer l'irruption des multitudes dans l'Histoire. Mais ni les Palma, ni les Bassan, ni les Bordone, ni même le doux Lorenzo Lotto, ni même le dernier duo de flûte et de violon de Canaletto et de Guardi ne comblent les vides dont l'éclipse partielle des maîtres nous laisse l'impression fâcheuse et auxquels le tapage fait autour de cette manifestation nous avait mal préparés. Par contre, l'œuvre de Giovanni Bellini, le beau-frère de Mantegna, le maître de Giorgione et de Titien, prend ici une valeur non point inattendue, mais évidente, par la profondeur brûlante et sonore de ses épopées cosmiques, ses variations polyphoniques aussi riches que les crépuscules du jour, ce pan de nature qu'il jette, pour la plus surprenante des orgies spirituelles, à la ville enchantée où les palais et la musique échangent leurs colloques ardents entre les eaux embrasées et les ciels de soufre et d'émeraude.

Essayez donc de n'apprécier l'ensemble qu'après avoir puisé dans l'œuvre des individus l'enseignement qu'apporte chacun d'eux. J'eusse préféré le contraire. Mais un tel entassement nous impose cette méthode, contre notre gré. Vous pourrez y suivre, à partir des primitifs encore à demi submergés dans la communion mystique, l'apparition, avec la Renaissance, d'un individualisme puissant qui aboutit à l'apothéose vénitienne, où l'univers total participe aux fêtes de l'intelligence et de la sensibilité. Puis, à la dissociation rapide de ce poème orchestral, qu'active la concentration de la fortune publique aux mains d'une caste pervertie par un pouvoir dont elle n'est plus digne. L'exposition des dix-neuvième et vingtième siècles (1), où de rares œuvres émergent à peine — Cammarano, Dalbono, Léga qui se situent modestement entre Corot, Bazille, Degas, et pour en finir Modigliani — achèvera de vous convaincre qu'il est temps que le règne des communions collectives remplace cette poussière d'individualités devenues incapables de poursuivre l'énigme du monde au-delà de leurs appétits les plus médiocrement intéressés.

Peu après, dans le numéro de juin 1935 d'*Art et Médecine,* Élie Faure observe une dernière fois les visages qui forment les « Voix dans l'orchestre » de la peinture vénitienne :

VOIX DANS L'ORCHESTRE

La peinture symphonique, à Venise, marque comme un recul, au moins apparent, de cet art de décrire ou de caractériser les visages, si vigoureux chez Mantegna ou même encore chez Carpaccio. Avec Giovanni Bellini et ses élèves, Giorgione, Titien, Palma, le visage devient comme un instrument de l'orchestre. Il est entraîné dans la vie tumultueuse des éléments polyphoniques qui se répondent, s'enchevêtrent, s'équilibrent, et dont les rappels, les contrastes, les passages entrecroisent leurs échos. Il y disparaît comme la partie d'un violon dans l'ensemble du poème musical. Même, remarquez-le, quand il s'agit d'un portrait, aussi vivant qu'on le veuille. Je songe surtout à Titien, dont les portraits sont un prétexte à accorder des noirs, des verts,

(1) L'exposition de peinture italienne des XIXᵉ et XXᵉ siècles avait lieu au Jeu de paume, en même temps que celle du Petit-Palais qui allait jusqu'à la fin du XVIIIᵉ.

des ors, des rouges, à traiter de belles matières, à poursuivre dans les demi-teintes le jeu subtil et dansant des reflets,
et à donner au spectateur l'impression d'un bloc lyrique
dont rien ne peut être détaché. Voyez la figure équestre de
Charles-Quint, ou l'effigie du Doge Gritti. Malgré le caractère puissant du visage, et sa « ressemblance » certaine, il
s'agit ici d'une manifestation d'apparat qui tent à frapper
l'âme d'un choc dominateur où le faste des harmonies et
les richesses chromatiques tiennent autant de place que la
face impérieuse, la main musclée, tout ce qui exprime avec
tant de vigueur la passion du commandement, et là d'un
poème tragique où le soleil levant qui ensanglante l'armure
donne à l'homme et à la bête l'aspect d'un crustacé géant
sorti de son repaire ténébreux pour les orgies du massacre.

C'est ainsi que l'art du XVIe siècle, même ailleurs qu'à
Venise, semble moins rechercher que celui du précédent ces
figures typiques dont la moindre promenade dans les ruelles florentines nous révèle par centaines les sœurs maladives, dévorées de fièvre et de passion. N'allez pas croire,
cependant, qu'il les avait pour jamais perdues dans les allé-
gories équivoques de Botticelli ou sur les murailles de Santa
Maria-Novella animées par le pinceau de Ghirlandajo de
leur ardeur mélancolique. Le type local y reste caractérisé,
et le type individuel lui-même très fortement indiqué. Bronzino, Moroni ne sont pas les seuls à défendre la tradition
sévère du portrait en Italie. A Rome, comme en Lombardie ou à Florence, il suffit d'écarter momentanément, par
un léger effort de sympathie, la hantise des mélodies dures,
denses et translucides comme un cristal coloré que nous
imposent les effigies de Raphaël, et de suivre la pureté
cruelle des modelés et des contours − si loin déjà des visages ronds de la vierge ombrienne que son maître Pérugin
lui avait transmis − si l'on veut retrouver l'Église, le monde
et la rue dans ce que les types qu'on y rencontre offrent
de plus énergiquement défini, et aussi de plus permanent.
Mais, dès qu'il s'agit de pénétrer l'expression ferme et
sinueuse des bouches, l'intensité des regards, les saillies ou
les creux que la lumière et l'ombre sculptent, le dessin violent et tendu de l'ossature des visages, comment s'abstraire
de l'orage qui gronde aux voûtes de la Sixtine ? Le drame,

Index des noms cités

Albane, 167.
Albe (duc d'), 283.
Alberti (Leon-Battista), 73.
Albertinelli, 111.
Aldegrever (Heinrich), 364.
Altdorfer (Albrecht), 354.
Altichieri, 181.
Amberger (Christophe), 355, 364.
Angelico (Fra), 29, 46, 48 à 53, 59, 76, 80, 83, 100, 334, 352.
Annunzio (Gabriele d'), 36.
Arc (Jeanne d'), 240, 289.
Aubigné (Agrippa d'), 299, 319.
Avanzo (Jacopo d'), 181.

Balzac (Honoré de), 292.
Banco (Nanni di), 41.
Bandinelli (Baccio), 162.
Bandol (Jean), 247.
Barbari (Jacopo da), 337.
Baroche (Le), 166.
Bartolomeo (Fra), 111, 132.
Basaïti (Marco), 199, 200, 205.
Bassano (Jacopo), 236.
Beauneveu (André), 288.
Beethoven (Ludwig van), 16, 149, 275, 356.
Bellini (Gentile), 191, 194.

Bellini (Giovanni), 129, 188 à 191, 194, 195, 199, 209, 211, 220, 234.
Bellini (Jacopo), 182, 183, 187, 191.
Bernin (Gian Lorenzo), 168.
Berry (duc de), 247.
Bismarck, 32.
Bologne (Jean), 111, 162, 315.
Bonfigli, 123.
Bonifazio, 199, 200, 205.
Bontemps (Pierre), 314.
Bordone (Pâris), 220.
Borgognone, 162.
Bosch (Jérôme), 276, 283.
Botticelli (Sandro), 29, 34, 46, 71, 76, 88, 89, 94 à 100, 107, 147, 218, 271.
Bourdon (Sébastien), 168.
Bouts (Dierick), 258, 262, 265, 271, 277.
Bramante (Donato di Angelo), 113, 114.
Brantôme, 299.
Breughel (Pieter), 247, 269, 276 à 285, 325.
Broederlam (Melchior), 246.
Bronzino, 111.
Brunelleschi (Filippo), 30, 40, 41, 70, 73, 114.
Bruyn (Barthélémy), 334, 364.
Buon (Giovanni), 177.

462

Burgkmair (Hans), 333, 355.

Calvin, 314, 363.
Cambyse, 34.
Caravage (Le), 165, 168, 170.
Carpaccio (Vittore), 129, 194
à 199.
Carrache (Annibal), 167, 170.
Castagno (Andrea del), 34,
46, 59, 72, 117, 181, 218.
Cellini (Benvenuto), 73, 84,
85, 104, 111, 162, 218, 306.
Cennini (Cennino), 45, 46, 73.
Cervantès (Miguel de), 3, 23.
César, 32.
Chambiges, 323.
Chardin (Jean-Baptiste
Siméon), 27, 28, 36, 170,
296.
Charles V, 247.
Charles VII, 241, 289.
Charles VIII, 113, 306.
Charles IX, 291.
Charles Quint, 205, 211, 217,
272, 273.
Charonton (Enguerrand), 11,
305.
Cimabue, 40, 45.
Civitali (Matteo), 66.
Cleve (Joos von), 334.
Clouet (Les), 267, 296, 297,
299, 314.
Colin (d'Amiens), 296.
Colins, 355.
Colomb (Christophe), 23.
Colombe (Michel), 302.
Comte (Auguste), 28.
Conegliano (Cima da),
210-211.
Coninxloo, 273.
Copernic (Nicolas), 23.
Corneille de Lyon, 296, 299.

Corot (Jean-Baptiste Camille),
36.
Corrège (Le), 163 à 165, 167.
Cosimo (Piero di), 111.
Cossa (Francesco), 167, 185.
Costa (Lorenzo), 167.
Courtois Le Bourguignon,
168.
Cousin (Jean), 323.
Coxcie, 273.
Coypel (Antoine), 168.
Cranach (Lucas), 333, 354,
355, 359 à 364.
Credi (Lorenzo di), 111.
Cristus (Petrus), 258, 267.
Crivelli (Carlo), 187.
Cronaca (Il), 34, 70.
Cujas (Jacques), 28.

Dante Alighieri, 36, 50, 87,
99, 118, 144, 156, 237.
Darius, 34.
David (Gérard), 269, 270.
David (Louis), 151.
Delacroix (Eugène), 170, 205.
Delorme (Philibert), 311.
Descartes (René), 36, 292.
Diderot (Denis), 346.
Dominiquin (Le), 167, 168.
Donatello, 34, 41, 54, 55, 61
à 69, 73, 76, 85, 89, 95,
144, 150, 183, 186, 218,
246, 271, 321, 334, 359.
Duccio di Buoninsegna, 45.
Duccio (Agostino di), 86.
Dürer (Albrecht), 20, 28, 32,
267, 329, 337 à 347, 351,
354, 355, 358, 359, 361,
364.

Érasme, 15, 23, 275, 368.
Erle (Wilhelm von), 334.

Eschyle, 13, 34, 157.
Euripide, 14.

Fabriano (Gentile da), 76, 113, 117, 123, 129, 181, 182, 187-188, 194.
Fiesole (Mino da), 67.
Finiguerra (Maso), 329.
Forli (Melozzo da), 113, 123.
Fouquet (Jean), 11, 27, 28, 32, 241, 289, 292, 293, 296, 299.
Francesca (Piero della), 30, 73, 76, 113, 118 à 123, 144, 145, 187.
Francia (Francesco), 123, 132, 167.
François Ier, 272, 289, 291, 306, 312.
Fréminet (Martin), 324.
Froment (Nicolas), 11, 303.

Gabriel (Jacques-Ange), 34, 36.
Gaddi (Taddeo), 34, 45, 76.
Ghiberti (Lorenzo), 41, 54, 61, 73.
Ghirlandajo, 29, 46, 71, 89 à 94, 102, 144, 162, 218.
Giocondo (Fra), 177, 306.
Giorgione, 114, 129, 187, 188, 189, 199, 200 à 202, 205, 209, 228.
Giotto, 40, 45, 48, 53, 54, 58, 76, 83, 118, 121, 132, 136, 144, 160, 183, 202, 237, 258, 303, 352.
Girard d'Orléans, 241, 289.
Gœthe (Johann Wolfgang von), 351.
Goujon (Jean), 291, 293, 315, 317, 320, 321.
Goya (Francisco de), 36.

Gozzoli (Benozzo), 29, 59, 71, 76, 80 à 84, 89, 102, 113, 117, 118, 129, 182, 194.
Greco (Le), 36, 226.
Grien (Baldung), 355, 364.
Grünewald (Matthias), 355, 362, 364.
Guerchin (Le), 170.
Guide (Guido Reni, dit le), 167.
Gutenberg, 11, 250.

Hardouin-Mansart (Jules), 34.
Hegel (Georg Wilhelm Friedrich), 346.
Heine (Henri), 350.
Henri II, 291.
Henri VIII, 354.
Holbein le Vieux, 333.
Holbein (Hans), 329, 354, 355, 364 à 370.
Homère, 13.
Hugo (Victor), 10.
Hume (David), 346.
Huss (Jean), 352.

Jean le Bon, 241, 289.
Jules II, 114.

Kepler (Johannes), 23.
Krafft (Adam), 336.
Kulmbach (Hans de), 354.

La Fontaine (Jean de), 28, 36, 296, 299.
Lagneau (Nicolas), 296.
Lamarck, 275, 346.
Leblond, 330.
Le Brun (Charles), 168.
Le Nain (Louis), 170, 299.
Le Nôtre (André), 36.
Lescot (Pierre), 311, 323.
L'Hospital (Michel de), 28.

Limbourg (Pol de), 247, 276.
Lippi (Filippo), 34, 46, 59, 76, 84, 85, 88, 89, 90, 94, 95, 183.
Lippi (Filippino), 59, 218.
Lochner (Stephan), 334.
Lombardi (Les), 177.
Lorenzetti (Les), 45.
Lorrain (Claude), 36, 168, 236.
Lotto (Lorenzo), 199, 200, 205.
Louis XI, 289.
Louis XII, 306.
Louis XIV, 323.
Luini (Bernardino), 46, 162, 163.
Luther (Martin), 351, 352, 358, 361.

Mabuse (Jean de), 273, 275.
Machiavel (Nicolas), 118, 220.
Magellan (Fernand de), 23.
Maître de Moulins, 297.
Maître de Saint-Séverin, 334.
Maître de la Vie de Marie, 334.
Majano (Benedetto da), 67.
Malebranche (Nicolas), 36.
Malherbe (François de), 323.
Malouel (Jean), 265, 267, 271, 288, 296.
Mantegna (Andrea), 76, 182, 185 à 188, 208, 211.
Marmion (Simon), 262.
Martini (Simone), 45, 303.
Masaccio, 11, 29, 34, 46, 53 à 60, 67, 71, 73, 76, 85, 90, 102, 107, 121, 127, 132, 136, 144, 209, 251, 271, 334, 352, 358.
Masolino da Panicale, 54.

Matsys (Quentin), 273, 274, 275.
Médicis (Catherine de), 312.
Médicis (Cosme de), 81.
Médicis (Laurent de), 81, 87.
Melanchthon, 359.
Meitshio, 268.
Memling (Hans), 262, 266, 267, 269, 271, 277.
Messine (Antonello de), 220.
Michel-Ange, 10, 15, 20, 21, 28, 29, 30, 46, 55, 57,73, 76, 111, 114, 115, 116, 118, 121, 123, 127, 129, 134, 139, 143, 144 à 158, 160, 162, 163, 164, 166, 167, 171, 187, 202, 204, 205, 209, 221, 244, 246, 285, 306, 323, 324, 352, 358, 364.
Michelet (Jules), 265.
Michelozzo, 67.
Molière, 296.
Montaigne (Michel Eyquem de), 15, 23, 29, 314.
Monteverde, 36.
Mor (Antonis), 283.
Moretto, 230.
Moroni (Giovanni Battista), 230.
Mostaert, 273.
Mozart (Wolfgang Amadeus), 149.
Multscher (Hans), 333.

Newton (sir Isaac), 275.

Orcagna, 45.

Pacher (Michel), 328.
Palestrina (Giovanni Pierluigi da), 36.

Palissy (Bernard), 323.
Palladio (Andrea), 177, 234.
Palma Vecchio, 199, 200, 204.
Palma le jeune, 236.
Pascal (Blaise), 36.
Patinir (Joachim), 269, 276.
Périclès, 32, 86.
Perréal (Jean), 296, 297.
Pérugin (Le), 116, 123, 125, 132.
Pétrarque, 50, 86, 87, 303.
Phidias, 13, 21.
Philippe le Bel, 241.
Philippe le Bon, 262, 264.
Philippe le Hardi, 247.
Pilon (Germain), 288, 321.
Pinturicchio (Le), 76, 126, 129, 132, 182.
Piombo (Sebastiano del), 115, 132, 199, 200, 200, 204-205, 228.
Pisanello, 117, 181 à 183, 267.
Pisano (Giovanni), 41, 54, 321.
Pisano (Nicolas), 41.
Platon, 86, 95, 144.
Pleydenwurff, 337.
Poitiers (Diane de). 312.
Politien, 88.
Pollaiuolo (Antonio), 34, 46, 76, 95.
Pordenone (Le), 199, 200, 205.
Pot (Philippe), 245.
Poussin (Nicolas), 36, 160, 168, 205, 236.
Praxitèle, 14.
Prieur (Barthélemy), 288, 314.
Primatice (Le), 306, 313, 314, 315, 317.

Quercia (Jacopo della), 41, 42, 53, 54, 55, 76, 121, 144, 150, 321, 334.

Rabelais (François), 15, 23, 209, 283, 291, 292, 314, 319, 323.
Racine (Jean), 36.
Rameau (Jean-Philippe), 36.
Raphaël, 28, 48, 57, 76, 111, 114, 115, 118, 123, 125, 127, 129, 132 à 144, 149, 160, 162, 167, 171, 205, 267, 285, 313, 323, 364.
Regnault (Guillaume), 288.
Rembrandt, 15, 26, 135, 160, 205, 209, 217, 275.
René (le roi), 303.
Renouvier (Charles), 28.
Ribera (José de), 168.
Richier (Ligier), 314, 321.
Riemenschneider (Tilman), 333, 359.
Robbia (Andrea della), 67, 321.
Robbia (Luca della), 67, 321.
Roberti (Ercole), 167, 185.
Romain (Jules), 160, 313.
Ronsard (Pierre de), 291, 313, 314, 323.
Rossellino (Antonio), 67.
Rossellino (Bernardino), 113.
Rosso, 306, 313, 314, 315, 317.
Rousseau (Jean-Jacques), 346.
Rubens (Pierre Paul), 15, 20, 26, 160, 168, 204, 205, 209, 236, 244, 269, 273, 274, 275, 326.

Sachs (Hans), 336.
Saint François d'Assise, 67, 100, 117, 118, 237.

Sanmicheli (Michele), 177.
Sansovino (Il), 177, 209.
Sarto (Andrea del), 111, 306.
Savonarole (Jérôme), 99, 100,
   144, 146.
Schiavone, 236.
Schongauer (Martin), 333,
   337, 364.
Schopenhauer (Arthur), 346.
Schumann (Robert), 350.
Sebastiani (Lazzaro), 194.
Senefelder (Aloys), 330.
Servet (Michel), 23.
Sesshiu, 268.
Settignano (Desiderio da), 67.
Shakespeare (William), 18, 23,
   194, 209, 275.
Shiouboun, 268.
Signorelli (Luca), 30, 57, 73,
   76, 123, 127, 145, 147.
Sluter (Claus), 246.
Socrate, 15.
Sodoma (Il), 126, 139.
Sorel (Agnès), 292.
Squarcione (Francesco), 185,
   187.
Stendhal, 36, 170.
Stoss (Veit), 337.
Syrlin, 328, 333.

Tacite, 32.
Teniers (David), 274.
Tiepolo (Giambattista), 200.
Tintoret (Le), 30, 162, 194,
   195, 198, 202, 205, 213, 220
   à 229, 230.
Titien, 10, 16, 21, 28, 76, 114,
   129, 135, 165, 167, 174,
   189, 191, 194, 198, 199,
   200, 201, 202, 204, 205 à
   220, 225, 228, 229, 230,
   285.

Tura (Cosimo), 167, 185.
Turner (Joseph Mallord
   William), 37.

Uccello (Paolo), 27, 30, 46,
   59, 60, 72, 73, 76, 120, 183.
Udine (Jean d'), 160.

Valentin de Boulongne, 168.
Van der Goes (Hugo), 258,
   262, 264, 267, 276.
Van der Weyden, 258, 260,
   262, 271, 273, 274, 334,
   337.
Van Dyck (Antoine), 231.
Van Eyck (Hubert), 11, 251 à
   256, 258, 262, 276.
Van Eyck (Jan), 11, 251 à
   256, 258, 262, 267, 269,
   270, 276, 277, 303, 334.
Van Hemessen, 273.
Van Orley (Bernard), 273.
Van Ouwater, 258.
Vasari (Giorgio), 66, 73, 89,
   94, 123, 162, 221.
Velazquez, 15, 26, 36, 138,
   204, 205, 209.
Venizelos (Eleuthérios), 32.
Véronèse (Paolo), 194, 195,
   198, 200, 202, 205, 220,
   221, 229 à 236.
Verrocchio (Andrea del), 69,
   89, 218.
Vésale (André), 23.
Villon (François), 289.
Vinci (Léonard de), 29, 30,
   34, 57, 58, 71, 73, 76, 90,
   100 à 111, 113, 120, 125,
   126, 132, 144, 145, 162,
   163, 164, 171, 182, 202,
   285, 306, 340, 364.
Virgile, 87.

Vischer (Peter), 358, 359.
Vivarini (Les), 194.
Voltaire, 296, 346.
Volterra (Daniel de), 160.
Vos (Martin de), 273.

Watteau (Antoine), 205, 235,

236.
Witz (Conrad), 333.
Wolgemuth (Michaël), 337.

Zeitblom, 333.
Zurbarán (Francisco de), 36.

Dossier

Alberti (Léon Battista), 379.
Altichieri, 432.
Alviano (d'), 407.
Andler (Charles), 378 et n. 1, 379.
Andrea del Castagno, 419, 432.
Angelico (Fra), 384, 409, 416, 421, 422, 427, 455.
Arétin (L'), 408.
Arioste (L'), 408.

Bacon (Roger), 443.
Bandinelli (Bartolommeo), 406, 420.
Bartolomeo (Fra), 426.
Basaïti (Marco), 403, 410, 434.
Bassan (Le), 437, 456.
Bazille (Frédéric Jean), 457.
Bellechose (Henri), 450.
Bellini (Jacopo), 404, 433.
Bellini (Gentile), 405, 407, 409, 410, 433.
Bellini (Giovanni), 403, 405,

406, 407, 409, 410, 433, 456, 457.
Berenson (Bernhard), 380.
Bisch (Jacques), 383 n. 1.
Blanche (Jacques-Émile), 449.
Boilly (Louis Léopold), 452.
Bologne (Jean de), 420.
Bonaparte, 397
(voir Napoléon).
Bonifazio, 434.
Bonnard (Pierre), 485 et n. 1, 452.
Borgognogne, 426.
Bosch (Jérôme), 440, 443, 444, 445.
Botticelli (Sandro), 377, 383, 385, 405, 406, 408, 419, 423, 424, 427, 455, 458.
Bourdichon (Jean), 450.
Bouts (Dierick), 440, 441, 442, 443, 446.
Braga (Dominique), 386.
Bramante (Donato di Angelo), 403, 429.
Breughel (Pieter), 386, 389,

440, 443, 444, 445, 446, 447, 448.
Bronzino, 426, 458.
Brunelleschi (Filippo), 405, 409, 416, 423.
Buffalmaco, 427.
Burckhardt (Jakob), 379.

Calcar, 437.
Callot (Jacques), 443.
Calvin, 397.
Cammarano, 457.
Canaletto, 412, 456.
Carpaccio (Vittore), 385, 405, 406, 408, 410, 434, 457.
Carrière (Eugène), 374, n. 2, 377 et n. 2, 379, 445.
Cellini (Benvenuto), 376, 379, 402, 420.
Cennini (Cennino), 379, 422.
Cervantès (Miguel de), 401, 402, 443.
César, 407.
Chardin (Jean-Baptiste), 452.
Charles VIII, 403.
Charles Quint, 458.
Charonton (Enguerrand), 450.
Chatelain (Martine), 402 n. 1.
Cima de Comegliano, 406, 408, 410, 434.
Cimabue, 432.
Clouet (Les), 450, 451, 452.
Colleoni (Bartolomeo), 405, 419.
Colle (Simone da),   .
Colin (Paul), 385.
Colomb (Christophe), 396.
Condivi, 402.
Constable (John), 437.
Copernic (Nicolas), 396.
Cornaro (Catherine), 403, 410, 411.

Corneille de Lyon, 450.
Corot (Camille), 451, 452, 457.
Corrège (Le), 437, 459.
Cosimo (Piero di), 408, 409, 426, 427, 455.
Cossa (Francesco), 433.
Costa (Lorenzo), 408, 410, 454.
Courbet (Gustave), 372, 373, 374, 452.
Cousin (Jean), 451.
Cranach (Lucas), 390, 413, 414.
Credi (Lorenzo di), 405.
Crès (Georges), 484, 389, 402.
Cristus (Pétrus), 440, 442.
Crivelli (Carlo), 406, 432.

Dalbono, 457.
Daniel de Volterre, 431.
Da Sesto, 426.
Daumier (Honoré), 452.
David (Jacques, Louis), 452.
David (Gérard), 440, 446.
Degas (Edgar), 452, 457.
Delacroix (Eugène), 372, 373, 374, 398, 437, 452.
Della Robbia, 419.
Demonstier, 452.
Descartes (René), 396.
Dispan de Floran (Louis), 378.
Donatello, 376, 384, 405, 409, 416, 417, 418, 419, 420, 421, 423, 427, 454.
Dostoievski (Fiodor Milhaïlovitch), 372, 373, 374.
Duccio (Agostino di), 419.
Duccio di Buoninsegna, 432.
Duchamp (Marcel), 380.

Dufy (Raoul), 380.
Dumesnil (Alfred), 379.
Dürer (Albrecht), 383,
    389-396, 402, 404, 408, 410,
    413, 414.

Érasme, 443.
Eschyle, 417.

Fabriano (Gentile de), 407,
    427, 429, 433.
Faliero (Marino), 403.
Fénéon (Félix), 381.
Filarete (Antonio), 409.
Finiguerra (Maso), 404, 411.
Francesca (Piero della), 409,
    412, 426, 427, 428, 430,
    431, 439, 451, 455, 459.
Francia (Francesco), 404, 409,
    410.
Francisco de Hollanda, 379,
    403.
Froment (Nicolas), 450.

Gama (Vasco de), 396.
Ghiberti (Lorenzo), 409, 415,
    421, 423, 427.
Ghirlandajo, 406, 408, 411,
    419, 424, 427, 455, 458.
Giocondo (Francesco de), 404.
Giocondo (Fra), 406, 407.
Giotto, 376, 384, 421, 425,
    427, 428, 430, 431, 432,
    439, 455.
Giorgione, 403, 404, 405, 406,
    408, 410, 411, 429, 434,
    435-436, 437, 439, 456, 457.
Giunta de Pise, 411.
Gleizes (Albert), 380.
Gobineau (Joseph Arthur,
    comte de), 380, 403.

Gonzalve de Cordoue, 403.
Goujon (Jean), 384, 386.
Gozzoli (Benozzo), 376.
Goya (Francisco de), 443.
Greco (Le), 399, 437.
Gris (Juan), 380.
Gros (Antoine, baron), 452.
Grünewald (Matthias), 384,
    390, 414.
Guardi (Francesco), 412, 456.
Guichardin (François), 403.

Holbein (Hans), 383, 386,
    389, 390, 413.

Ingres (Dominique), 452.
Innocent VIII, 407.

Jacopo della Quercia, 384,
    409, 416, 417, 418, 421,
    454.
Jaurès (Jean), 387.
Jules II, 403, 406, 429.
Jean d'Udine, 431.
Jordaens (Jacob), 440, 441.

Lagneau (Nicolas), 452.
Lamarck, 372, 396.
Lanzi (abbé), 379.
La Pasture (Roger de, voir
    Van Der Weyden).
La Tour (Georges de), 452.
Laurencin (Marie), 380.
Lega, 457.
Léger (Fernand), 380.
Le Nain (Louis), 452.
Le Sueur (Eustache), 452.
Liberale de Vérone, 404.
Limbourg (Pol de), 443, 450.
Lippi (Filippino), 424, 427.

Lippi (Filippo), 410, 419, 423, 424, 427, 455.

Lorrain (Claude), 373, 395, 452.

Lotto (Lorenzo), 403, 407, 408, 434, 456.

Louis XII, 403.

Luini (Bernardino), 385, 426, 459.

Luther (Martin), 414.

Majano (Benedetto da), 419, 427.

Malouel (Jean), 442, 450.

Magellan (Fernand de), 396.

Mantegna (Andrea), 389, 404, 405, 406, 407, 408, 410, 411, 422, 454, 456, 457.

Manuce l'Ancien (Alde), 404.

Marmion (Simon), 450.

Masaccio, 376, 384, 405, 406, 415, 416, 421, 423, 427, 431, 439, 447, 455.

Masolino, 409, 421.

Matisse (Henri), 452.

Matsys (ou Metsys) (Quentin), 440, 442.

Médicis (Cosme de), 405, 420.

Médicis (Laurent de), 406, 420.

Médicis (Pierre de), 405.

Mehmed, 407.

Melozzo da Forli, 428.

Memling (Hans), 440, 442, 443, 446.

Mengs (Raphaël), 379.

Messine (Antonello de), 410, 411, 434.

Michel-Ange, 374 et n. 2, 375, 376, 379, 384, 388, 389, 395, 397, 402, 404, 406, 408, 416, 417, 418, 419, 422, 426, 428, 429, 431, 439, 450, 454, 459.

Michelet (Jules), 372, 446.

Mino de Fiesole, 419, 427.

Montaigne (Michel Eyquem de), 395, 401, 402, 440 n. 1.

Monteverde, 384.

Moretto, 437.

Moroni (Giovanni Battista), 437, 455, 458.

Mozart (Wolfgang Amadeus), 375.

Napoléon Ier, 372.

Newton (sir Isaac), 396.

Nicolo d'Arezzo, 409.

Nietzsche (Friedrich), 372.

Pach (Walter), 412, 445.

Palma Le Jeune, 437, 456.

Palma Le Vieux, 403, 404, 406, 407, 408, 434, 457.

Pascal (Blaise), 401, 402.

Pater (Walter), 379.

Patinir (Joachim), 443, 444, 446, 448.

Péladan (Joséphin), 379.

Perréal (Jean), 450.

Perronneau (Jean-Baptiste), 452.

Pérugin (Le), 408, 426, 427, 429, 431, 458.

Picabia (Francis), 380.

Pinturrichio (Le), 408, 409, 411, 427, 429.

Pisanello, 410, 432, 433.

Pizzolo (Nicolo), 407.

Pollaiuolo (Antonio), 409, 419, 423, 427.

Pordenone (Le), 403, 406, 410, 434.

Poussin (Nicolas), 372, 373, 437, 452.

Rabelais (François), 443.
Raimondi (Marc-Antoine), 404.
Ramuz (Charles Ferdinand), 381.
Raphaël, 372, 373, 375, 389, 406, 409, 419, 422, 423, 425, 427, 428, 429, 431, 439, 454, 458.
Raynal (Maurice), 449.
Reclus (Élie et Élisée), 377.
Reclus (Maurice), 380 et n. 1.
René (le roi), 450.
Rembrandt, 373, 421, 437.
Renoir (Jean Auguste), 398, 452.
Reynolds (sir Joshua), 437.
Richier (Ligier), 381, 382, 386.
Roberti (Ercole), 433, 455.
Rodin (Auguste), 374 n. 2, 375 n. 2.
Romain (Jules), 431.
Rosselli (Cosimo), 408, 409, 411, 427.
Rossellino (Bernardo), 427.
Rubens (Pierre Paul), 373, 374, 377, 398, 421, 437, 440, 442, 443, 444, 446.

Saint François d'Assise, 420.
Saint Paul, 397.
Sansovino (Il), 420.
Sarte (ou Sarto) (Andrea del), 426.
Savonarole (Jérôme), 403, 405, 421, 425.
Schiavone (Andrea), 437.
Sebastiani (Lazzaro), 406, 407, 410.

Sebastiani (Lorenzo), 433.
Sebastiano del Piombo, 404, 410, 429.
Sebastiano Veneziano, voir Sebastiano del Piombo.
Settignano (Desiderio de), 419.
Shakespeare (William), 395, 397, 401, 402, 443.
Signac (Paul), 385 et n. 1.
Signorelli (Luca), 385, 408, 409, 426, 427, 428, 454, 455, 459.
Skira (Albert), 449.
Sodoma (Le), 385, 404, 408, 427, 429, 431, 459.
Solari (les), 426.
Spinoza (Baruch), 386.
Squarcione (Francesco), 405, 407, 408, 410, 433.
Soupault (Philippe), 385.
Stendhal, 379.
Swift (Jonathan), 443.

Taine (Hippolyte), 379.
Tériade (E.), 449.
Théophile, 411.
Tiepolo (Giovanni Battista), 412.
Tintoret (Le), 373, 385, 388, 389, 396-397, 400, 401, 403, 411, 434, 437, 438, 439, 456, 460.
Titien, 372, 373, 383, 384, 389, 397, 403, 404, 406, 407, 408, 410, 419, 434, 435, 436, 437, 439, 450, 456, 457.
Torrigiano, 406.
Toulouse-Lautrec (Henri de), 452.
Tura (Cosimo), 434.

Uccello (Paolo), 384, 409, 411, 419, 423, 426, 427, 428, 439, 450, 454.

Valdambrino, 409.
Van der Goes (Hugo), 443, 444, 446, 448.
Van der Weyden (dit Roger de la Pasture), 440, 442, 443, 446.
Van Eyck (Jan), 411, 440, 441, 443, 445, 446, 447.
Van Ouwater, 440, 442.
Vasari (Giorgio), 379, 404, 409, 411.
Vauxcelles (Louis), 396.

Velazquez, 373, 421, 437.
Veneziano (Antonio), 432.
Véronèse (Paolo), 373, 384, 385, 389, 434, 437, 438, 439, 456, 460.
Verrochio (Andrea del), 405, 408, 419, 423, 427, 454.
Villatte (Pierre), 450.
Vinci (Léonard de), 379, 388, 395, 404, 406, 408, 419, 420-421, 422, 425-426, 428, 429, 431, 450, 460.
Vivarini (les), 432.

Watteau (Antoine), 373, 437, 452.

Table des illustrations

1. Andrea del Castagno. Mise au tombeau, fresque (S. Apollonia, Florence). **Page 8.**

2. Jacopo della Quercia. Monument de Ilaria del Carretto (Cathédrale, Lucques). **Page 24.**

3. Jacopo della Quercia. La Charité (Palais communal, Sienne). **Page 43.**

4 et 5. Jacopo della Quercia. Adam et Ève chassés du Paradis (San Petronio, Bologne). **Pages 44, 45.**

6. Lorenzo Ghiberti. Porte du Baptistère de Florence. **Page 46.**

7. Masolino da Panicale. Saint Pierre, fresque (S. Maria del Carmine, Florence). **Page 50.**

8. Masaccio. Adam et Eve chassés du Paradis, fresque (Église del Carmine, Florence). **Page 51.**

9. Masaccio. Le Baptême, fresque (Église del Carmine, Florence). **Page 52.**

10. Fra Angelico. L'Annonciation, fresque (Musée de Saint-Marc, Florence). **Page 56.**

11. Fra Angelico. Martyre des saints Côme et Damien (Musée du Louvre). **Page 57.**

12. Donatello. Bas-relief de la Tribune (Musée de S. Maria del Fiore, Florence). **Pages 62, 63.**

13. Donatello. Statue de Gattamelata (Padoue). **Page 64.**

14. Donatello. Saint Sébastien, plaquette bronze (Musée Jacquemart-André). **Page 68.**

15. Paolo Uccello. Bataille (Offices, Florence). **Pages 74, 75.** Paolo Uccello. La profanation de l'Hostie (Palais ducal, Urbin). *Détails :* **16, 17, 18. Pages 77, 78, 79.**

20. Benozzo Gozzoli. Le Paradis, fresque (Palais Riccardi, Florence). **Page 82.**

21 et 22. Benozzo Gozzoli. L'ivresse de Noé (Campo-Santo, Pise). **Pages 83, 84.**

23. Filippo Lippi. La danse de Salomé, fresque (Cathédrale, Prato). **Page 87.**

24 et 25. Agostino di Duccio. Pilastre de porte (Église des Saints André et Bernardin, Pérouse). **Page 88.**

26. Verrocchio. David, bronze (Musée national, Florence). **Page 91.**

27 et 28. Ghirlandajo. La visitation, fresque (Santa-Maria Novella, Florence). **Pages 92, 93.**

474

29. Filippino Lippi. Portrait de l'artiste (Église del Carmine, Florence. **Page 96.**
30. Botticelli. La danse, fresque (Villa Galletti près Florence). **Page 98.**
31. Botticelli. Le Printemps (Offices, Florence). **Page 99.**
32. Botticelli. Sacrifice du lépreux (Sixtine). **Page 109.**
33. Léonard de Vinci. La Joconde, dessin (Musée Condé, Chantilly). **Page 105.**
34. Léonard de Vinci. L'adoration des Mages (Musée des Offices, Florence). **Page 106.**
35. Léonard de Vinci. Sainte Anne et la Vierge, dessin (Royal Academy, Londres). **Page 108.**
36. Léonard de Vinci. Saint Jean Baptiste (Musée du Louvre). **Page 109.**
37. Léonard de Vinci. Bacchus (Musée du Louvre). **Page 109.**
38. Léonard de Vinci. Léda (Collection particulière). **Page 110.**
39. Gentile da Fabriano. L'adoration des Mages (Offices, Florence). **Page 112.**
40. Piero della Francesca. Découverte de la Sainte Croix, fresque (Église Saint-François d'Arezzo). **Page 116.**
41. Piero della Francesca. La reine de Saba, fresque (Église Saint-François d'Arezzo). **Page 119.**
42. Piero della Francesca. Ève, fresque (Église Saint-François d'Arezzo). **Page 122.**
43. Melozzo da Forli. Fresque (Église des Saints-Apôtres, Rome). **Page 124.**
44. Signorelli. La promulgation de la Loi, fresque (Sixtine). **Page 124.**
45. Luca Signorelli. Dessin (Musée du Louvre). **Page 124.**
46. Signorelli (École de). La mort de Moïse, fresque (Sixtine). **Page 125.**
47. Le Pérugin. Combat de l'Amour et de la Chasteté (Musée du Louvre). **Page 126.**
48. Sodoma. Noces d'Alexandre et de Roxane (Farnésine). **Page 128.**
49. Pinturicchio. Le retour d'Ulysse (National Gallery, Londres). **Pages 130, 131.**
50. Raphaël. Mariage de la Vierge (Brera de Milan). **Page 136.**
51. Raphaël, fresque (Vatican). **Page 137.**
52. Raphaël. L'incendie du Borgo, fresque (Vatican). **Page 140.**
53. Raphaël. Portrait de Baldo (Galerie Doria, Rome). **Page 141.**
54. Michel-Ange. La Nuit (Tombeau des Médicis, Florence). **Page 146.**
55 et 56. Michel-Ange. L'Aurore (Tombeau des Médicis, Florence). **Pages 147, 148**
57. Michel-Ange. Figure décorative, fresque (Sixtine). **Page 152.**
58. Michel-Ange. Création de l'homme (Sixtine). **Page 153.**
59. Michel-Ange. Le déluge, fresque (Sixtine.) **Page 155.**
60. Michel-Ange. Judith et Holopherne, fresque (Chapelle Sixtine). **Page 156.**

61 et 62. Michel-Ange. Étude (Musée Condé, Chantilly). **Pages 158, 159.**

63. Bernardino Luini. La récolte de la manne, fresque (Brera de Milan). **Page 164.**

64. Corrège. La Vierge et l'enfant (Naples). **Page 165.**

65. Caravage. Saint Jérôme (Gal. Borghèse, Rome). **Page 166.**

66. Annibal Carrache. Étude (Musée du Louvre). **Page 169.**

67. Palais Foscari (XIVᵉ siècle). La façade. **Page 172.**

68. Pisanello. Dessin de l'album Valardi (Musée du Louvre). **Page 179.**

69. Pisanello. Portrait de Lionel d'Este (Académie Carrare, Bergame). **Page 180.**

70 et 71. Pisanello. Médailles (Bibliothèque Nationale). **Page 181.**

72. Ecole de Ferrare. Fresque du palais Schifanoja (Ferrare). **Page 182.**

73. Mantegna. Le calvaire (Musée du Louvre). **Page 183.**

74. Mantegna. Saint Sébastien (Musée du Louvre). **Page 184.**

75. Mantegna. Saint Sébastien (Musée du Louvre). **Page 185.**

76. Crivelli. Couronnement de la Vierge (Brera, Milan). **Page 188.**

77 et 78. Giovanni Bellini. Jésus reçoit le calice (National Gallery, Londres). **Pages 189, 190.**

79. Giovanni Bellini. Portraits (Musée de Berlin). **Page 191.**

80. Gentile Bellini. Le miracle de la Sainte Croix (Académie de Venise). **Pages 192, 193.**

81. Carpaccio. Courtisanes au balcon (Musée civique, Venise). **Page 197**

82. Carpaccio. Le congé des Ambassadeurs (Académie de Venise). **Page**

83 et 84. Giorgione. Le concert champêtre (Musée du Louvre). **Pages 202, 203.**

85. Titien. Les trois Grâces (Galerie Borghèse, Rome). **Page 207.**

86. Titien. Paul III et ses neveux (Musée de Naples). **Page 208.**

87. Titien. Le péché originel (Musée du Prado). **Page 210.**

88. Titien. Diane et Actéon (Musée du Prado). **Page 211.**

89. Cima de Conegliano. La Vierge et l'enfant (National Gallery). **Page 212.**

90. Titien. Nymphe et berger (Vienne). **Pages 214, 215.**

91. Titien. Christ couronné d'épines (Pinacothèque, Munich). **Page 216.**

92. Titien. Pietà (Venise, Académie). **Page 216.**

93. Titien. Charles Quint à Muhlberg (Musée du Prado). **Page 217.**

94 et 95. Titien. Portrait du peintre (Musée du Prado). **Pages 218, 219.**

96. Tintoret. Moïse sauvé des eaux (Musée du Prado). **Page 222.**

97 et 98. Tintoret. Suzanne au bain (Vienne). **Pages 222, 223.**

99. Tintoret. Le Massacre des Innocents (Sc. S. Rocco, Venise). **Page 224.**

100. Tintoret. La voie lactée (National Gallery, Londres). **Page 227.**

101. Véronèse. Les filles de Loth (Musée du Louvre). **Page 232.**

476

102. Véronèse. L'enlèvement d'Europe (Palais ducal, Venise). **Page 233.**

103. Tapisserie de la Licorne (Musée de Cluny). **Page 238.**

104 et 105. Hôtel de ville de Louvain. **Pages 242, 243.**

106. Claux Sluter. Le Puits de Moïse (Dijon). **Page 244.**

107. Jean Michel et G. de la Sonnette. Le Saint-Sépulcre (xvᵉ siècle) (Hôpital de Tonnerre). **Page 244.**

108. École Bourguignonne. Tombeau de Philippe Pot (Musée du Louvre). **Page 247.**

Pol de Limbourg. Miniatures des Riches Heures du duc de Berry; **109** : Février, **110 et 111** : Décembre. **Page 249.**

Hubert et Jean Van Eyck. Le retable de l'Agneau mystique.

112. L'agneau mystique. **Page 252.**

113. Adam et Ève. (Gand, Cathédrale Saint-Bavon) : **Page 253.**

114. Jean van Eyck. Marchand flamand et sa femme (National. Gallery, Londres). **Page 256.**

115. Jean van Eyck. Le Chanoine van der Paele (Musée de Bruges). **Page 257.**

116. Petrus Cristus. Jeune fille. **Page 259.**

117. Dierick Bouts. Abraham et Melchissedec (Pinacothèque Munich). **Page 259.**

118. Hugo van der Goes. Saintes Madeleine et Marguerite (offices Florence). **Page 259.**

119 et 120. Rogier van der Weyden. La descente de Croix (Musée de l'Escorial). **Pages 262, 263.**

121. Rogier van der Weyden. Portrait de Philippe le Bon (Musée, d'Anvers). **Page 265**

122. Memling. Barbara de Vlaenderbergh (Musée de Bruxelles). **Page 268.**

123. Patinir. La fuite en Égypte (Musée du Prado). **Page 270.**

124. Gérard David. Le supplice du mauvais juge (Musée de Bruges). **Page 271.**

125. Quentin Matsys. La mise au tombeau (Musée d'Anvers). **Page 275.**

126. Pierre Breughel (?). Parabole des aveugles (Musée de Naples). **Page 278.**

127. Pierre Breughel. Les jeux des enfants (Vienne). **Page 278.**

128. Pierre Breughel. L'automne (Vienne). **Pages 280, 281.**

129. Jérôme Bosch. Le char de foin (Escorial). **Page 284.**

130. Jean Malouel (?). La Vierge et l'enfant (Collection privée). **Page 286.**

131. Jean Malouel (?). Pietà (Musée du Louvre). **Page 289.**

132. École Provençale, 1480. Adoration (Musée Calvet, Avignon). **Page 290.**

133. Froment d'Avignon. Le buisson ardent : portrait de Jeanne de Laval (Cathédrale d'Aix-en-Provence). **Page 290.**

134. Jean Fouquet. Étienne Chevalier présenté par Saint Étienne (Berlin). **Page 291.**

135. Jehan Fouquet. Sainte Marguerite. Livre d'heures d'Etienne Chevalier (Musée du Louvre). **Pages 294, 295.**
136. École de Jehan Fouquet. Agnès Sorel (Collection privée). **Page 296.**
137. Colin d'Amiens. Louis XI (Collection particulière). **Page 297.**
138. Corneille de Lyon. Portrait (Musée Condé, Chantilly). **Page 297.**
139. Le Maître de Moulins. La nativité (Palais épiscopal, Autun). **Page 298.**
140 et 141. Portrait d'inconnue (Musée du Louvre). **Pages 298, 301.**
142. Jean Clouet. Guillaume de Montmorency (Musée de Lyon). **Page 302.**
143. Jean Clouet. Jeanne d'Albret (Collection privée). **Page 302.**
144 et 145. François Clouet. Son portrait présumé, dessin (Musée du Louvre). **Pages 302, 303.**
146. Michel Colombe. Tombeau de François II de Bretagne : La Prudence (Cathédrale de Nantes). **Page 304.**
147. École d'Avignon. Pietà (Musée du Louvre). **Page 307.**
148. Château de Josselin. **Page 310.**
149. Château de Langeais. **Page 311.**
150. Fontainebleau. **Page 311.**
151. Jubé (Cathédrale de Limoges). **Page 313.**
152. Jean Goujon. Fontaine des Innocents, bas-reliefs. **Page 316.**
153 et 155. Jean Goujon (ou École de). Diane chasseresse (Musée de Cluny). **Pages 317, 319.**
154. Pierre Bontemps. Tombeau de François Ier (Basilique de Saint-Denis). **Page 318.**
156. Jean Goujon. La Charité (Château d'Anet). **Page 320.**
157. Germain Pilon. Tombeau de René de Birague (Musée du Louvre). **Page 222.**
158. Ligier Richier. Fragment d'un monument (Musée du Louvre). **Page 223.**
159. Marie Madeleine, bois (XVe siècle) (Musée de Cluny). **Page 330.**
160. Maître de la Vie de Marie. Naissance de la Vierge (Pinacothèque, Munich). **Page 331.**
161. Martin Schongauer. Mater dolorosa, croquis (Musée du Louvre). **Page 331.**
162. Stephan Lochner. La Vierge au buisson de roses (Cathédrale de Cologne). **Page 332.**
163. Holbein le Vieux. Jeune fille, dessin (Musée du Louvre). **Page 335.**
164. Albert Dürer. Enlèvement d'Annymone, gravure (Bibliothèque nationale). **Page 338.**
165. Albert Dürer. Jeune fille (Berlin). **Page 339.**
166. Albert Dürer. Les moulins, dessin (Bibliothèque nationale). **Page 340.**
167. Albert Dürer. Le Chevalier et la mort, gravure (Bibliothèque nationale). **Page 343.**
168. Albert Dürer. La Mélancolie, gravure (Bibliothèque nationale). **Page 344.**

478

169. Albert Dürer. Portrait d'homme (Pinacothèque, Munich). **Page 347.**

170. Lucas Cranach. Chasse aux cerfs, dessin (Musée du Louvre). **Page 354.**

171. Lucas Cranach. La femme de Luther (Berlin). **Page 356.**

172. Lucas Cranach. Vénus et l'Amour piqué par une abeille (Collection privée). **Page 357.**

173. Christophe Amberger. Charles Quint (Musée de Lille). **Page 358.**

174. Altdorfer. Saint Georges (Pinacothèque, Munich). **Page 360.**

175. Mathias Grünewald. Le Christ en croix (Musée de Cassel). **Page 362.**

176. Colins. Bas-relief, marbre (Tombeau de Maximilien à Innsbruck). **Page 363.**

177. Hans Holbein. Le marchand Gisze (Berlin). **Page 367.**

178. Hans Holbein. La femme de Luther (Galerie Corsini, Rome). **Page 368.**

179. Hans Holbein. Sa femme et ses enfants (Musée de Bâle). **Page 368.**

180. Hans Holbein. Portrait, dessin (Musée du Louvre) **Page 371.**

Table des matières

Introduction (1914) 9
Préface (1923) 25
Florence. I. *La fresque*. — II. *Le drame toscan*. —
III. *Donatello*. — IV. *Géométrie et pittoresque*. —
V. *La ligne et les platoniciens*. — VI. *Léonard de
Vinci* 39
Rome et l'école. I. *Sources de l'art romain*. —
II. *Raphaël*. — III. *Michel-Ange*. — IV. *L'école et
Bologne* 113
Venise. I. *Symphonie architecturale*. — II. *L'ossature*.
— III. *La grande peinture*. — IV. *Titien*. — V. *Tin-
toret*. — VI. *Véronèse*. 173
Le cycle Franco-Flamand. I. *Teinturiers et enlu-
mineurs*. — II. *Les Van Eyck*. — III. *La Flandre
mystique*. — IV. *Les Romanisants*. — V. *Pierre
Breughel*. 239
Fontainebleau, la Loire et les Valois. I. *Les pri-
mitifs de la France*. — II. *Avignon*. — III. *L'archi-
tecture et l'Italie*. — IV. *L'art des eaux et des bois*. . 287
L'Allemagne et la Réforme. I. *L'ouvrier d'art*. —
II. *Les primitifs d'Allemagne*. — III. *Albert Dürer*.
— IV. *Le pessimisme et la musique*. — V. *Artistes
et réformateurs*. — VI. *Hans Holbein*. 325

Dossier 371
Index des noms cités 461
Table des illustrations 473

Impression Brodard et Taupin
à La Flèche (Sarthe),
le 17 mars 1988.
Dépôt légal : mars 1988.
Numéro d'imprimeur : 6924-5.

ISBN 2-07-032419-2 / Imprimé en France.
Précédemment publié aux Éditions Denoël
ISBN 2-207-10073-1

42000